Les Éditions du Boréal
4447, rue Saint-Denis
Montréal (Québec) H2J 2L2
www.editionsboreal.qc.ca

L'ART PRESQUE PERDU
DE NE RIEN FAIRE

DU MÊME AUTEUR

Comment faire l'amour avec un Nègre sans se fatiguer, VLB, 1985 ; Belfond, 1989 ; J'ai lu, 1990 ; Le Serpent à plumes, 1999, 2001 ; Typo, 2002, 2010.

Éroshima, VLB, 1991 ; Typo, 1998.

L'Odeur du café, VLB, 1991 ; Typo, 1999, 2010 ; Le Serpent à plumes, 2001 ; Guy Saint-Jean, 2010.

Le Goût des jeunes filles, VLB, 1992, 2004 ; Grasset, 2005 ; Gallimard, 2007.

Cette grenade dans la main du jeune Nègre est-elle une arme ou un fruit ?, VLB, 1993 (épuisé) ; Typo, 2000 (épuisé) ; nouvelle édition revue par l'auteur, VLB, 2002 ; Le Serpent à plumes, 2002, 2003.

Chroniques de la dérive douce, VLB, 1994 ; Boréal/Grasset, 2012.

Pays sans chapeau, Lanctôt, 1996 ; Le Serpent à plumes, 2001 ; Boréal, coll. « Boréal compact », 2006.

La Chair du maître, Lanctôt, 1997 ; Le Serpent à plumes, 2000.

Le Charme des après-midi sans fin, Lanctôt, 1997, 2004 ; Le Serpent à plumes, 1998 ; Boréal, coll. « Boréal compact », 2010.

Le Cri des oiseaux fous, Lanctôt/Le Serpent à plumes/Club Québec loisirs, 2000 ; Boréal, coll. « Boréal compact », 2010.

J'écris comme je vis. Entretien avec Bernard Magnier, Lanctôt/La Passe du vent, 2000 ; Boréal, coll. « Boréal compact », 2010.

Je suis fatigué, Initiales, 2000 ; Lanctôt, 2001 ; Typo, 2005.

Comment conquérir l'Amérique en une nuit, Lanctôt, 2004 ; Boréal, coll. « Boréal compact », 2010.

Les Années 80 dans ma vieille Ford, Mémoire d'encrier, 2005.

Vers le sud, Boréal/Grasset, 2006 ; Librairie générale française, 2012.

Je suis fou de Vava, La Bagnole, 2006.

Je suis un écrivain japonais, Boréal/Grasset, 2008 ; Boréal, coll. « Boréal compact », 2009.

La Fête des morts, La Bagnole, 2009.

L'Énigme du retour, Boréal/Grasset, 2009 ; Boréal, coll. « Boréal compact », 2010 ; Librairie générale française, 2010.

Tout bouge autour de moi, Mémoire d'encrier, 2005, 2010, 2011 ; Grasset, 2011 ; Librairie générale française, 2012.

Un art de vivre par temps de catastrophe, Centre de littérature canadienne, University of Alberta Press, 2010.

L'Art presque perdu de ne rien faire, Boréal, 2011 ; coll. « Boréal compact », 2013.

Journal d'un écrivain en pyjama, Mémoire d'encrier, 2013.

Le Baiser mauve de Vava, La Bagnole, 2013.

Dany Laferrière

L'ART PRESQUE PERDU

DE NE RIEN FAIRE

Boréal

© Les Éditions du Boréal 2011 pour l'édition française au Canada
© Les Éditions du Boréal 2013 pour la présente édition
Dépôt légal : 2ᵉ trimestre 2013
Bibliothèque et Archives nationales du Québec

Diffusion au Canada : Dimedia

*Catalogage avant publication de Bibliothèque et Archives nationales
du Québec et Bibliothèque et Archives Canada*

Laferrière, Dany

    L'art presque perdu de ne rien faire

    (Boréal compact ; 256)

    ISBN 978-2-7646-2246-9

    1. Laferrière, Dany. 2. Style de vie. 3. Littérature – Histoire et critique. I. Titre.

PS8573.A348Z472   2013   C843'.54   C2013-940233-0

PS9573.A348Z472   2013

ISBN PAPIER 978-2-7646-2246-9

ISBN PDF 978-2-7646-3135-5

ISBN ePUB 978-2-7646-4135-4

À Franco Nuovo, en souvenir de ces matins d'été

La vie, voyez-vous, c'est de changer de café.

ARAGON

L'art de manger une mangue

On suppose que vous vous trouvez à ce moment-là
quelque part au sud de la vie. Il faut attendre
alors un midi de juillet quand la chaleur
devient insupportable. Une cuvette blanche
remplie d'eau fraîche sur une petite table bancale,
sous un manguier. Vous arrivez en sueur
d'une demi-journée agitée pour vous asseoir
à l'ombre, sans rien dire pendant un long moment,
jusqu'à ce que votre sieste soit interrompue
par le bruit sourd d'une mangue qui vient de tomber
près de votre pied. Il faut la respirer longuement
avant de la dévorer jusqu'à ce qu'il ne reste plus
une once de chair ni non plus une goutte de jus.
Puis vous vous lavez le visage et le torse dans la cuvette
d'eau avant de retourner à votre chaise.
La mangue de midi est la grâce du jour.

Le rythme de la vie s'est accéléré d'un coup

L'époque vieillit mal

Dès qu'on commence à se plaindre que le son est trop fort dans les discothèques, que les policiers sont trop jeunes et qu'ils nous font rire sous cape quand ils prennent cette allure de faux cowboy, que les voitures roulent trop vite, que les gens ne respectent plus les règles de la circulation et que plus personne ne sait à quoi sert le feu jaune, que la politesse est devenue une forme de flatterie publique, que les femmes qu'on a connues rajeunissent à si folle allure qu'on a l'impression de les croiser en remontant dans le temps, que les médecins sont devenus insensibles aux états d'âme de patients eux-mêmes survoltés, qu'on n'arrive pas à comprendre ce que disent ces animateurs de la télé qui n'articulent pas et parlent décidément trop vite, dès qu'on se plaint que des gens qu'on connaît à peine vous téléphonent tôt le dimanche matin, qu'il n'y a plus de bons écrivains comme du temps de Malraux et Miller, que le cinéma italien a connu son âge d'or dans les années 60 et qu'on n'aura plus jamais de cinéastes comme Fellini, Rossellini et Antonioni, que Kerouac et sa bande nous semblent décidément trop insouciants pour qu'on les suive aveuglément dans cette joyeuse balade à travers une Amérique qui tente timidement de s'échapper de ces molles années 50, que l'injustice et le racisme restent les deux mamelles du capitalisme comme du communisme, que c'était plus rassurant pour l'équilibre du monde quand la Russie pouvait encore faire face aux États-Unis, dès qu'on ne se souvient plus de ce qu'on faisait le jour de la mort de John Kennedy, qu'on rigole en voyant la photo de Lennon et Ono en train de militer pour la paix dans un lit d'une luxueuse chambre d'hôtel de Montréal, et que tout cet effritement s'est fait à notre insu, enfin dès qu'on évoque à tout bout de champ son enfance, comme je le fais, c'est qu'on a vieilli, c'est-à-dire qu'on a pris un autre rythme, et il n'y a pas de remède à cela.

À l'ombre de la sieste

Je crois que la sieste fait partie des rares choses que j'ai détestées dans mon enfance. L'une des raisons de cette allergie, c'est que j'ai vite compris que la sieste est une invention d'adulte. Et malgré ce que disent nos mères, ce n'est pas pour le bien de l'enfant. On a remarqué que l'enfant énervé cherche à agrandir son territoire. Il devient ainsi incontrôlable. D'où l'affrontement inévitable avec le monde de l'adulte, épris de calme et d'ordre. Il faut alors le dompter. Seul le sommeil finira par calmer ce jeune félin. Pourtant la sieste est devenue, avec le temps, une des caractéristiques de l'enfance. On se rappelle tous, avec une certaine nostalgie, ce moment où on avait l'impression d'être cueilli en plein élan. Comme l'enfant conteste le fait de dormir qui lui semble du temps volé à la vie, pour le convaincre on use de toutes les ruses possibles. La nuit, pour le faire retourner au lit, on lui raconte ʼtes sortes de sornettes : que les humains, les plantes, les ani- tout le monde dort à poings fermés. On lui fait admi- , par la fenêtre, la ville endormie. Il est vrai qu'une petite ville endormie peut frapper l'imaginaire d'un enfant qui l'a toujours vue en mouvement. Pourquoi cela ne se passe pas à midi ? j'ai demandé un jour. La ville ne peut s'endormir que si tu t'endors, m'a-t-on répondu. Tous les enfants doivent s'endormir pour que la ville puisse se reposer. D'où la sieste obligatoire. Mais, pour l'enfant, la fatigue ne saurait être un état prévisible. Elle reste une inconnue à ses yeux. Un concept aussi artificiel que l'avenir ou le passé. Son espace étant le moment présent. Ce qui fait de la fatigue une perversion du corps adulte. Je me sentais, à cette époque bénie qui s'éloigne de plus en plus de moi, capable de jouer sans arrêt jusqu'à la fin des temps. Les heures comme les jours ne voulaient rien dire. Ils s'épuisaient tous avant moi. Et cette ivresse qui m'habitait se poursuivait jusque dans mes rêves. Les adultes semblaient désespérés de ne pas pouvoir m'arrêter. Bien avant le cinéma de Truffaut, ma mère connaissait la technique de la nuit américaine, qui consiste à faire apparaître la nuit en plein jour. Elle n'avait qu'à fermer les fenêtres. Me sachant futé, et obsédé par la logique (nos discussions étaient interminables), elle fit calfeutrer chaque fissure pour que le moindre rayon de soleil ne puisse pénétrer dans la chambre. Et si, par malheur, on en avait oublié une, je me mettais à hurler jusqu'à alerter tout le voisinage qui s'empressait de venir voir l'enfant torturé. À force de caresses et de mots doux, on finissait par me calmer. La nuit américaine étant installée, il restait l'étape la plus difficile : le sommeil lui-même. D'abord le verre de lait que je ne tolérais que chaud et sucré, contrairement aux enfants d'Amérique du Nord qui le prennent froid et sans sucre — ce qui crée un fossé entre ces deux êtres. Si je me sentais un peu mou, après le lait, je ne m'endormais que caché entre les seins de ma mère, en écoutant une histoire de diables. Quand je me réveillais, les fenêtres étaient déjà ouvertes et le plein jour occupait la chambre. Je ne pouvais croire que j'avais dormi. Ce moment ne s'était pas imprimé dans ma mémoire, le sommeil n'ayant aucune valeur pour moi. Les adultes dorment parce qu'ils doivent travailler le lendemain. Et plus tard, à l'adolescence, je devais dormir pour être frais et dispos le lendemain dans la classe. On dort toujours pour un maître. J'ai connu vraiment la sieste en exil. C'est à Montréal que j'ai eu envie de dormir en plein jour. Le sommeil est une merveilleuse machine qui permet de remonter dans le temps. Les rêves que je faisais le jour semblaient plus gais et plus vivants que ceux de la nuit. Je me dépêchais de rentrer. Je fermais la fenêtre (une habitude que je garde de l'enfance) avant de plonger dans les draps blancs et frais. Mon seul luxe dans cette chambre crasseuse : des draps propres. J'avais l'impression de nager dans une rivière dont la source se situe dans la haute enfance. À peine la tête posée sur l'oreiller, je basculais dans un autre monde. Il m'arrivait de continuer jusqu'au cœur de la nuit, ce qui est une erreur car toute sieste trop longue se termine par des cauchemars. Je réfléchissais sérieusement au fait que le sommeil prenait tant de place dans ma vie d'alors. Je n'ai su que beaucoup plus tard que je faisais tout simplement une dépression. Pourtant je n'avais jamais été aussi heureux, toujours prêt pour retrouver ce monde sans policier, ni douanier, ni concierge. Pour ma part (mon jugement est différent de celui du psychologue), j'étais en train de reprendre des forces après une angoissante décennie passée à lutter contre un dictateur que je n'avais jamais rencontré. À Port-au-Prince, dans les quartiers où je vivais, il faisait toujours trop chaud et la maison était surpeuplée. On croisait des dormeurs partout : dans les chambres, dans la cuisine, dans le couloir. Résultat : on dormait peu et mal. Me voilà l'unique occupant d'une chambre assez spacieuse à Montréal. Le dormeur solitaire. J'étais devenu un véritable spécialiste de la sieste. Il existe trois types de sieste : la brève, la moyenne et la longue. La longue qui n'est pas recommandable, je l'ai déjà dit, parvient à pénétrer dans des régions inédites du sommeil. La brève vous tombe dessus sans crier gare. Elle est puissante mais ne dure pas plus longtemps qu'une pluie tropicale. Quand elle vous attrape par la nuque, on tombe comme une mouche épuisée, pour se réveiller un quart d'heure plus tard sans savoir ce qui s'est passé. La machine s'était arrêtée, et pendant ce quart d'heure on était absent de la planète. Méfiez-vous de quelqu'un qui n'a pas connu un tel abandon de soi. Ce moment où on ne produit rien. Au réveil on se lave le visage à l'eau froide et vous voilà aussi en forme que quelqu'un qui vient de dormir dix heures d'affilée. J'ai pratiqué deux formes de sieste (la brève et la moyenne, qui est la forme parfaite) pendant ces années difficiles où je travaillais, de temps en temps, à la radio. Mon salaire me permettait à peine de payer le loyer, mais j'avais du temps pour lire et rêver. D'ailleurs je confondais ces deux fonctions. Parfois j'étais en train de lire, et ploc, le livre tombait par terre. Au réveil, quelques minutes plus tard, je continuais la lecture. Entre ces deux activités, je me nourrissais de fruits et de légumes. La courte sieste me fait penser à une voiture si minuscule qu'on parvient à la garer n'importe où. Je pouvais, en public, dormir caché derrière un journal. Mais la moyenne sieste est un luxe qu'on ne peut se permettre en tout temps. Quant à la longue, elle signale un état dépressif. On m'apprend que la vie trépidante d'aujourd'hui ne peut tolérer cette perte sèche de temps qu'est la sieste, ce qui est une erreur car cette pause dans le cours du jour nous rend plus sensibles aux autres — et moins obsédés par nous-mêmes. La sieste est une courtoisie que nous faisons à notre corps exténué par le rythme brutal de la ville.

Éloge de la lenteur

On remarque qu'une société est en danger quand ses vieux accélèrent le rythme au lieu de le ralentir. On se demande où ils vont tous si vite. Je vois les gens courir dans les allées de ce grand magasin, chacun piétinant l'autre pour trouver la bonne aubaine, ensuite pour passer à la caisse, alors que de longues heures les attendent encore avant que ne s'achève cette journée. Cette impatience se manifeste même dans les avions. À peine l'atterrissage terminé, ils se tiennent dans les allées, comme s'il était possible de quitter l'avion avant l'ouverture des portes. On sent cette frénésie jusque chez les passagers du fond qui savent pourtant qu'ils ne pourront pas sortir avant tous ceux, nombreux, qui les précèdent. L'impression qu'on vient d'annoncer une bombe dans l'avion. Ils imposent ce rythme un peu partout dans la vie. Même au café où la moindre hésitation de votre part entre un café court et un café allongé fait fuir le serveur qui ne reviendra pas avant d'avoir servi tous les autres clients du café. Toujours la sensation d'avoir passé son tour. Ceux qui trouvent ce rythme trop rapide n'ont pas de solution pour le ralentir. À bout de souffle, ils finissent par se parquer comme une vieille voiture. On a un pareil choix à quatre-vingts ans, pas à quarante — comme j'ai vu quelqu'un le faire. On semble ignorer, et l'âge n'est pas important pour goûter un pareil plaisir, ce luxe de s'asseoir sur son balcon pour regarder, à travers les branches d'un grand arbre feuillu, le spectacle de la rue en mouvement. Personne ne semble intéressé à regarder parfois passer les choses. Cette alternance entre les fonctions d'acteur et de spectateur donnait son sens au grouillement humain. Sinon, dans quelque temps, on ne pourra plus faire de différence entre l'agitation humaine et celle d'une colonie de fourmis. Si on bouge sans cesse, il n'y a plus de mouvement. Le mouvement n'existe que dans la possibilité d'un arrêt. L'immobilité est au cœur du mouvement. Mais qui organise cette course folle ? Et pour aller où ? Chacun fait ce qu'il veut de sa vie, mais ma vie, que je le veuille ou non, n'échappe pas au rythme collectif. J'observe la petite famille qui habite de l'autre côté de la rue. Les parents viennent de sortir, en laissant leur fils avec ses grands-parents. Cet enfant qui joue dans le jardin se sent subitement perdu parce qu'il vient de se retourner sans trouver le regard bienveillant de ceux qui devraient être attentifs à ses exploits. Les grands-parents, plongés dans des dépliants touristiques, sont occupés à organiser des voyages qui les mèneront autour du monde. Ils sont dans une fringale de villes où les musées alternent avec les restaurants. Ils vont sûrement tout photographier afin que leur petit-fils puisse se souvenir d'eux plus tard. Spontanément, on demande aux gens comment ils vont, mais pour mieux les situer, il faudrait chercher plutôt à savoir où ils vont. Vous devez vous cantonner dans le concret car on vous coupe la parole dès qu'on a capté le sens de ce que vous voulez dire. Je me demande ce qu'on fera quand on aura capté le sens de ce que vous êtes — votre essence. Plus rien à se dire alors ? Cette impatience se manifeste aussi dans la circulation où toutes les frustrations sont étalées sur la voie publique. Je suis toujours étonné de voir une voiture couper la route à quelqu'un pour se stationner cent mètres plus loin. J'imagine bien Woody Allen commentant, avec son humour particulier, une pareille situation. C'est qu'on voudrait arriver là-bas avant tout le monde, même si c'est pour aller se fracasser contre un mur. Le premier qui meurt aura gagné la course de la vie. Je me souviens qu'il fut un temps, et c'était hier, où la vie était représentée par une montagne qu'il fallait grimper le plus rapidement possible, dans l'excitation d'arriver au sommet pour voir le paysage de l'autre versant. On comprend tout de suite qu'on s'est fait arnaquer, et tous les mystères dévoilés, on n'a plus aucun goût d'arriver en bas. On tente, en vain, d'expliquer à ceux qui nous suivent de ne pas se dépêcher. Ce serait trop bête de courir ainsi à sa propre fin. Le mot d'ordre : ralentir. Ce qui est merveilleux, c'est qu'en ralentissant on parvient enfin à mieux apprécier le paysage, et à s'intéresser à autre chose qu'à nous-mêmes. Jusqu'à se faire avaler par le grand spectacle du monde avec les arbres, les gens, les sentiments, tout ce qui vibre en ce moment autour de nous. Mais pour mesurer une pareille ardeur, il faut ralentir. Je ne pense pas que tout le monde devrait ralentir, sinon on perdrait un élément inhérent à la vie : la vitesse. Cette folie qui nous fait croire que tous ceux qui ne vivent pas à notre rythme mènent une vie médiocre. Je me souviens de cet après-midi sans fin où je me trouvais sur la galerie de la maison de Petit-Goâve avec ma grand-mère. Sans rien à faire depuis trois heures : elle dégustant son café, et moi observant les fourmis en train de dévorer un papillon mort. On voit toujours une voiture, couverte de poussière, venant de la capitale, qui passe sans même ralentir. J'ai eu le temps de croiser le regard de commisération de la femme assise à l'arrière. Elle semblait se demander quel goût pourrait avoir une vie sans cinéma, ni télévision, ni théâtre, ni danse contemporaine, ni festival de littérature, ni voyage, ni révolution. Eh bien, il reste la vie nue. Mais à l'époque j'étais si pris par mon enfance que je ne m'étais pas aperçu qu'il me manquait de tels gadgets. Cette femme, dans la voiture couverte de poussière, n'avait pas remarqué qu'il se jouait, sur cette petite galerie, un spectacle pas moins absorbant que le leur. J'observais les fourmis tandis que ma grand-mère me regardait. Je me sentais protégé par son doux sourire. La voiture pouvait poursuivre son chemin vers je ne sais quelle destination. Il reste cette scène qui traîne dans ma mémoire encore éblouie : celle d'une grand-mère et de son petit-fils figés dans l'éternel été de l'enfance. Nous ne faisions rien de mal cet après-midi-là. Et c'est cela à mon avis le seul sens à donner à sa vie : trouver son bonheur sans augmenter la douleur du monde.

L'art de rester immobile

J'ai, un jour, demandé à ma grand-mère si le fait
pour elle de rester assise sur la galerie à boire du café
toute la sainte journée était une preuve de sagesse.
Elle me répond, avec un léger sourire, qu'une bonne
part de cette sagesse vient de son arthrite
qui la fait tant souffrir. Mais je sais aussi que ce sourire
vient de son intelligence qui l'a si gentiment
convaincue que rester immobile permet de saisir
autrement la vie. Elle se verse une tasse de café
qu'elle sirote tranquillement avant d'ajouter
qu'il vaut mieux ne pas savoir ce qu'est la vie,
du moins tant qu'on est vivant.

Dans le labyrinthe du temps

Une pépite au fond de ma poche

Il y a au moins deux temps en nous : un temps intime qui s'oppose parfois au temps général. Ce temps collectif qui exerce une pression constante sur la vie des gens, c'est le temps du travail et des rendez-vous chez le dentiste. On doit se rappeler que, lors des insurrections de 1831, les ouvriers de la soie, à Lyon, s'en sont d'abord pris aux horloges de la ville. Ils avaient identifié tout de suite le véritable ennemi. On garde l'impression que tout dans la vie conspire à gruger notre temps individuel, au point qu'il ne nous reste plus d'espace pour le rêve. Mais il y a un autre temps, plus libre, dont je dois taire l'adresse pour éviter qu'on ne le convertisse en marchandise. Je ne pense pas, comme certains psychanalystes semblent le croire, que nous portons tous en nous, comme un virus mortel ou un péché originel, un sordide petit secret qui remonterait à l'adolescence ou plus haut encore ; je crois plutôt que notre véritable secret, d'autant plus secret qu'il n'intéresse que nous, est ce temps fluide fait des premiers émerveillements de la vie : la première fois qu'on a vu la mer, la lune ou le vaste ciel étoilé, la naissance du désir, le voyage en rêve, un cheval au galop, une libellule au vol soyeux, l'odeur de la terre après une forte mais brève pluie tropicale, un visage aimé autre que celui de sa mère, un cerf-volant dont on ne voit plus le fil, les yeux noirs d'une petite fille en robe jaune, un après-midi sans fin passé à pêcher des écrevisses avec ses cousins, l'odeur du maïs boucané au début des grandes vacances, un vélo rouge appuyé contre un mur, un grelottement de fièvre sous les draps parce qu'on pense trop à la petite voisine, et cette joie si intense qu'elle fait mal. C'est la nostalgie de tout ce temps qui crée chez nous cette infinie tristesse que nous gardons comme une pépite au fond de notre poche.

Une enfance devant la télé

On ne cherche pas la nostalgie, c'est elle qui nous retrouve sur les chemins poudrés de la mémoire. Contrairement au cauchemar, la nostalgie traverse la nuit pour atteindre le rêveur dans la pleine lumière. Son moment préféré reste pourtant le crépuscule, quand l'énergie du jour commence à décliner pour faire place au calme du soir. La nostalgie nous tombe alors dessus durant ce bref instant où nous baissons la garde. Sa structure, d'une folle fantaisie, ressemble aux films de Disney. La comparaison n'est pas fortuite, car ce qui est terrifiant chez Disney, c'est qu'il arrive à créer même chez l'enfant ce besoin de nostalgie qui efface du coup le temps présent à vivre, celui de l'enfance même. Cette enfance qui devrait être un moment privé devient alors une affaire publique. À sept heures de n'importe quel samedi matin en Amérique du Nord, nous savons ce que font les enfants : ils regardent une histoire de lapin qu'ils exigeront de revoir le samedi suivant. La nostalgie du passé récent est une drogue qu'on ne peut vendre qu'aux enfants qui ne connaissent pas encore le point de fuite. Et l'enfant qui ne devrait croiser, à cet âge, que des espèces vivantes plonge dans un monde d'illusions préfabriquées. Au lieu de passer son temps à dévorer l'univers comme ce dieu barbare qu'il est, il reste là, hypnotisé par un écran lumineux. Pourtant le monde de l'enfance est le plus vaste qui soit parce qu'il est traversé par cette poésie primitive qui enrobe les choses qu'on voit pour la première fois. Quand nous voyons passer une voiture rouge, l'enfant, lui, voit d'abord le rouge. On imagine à peine l'effet que provoque le rouge la première fois qu'il nous apparaît (c'était la couleur de ma première toupie). Et la découverte poignante de la vitesse, cette fulgurance qui ne revient pas. L'adulte sait que les choses, comme les êtres, qui partent finissent par revenir, mais c'est différent pour l'enfant à qui tout semble dire adieu constamment. Cet âge de la vie où dix secondes semblent une éternité quand on ne sait pas qu'il nous reste quatre-vingts ans à vivre. Mais quatre-vingts ans ou un an, c'est pareil durant cette période bénie où le temps n'existe pas encore. Ce temps infini qui ne se montre qu'à ceux qui sont vraiment vivants. Ceux qui trouvent le temps lent à passer vivent dans un temps fini. Le temps ne se donne qu'à celui qui l'ignore. L'enfant devant la télé vit dans un temps fini car il est réglé par sa mère qui peut à tout moment éteindre l'appareil. Mais dès qu'il se trouve dehors, hors du champ d'observation de sa mère, avec la possibilité de surprendre le vol soyeux d'une libellule ou d'entendre le chant d'une rivière, il rejoint le mouvement incessant de la vie, et échappe du coup à la tyrannie d'un temps qui se manifeste dans la répétition — le temps mis en boîte. L'enfant qui réclame à la même heure sa ration d'images. C'est le temps Disney, un temps maussade de centre commercial qui s'infiltre dans ses veines en bulles de rire. Disney échange la gravité face à ces mystères qui peuplent le quotidien de l'enfant contre le rire prémédité. Si les images qui le nourrissent sont artificielles, et si le temps qui le structure est manipulé par un mage en cravate, on se demande quelle sorte de monstre est devenu cet enfant si tranquillement assis sur le tapis du salon. Moitié humain, moitié celluloïd. Et on imagine qu'à ce rythme il aura à choisir entre une vie hors de la télé et une vie dans la télé. L'enfant devant la télé donne dos à tout. C'est à son dos qu'on parle, et c'est son dos qui nous répond. Il ne daigne pas se retourner, et n'entend même pas la voix qui s'adresse à lui. Il est ailleurs : chez l'oncle Disney. Celui qui regarde par la fenêtre, un jour de pluie, fait face à la solitude, ce sentiment si humain qui nous rend pourtant uniques, tout en faisant peur à ceux qui voudraient nous distraire. On rit avec les autres, mais on s'ennuie seul. Et cette solitude est aussi une bonne part de notre dignité.

La mémoire brûlée

La mémoire n'existe que par cette étrange obsession que nous avons de vouloir créer un temps bien personnel, presque privé, à l'intérieur du temps collectif (ma fascination pour le temps reste intacte). Les individus, comme les pays, semblent possédés par la même hantise de se distinguer. Comme nous voulons tous être uniques alors que les événements qui nous structurent sont souvent semblables, nous tentons, chacun à sa manière, de nous faire un chemin secret dans la forêt du temps. Ainsi nous encombrons le calendrier d'événements spéciaux, de dates d'anniversaires, d'instants forts, de fêtes de saints ou de héros, en ignorant subtilement les défaites et les moments d'ennui. Tout cela vient de notre panique face à ce fauve qui dévore les humains, depuis l'aube de la vie, sans daigner montrer son visage. Le temps qu'on ne voit pas nous fait plus peur que l'espace infini mais visible. Comme le Petit Poucet de la fable, nous laissons dans cette effrayante forêt des cailloux blancs qui nous permettront de retrouver facilement notre chemin, si jamais il était possible de remonter le cours du temps. Une grande partie de notre énergie est absorbée par ce patient travail de reconstitution. Nous sommes terrifiés à l'idée de nous égarer dans le labyrinthe du temps, ignorant que nous sommes perdus depuis le début de cette aventure. À quoi cela peut-il bien servir de marquer un chemin qu'on ne reprendra plus jamais ? La raison, c'est que nous n'acceptons pas le fait d'une vie qui commence par la naissance pour filer tête baissée vers la mort. Nous continuons inlassablement, malgré l'évidence d'un échec, ce combat contre l'oubli. On n'a qu'à imaginer tous ces calendriers, tous ces agendas, tous ces comptes rendus, tous ces récits de famille, tous ces journaux personnels écrits par des gens fascinés par leur propre généalogie, pour ensuite visualiser la forêt d'arbres détruite depuis la nuit des temps afin de simplement pouvoir trouver nos repères. Nous allumons un feu de forêt quand nous sommes ainsi travaillés par l'angoisse du temps. Et nous espérons entraîner dans cette destruction les trois règnes : l'animal, le végétal et le minéral. Vaine tentative car il suffit de surprendre le regard rond et placide que pose une vache sur un humain pour comprendre que nous ne sommes pas toujours pris au sérieux dans le règne animal. Le chat, qui joue à se faire domestiquer, nous méprise au fond. Le tigre n'hésitera pas à nous dépecer. La girafe nous ignore royalement. Seul le chien nous reste encore fidèle, mais ce n'est pas le plus futé de la ménagerie. De toute façon, chez les animaux, personne ne dit rien en présence du chien, considéré comme un collabo.

Le temps de la mort

Le temps pose de manière simple la question de la mort. Nous ne nous faisons pas à l'idée que notre passage n'a pas plus d'importance que celui d'une vache ou d'un arbre. Nous voulons à tout prix qu'on se souvienne de nous après notre mort. Et pour cela nous semblons prêts à tuer la moitié de nos contemporains. Voilà notre idée de l'immortalité. Comme Alexandre le Grand l'a tenté, comme Bonaparte, comme Gengis Khan, comme Pol Pot, comme Mao, comme Hitler, et la liste n'est pas terminée. Et nous faisons confiance à la chaîne humaine, qui est en fait une métaphore du temps, pour que notre visage ne s'efface pas de sitôt de la mémoire collective. Pour les dits grands de ce monde, c'est facile, puisqu'ils deviennent des noms de rues ou de stations de métro, ou des chapitres dans les livres d'histoire. Mais pour la cohorte des sans-grades, c'est moins évident. On fait alors confiance à la famille pour qu'elle nous garde bien au chaud dans sa mémoire. Mais les gens ont de brûlantes préoccupations qui font qu'ils se détournent de nous après un certain temps. Ce qui rend cette affaire un brin pathétique, c'est que nous cherchons une immortalité nichée au cœur même de la mort. Pour l'atteindre, il faut passer par la mort. L'idée d'immortalité ne peut exister que dans une société où l'idée de mort est centrale. En faisant de quelqu'un un immortel, on le rend plus mort que jamais. Puisqu'il vit beaucoup plus dans les médias que dans le cœur des gens. Quand on demande aux gens où ils se trouvaient au moment de la mort de Kennedy, on reçoit un tombereau de petits incidents intimes qui n'ont rien à voir avec Kennedy, mais tout à voir avec l'anonyme à qui on a posé la question. L'intérêt d'une telle question, c'est qu'elle nous rappelle que nous sommes bien vivants tandis que Kennedy est mort. Il faut mourir, paraît-il, si on veut devenir immortel. Donc la question ne s'adresse pas à la mort, mais au temps que la mémoire tente, fragilement, d'humaniser.

La mort du temps

La seule façon de toucher à l'immortalité, c'est d'annuler le temps. Ce temps qui ne prend forme que par l'importance qu'on accorde à certains événements par rapport à d'autres. C'est cette alternance de moments forts et de moments faibles qui tisse le temps humain, totalement différent, je le rappelle, du temps de la vache. En annulant cette modulation artificielle du temps, on efface la mort qui, elle aussi, est une convention humaine. La vache qui ne sait pas qu'elle meurt ne meurt pas. Comme il n'existe pas non plus tel coucher de soleil de tel après-midi d'automne. Ce qui existe, c'est ce sentiment poignant qui nous étreint en regardant le même disque rouge qu'a vu Virgile en son temps. La mémoire n'existe que parce que nous nous croyons mortels. L'oubli est l'affaire des dieux pour qui rien n'est étonnant. Si tout est égal, pas besoin de se rappeler rien. L'homme ne sera immortel que s'il accepte profondément que nous sommes tous égaux. Nous deviendrons alors responsables de chaque geste fait par n'importe qui d'entre nous, et cela n'importe où sur la planète. Et à n'importe quelle époque. Les références à la race ou à la classe disparaîtront immédiatement. Comme nos noms particuliers. On dira alors l'homme ou la femme, notre nom générique, comme nous disons bien la vache ou le bœuf. On ne mourra pas puisqu'on renaîtra à chaque naissance. Et celui qui tentera de se distinguer, mettant ainsi en péril la ruche, sera banni de la cité.

L'éternité, enfin

Depuis plus de quarante ans, le Moyen-Orient est le centre du monde. Nous savons bien que le fond du débat est la mort. Pas le fait de mourir, plutôt l'impact de la mort sur notre sensibilité. Les Moyen-Orientaux ont-ils moins peur de mourir que les Occidentaux ? Je ne le crois pas. Ce qui diffère, c'est leur rapport au temps. Le Moyen-Oriental se perd dans le temps. L'Occidental, lui, voudrait convaincre le temps de l'épargner. Ce qui est clair, c'est que ces deux visions du temps s'opposent si diamétralement qu'elles finissent par faire d'eux plus que des ennemis, des natures irréconciliables. Vous remarquerez qu'ils s'entretuent sans jamais se voir, étant dans deux modes de temps différents. Qui est dans le présent ? Qui est dans le passé ? L'éternité les avalera tous.

L'art de ne pas oublier

Mon enfance est faite de désirs inassouvis.
Et l'un des plus forts reste cette bicyclette rouge
que je n'ai jamais eue, et qui n'a jamais disparu
de ma mémoire non plus. Des décennies plus
tard, j'ai acheté une bicyclette rouge qui me regarde
parfois avec un air désolé. Ma fille s'est amenée,
un jour, avec un de mes livres à la main, celui
où je parle de mon enfance. « Ah, me fait-elle
d'un ton taquin, je comprends enfin la présence
de cette bicyclette rouge dans le couloir, mais j'ignore
pourquoi tu n'y montes jamais. » Mais je le fais
dans mes rêves. La réalité contient un poison mortel
qui s'appelle le temps. Cette bicyclette rouge,
c'est à huit ans qu'il me fallait l'avoir.

L'aventure humaine

Trois jours de pluie

C'est Cioran qui s'étonnait que, malgré le temps, la mort ait pu garder toute sa fraîcheur. Elle reste l'une des rares choses à laquelle on ne s'est pas habitué. Est-ce pourquoi on a inventé les funérailles ? Chaque culture a sa manière de dire adieu, et si les rituels sont ici simples, ailleurs ils sont extrêmement complexes. Ne pas oublier que l'idée d'enterrer un proche mort nous vient des animaux. Et que bien avant les pharaons, les éléphants avaient pensé le cimetière, cette cité des morts. Une idée qu'on étendra plus tard à la peinture et à la sculpture (le musée), et aux livres (la bibliothèque). Dans certaines cultures, les funérailles peuvent durer des semaines et le deuil, des mois, pour ne pas dire des années. Dans d'autres, comme en Amérique du Nord où le corps n'est plus qu'un produit marchand, on a beaucoup simplifié l'affaire. Cela se résume, aujourd'hui, à un petit groupe de gens, plus pressés que tristes, qui attendent, sous des parapluies noirs, un taxi devant la maison funéraire pour filer au restaurant car, on le sait depuis l'Antiquité, les rituels de la mort creusent l'appétit. Deux moments que nous ne pouvons éviter : la naissance et la mort. L'entrée et la sortie, pensent les athées. Le voyage et le retour, estiment les croyants. Et entre les deux c'est l'aventure humaine. Montaigne, à qui la lucidité jouera un mauvais tour un jour, réduit presque à néant ce temps entre la naissance et la mort qui représente au fond notre vie, en faisant remarquer que nous commençons à mourir à l'instant même de notre naissance. C'est le genre de réflexion qui vous tombe dessus après trois journées de pluie. Vous restez à la fenêtre à regarder la rue jusqu'à ce que le chien demande de sortir.

Un océan de détails

C'est l'écrivain français André Malraux qui m'a mis la puce à l'oreille en faisant remarquer que « l'homme est un tas de petits secrets ». Cette réflexion m'a fasciné longtemps avant que je ne découvre qu'il y a quelque chose qui ronge beaucoup plus l'homme qu'un secret, c'est le détail. Le secret est solitaire, tandis que le détail est grégaire. Un détail en cache toujours des millions d'autres. Nous pensons souvent à un secret qui nous habite, alors que nous oublions le détail, cette bestiole insignifiante qui nous pénètre de partout et résiste au temps. Le secret s'enracine dans la morale, alors que le détail est une information captée au hasard dont seul le nombre fait la force. Mais par où passe-t-il pour entrer ainsi en nous? Souvent par les yeux, mais les autres sens aussi peuvent capter un détail. Et c'est quelque chose qui semble n'avoir aucune importance sur le moment. Mais qui va tranquillement s'installer, à notre insu, dans la mémoire. C'est pour cela qu'il est parfois si difficile d'effacer un détail particulier de notre mémoire puisque celui-ci a une vie propre sur laquelle notre intelligence, ce grand décodeur, n'a aucune prise. Le cerveau ne parvient pas à le classer. Car le détail est un envahisseur. Un être humain normal, d'âge moyen, aura emmagasiné dans son cerveau des centaines de milliards de détails qui bougent sans cesse pour finir par s'agencer de manière totalement anarchique. Cela arrive quand, malgré l'évidence et les conseils d'amis, on conclut que telle personne est faite pour nous. C'est que le détail touche à nos sens sans passer par la raison. Et sa logique est souvent imprévisible. Il s'agit parfois d'un tic sans intérêt qui attire notre attention : cette façon qu'a l'autre de tenir sa fourchette, par exemple. Ce détail, remarqué au premier souper romantique, se glisse quelque part dans le cerveau pour ressortir, des années plus tard, au moment où l'on cherche une bonne raison pour rompre. De détail insignifiant, il est devenu le détail révélateur. Naturellement j'emploie le mot *détail* au singulier, mais en fait il n'y a jamais « un détail ». L'image de la fourchette nous arrive à l'esprit, mais en réalité elle est portée par une masse de minuscules détails qui s'agrippent les uns aux autres pour se changer en évidence. Il y a la main, le sourire, le rayon de soleil qui traverse diagonalement la nappe, la coupe de cheveux ce jour-là. On se rappellera plus tard le moindre détail qui a contribué à donner vie à ce détail révélateur. Tout est repassé au peigne fin. On s'étonnera qu'une scène si gorgée d'émotions n'ait duré que quelques secondes. Si, lors de la rencontre, ce fut un instant de bonheur, ne pas oublier qu'au moment de la rupture c'est un cerveau hostile qui réexamine la scène. Le détail change sans cesse de forme et de couleur, alors que le secret reste un secret, sauf qu'il se durcit avec le temps.

L'agent dormant

Naturellement on se demande où se cachait ce détail qui peut rester dans l'ombre des années durant avant d'apparaître au grand jour. On se demande alors dans quel placard de nos malheurs il se terrait durant toutes ces années. Pourquoi il ne s'était pas montré au moment où on avait tant besoin de lui pour clarifier un point, se rappeler avec précision ce que la nostalgie avait altéré. Le détail permet l'ultime affrontement car il parvient à faire taire la logique. Dans les romans d'Agatha Christie, comme les téléfilms mettant en scène l'inspecteur Columbo, il fige tout le monde quand à la scène finale on le fait apparaître. Le coupable ne peut que passer aux aveux ou tenter de prendre la fuite. Bas les masques. Pendant un temps, ce fut la trace d'un rouge à lèvres sur un verre ou une cigarette. Ou un objet personnel oublié sur les lieux du crime. On oublie toujours un détail. On ne peut pas se rappeler chaque détail. D'ailleurs le détail est toujours insignifiant en lui-même. Il ne trouve sa force qu'en devenant délateur. Le détail qui trahit. Il arrive qu'un secret pour se cacher prenne la forme d'un détail. Sauf que le secret continue à luire dans le noir, tandis que le détail nous échappe même à la lumière. On cherche à enfouir le secret dans les replis de la conscience tandis que le détail prend la couleur grise du temps qui le cache. N'étant pas nommé, comme le secret (on chuchote un secret), le détail n'est pas tout de suite repérable. Parfois, sans raison, il surgit. On le sent vibrer dans l'air. Tout notre corps se met alors à trembler. Comme ce mot sur le bout de notre langue, le détail se tient debout, en équilibre instable, sur la pointe de notre esprit. Il oscille ainsi, pendant un long moment, entre l'ombre et la lumière. Avant de tomber, d'un côté ou de l'autre, selon sa fantaisie. Notre vie est à la merci d'une accumulation de détails oubliés (Où ai-je mis la clé de l'auto?) qui finissent par coloniser notre esprit et nos sens. La femme se révèle sensible au détail. Pourquoi je choisis une femme? Parce qu'elle est sensible au passage du temps, et donc à l'esthétique du corps (une situation injuste). Et aussi parce qu'elle porte sur ses épaules le lourd fardeau des détails de la vie quotidienne. Sans sa mémoire, il faudrait réinventer la vie chaque matin. Même partis de la maison, ses enfants continuent à l'appeler pour savoir s'ils ont déjà eu telle maladie, s'ils ont déjà pris tel vaccin ou s'ils souffrent d'une allergie quelconque. Elle n'est pas affligée, comme elle croit, d'un manque de mémoire, mais d'un trop-plein. À cinquante ans encore on appelle sa mère pour pouvoir se souvenir de certains détails de son enfance. Elle n'a pas seulement la mémoire de sa vie en charge, mais aussi celle de ses proches. Là où le détail peut faire mal, c'est en politique. La politique, c'est le macro obligé de faire face au micro. D'un côté, les grands projets, les grands rêves; de l'autre côté, le détail qui, sans raison, se met à grossir jusqu'à remplir tout l'espace. C'est une minuscule affaire privée qui se passe dans un espace privé et qui va devenir municipale pour un maire, nationale pour un premier ministre, mondiale pour un Bill Clinton, et finir par occuper l'esprit des gens pendant un bon moment. Et quand des années plus tard, ce détail reprendra son volume normal, on se demandera ce qui nous a poussés à accorder tant d'importance à un si minuscule détail. Surtout qu'au même moment la planète était à feu et à sang, et que le sixième de sa population mourait à petit feu de malnutrition. Un dernier détail : comment faire pour oublier le numéro de téléphone d'un ami mort?

Un grand goût du monde

Je ne sais pas pourquoi depuis un certain temps cette idée me travaille surtout la nuit. L'impression qu'à force de multiplier les gadgets et d'accorder une importance démesurée au spectacle notre société s'éloigne de la simple vie. Borges raconte que le rusé Ulysse, revenu de son errance dans la Méditerranée où il a vu de si splendides royaumes et connu des plaisirs exquis, fond en larmes en découvrant son village : la verte et modeste Ithaque. C'est qu'il est impossible d'extraire du cœur de l'homme son enfance, ses rêves, son ciel étoilé et sa ronde lune. Tout homme, quel qu'il soit, cache en lui de telles pépites. Un trésor inépuisable qui n'appartient à personne, et qui ne se montre que dans des situations extrêmes. Un enfant, dans un village africain sans électricité, voit un ciel plus étoilé qu'ailleurs. Moins il y a de lumière artificielle, plus la lune est claire. Si Paris est considéré comme la Ville lumière, c'est que les lampadaires ont remplacé les étoiles. Aucune piscine ne peut rivaliser avec la mer turquoise des Caraïbes au bord de laquelle meurent de faim des villages entiers. De plus, même la langue obéit à ce paradoxe : pauvreté de l'expression, richesse du sentiment. Les mots les plus importants, remarqua un jour Borges, n'ont qu'une syllabe : ciel, mer, lune, terre, arbre, cœur, sexe, faim, eau. Méfiez-vous des mots trop longs qui ne servent qu'à cacher souvent l'inutilité d'un produit. De plus en plus, je me demande ce qu'on tente de nous cacher avec tous ces gadgets qu'on cherche à nous vendre. L'autre nuit, j'ai vu à la télé un homme tout en sueur, à trois heures du matin, s'égosillant pour me vendre soixante-neuf couteaux. De toutes les dimensions et de tous les usages imaginables. Dans quel monde vivons-nous si on a besoin de soixante-neuf couteaux dans sa cuisine ? Quand il ne nous faudrait que le couteau de Lichtenberg : « un couteau sans manche qui n'avait pas de lame ». Et surtout qui ne coûte pas un sou. Il fut un temps, jusqu'au milieu du siècle dernier, où un enfant pouvait rêver de partir en mer sur le premier bateau. Les romans étaient remplis de moussaillons qui affrontaient des tempêtes avant de revenir à la maison burinés par le soleil, le sel de mer et le dur travail de marin. On rêvait de voyage, et le regard de l'enfant était toujours d'un bleu profond. On avait, dans sa chambre, une grande carte criblée d'épingles colorées fichées sur chaque ville qu'on rêvait de visiter. On dormait la tête enfiévrée d'aventures. Notre chambre prenait la forme d'un bateau sur quoi on voguait chaque nuit. Plus tard on s'est retrouvé dans le poème de Baudelaire.

Pour l'enfant, amoureux de cartes et d'estampes
L'univers est égal à son vaste appétit.
Ah ! que le monde est grand à la clarté des lampes !
Aux yeux du souvenir que le monde est petit !

Le tourisme chez les pauvres

J'ai l'impression que plus les moyens de communication se multiplient, plus notre monde se rétrécit. Parce qu'on sait trop comment sera là-bas avant même de partir. Le voyage n'est plus possible quand l'autre pour nous n'a plus aucune grandeur. Qu'il n'est qu'une série de chiffres disant uniquement sa misère. On fait du tourisme pour aider, clame-t-on, des gens plus pauvres, alors qu'on retourne à la maison tout fier d'avoir acheté de jolis colifichets pour littéralement une bouchée de pain. Cette histoire de la vendeuse qui trouve son plaisir dans le fait qu'on baisse le prix de sa marchandise, sous prétexte que ça lui fait une conversation gratuite, est une invention pure et simple. Pourquoi n'augmente-t-on jamais le prix du produit si on veut vraiment l'aider à garder la tête hors de l'eau ? Cela aussi ferait un joli sujet de conversation. Elle ne s'amuse pas à faire la marchande, c'est son gagne-pain, et le marché n'est pas un terrain de jeu. C'est une femme d'affaires comme une autre, et son but, c'est de faire le meilleur bénéfice sur son produit. De grâce, ne la prenez pas pour une idiote. Si elle semble s'amuser à votre sinistre plaisanterie, c'est qu'elle tente par tous les moyens de vendre son produit. Par ailleurs, on n'est pas obligé de se laisser rouler. L'idée de vouloir acheter le produit au même prix que paie le local n'est pas juste non plus car on ne gagne pas le même salaire que lui et on ne paie aucune taxe. Il faut s'attendre à payer un peu plus. On est content tout de même d'avoir nagé dans une eau bleue, d'avoir échappé à la tyrannie du 15 % de pourboire et d'avoir goûté à tant de fruits exotiques sans en payer le quart du prix qu'on aurait payé chez soi (le prix du billet, oui, mais il ne va pas dans la poche de la marchande de melons mais bien d'Air Canada, d'Air France ou d'American Airlines). Et, encore plus heureux, finalement, de pouvoir raconter au bureau qu'on a aidé ces gens qui n'avaient rien, je vous dis rien, madame, vraiment rien. Voilà une charité qui rapporte gros. Bon, voilà où je voulais en venir. L'opinion qu'on se fait de l'autre. De celui qu'on a décidé qu'il était démuni de tout. Un qualificatif qu'on accorde à des individus comme à des pays. Des gens que nous ne connaissons même pas. Des pays où nous ne sommes jamais allés. Nous déclarons qu'ils sont dans la difficulté, et qu'il n'y a de difficulté qu'économique. Ce qui veut dire qu'ils attendent notre obole pour vivre. Que la vie, pour être digne de s'appeler vie, exige un minimum de confort. Soit, mais qui définit de quoi doit être fait ce minimum de confort ? Surtout pas ceux qui semblent être des ombres dans leur propre théâtre. Ces gens qu'on résume uniquement par leur espérance de vie. Moins de temps vous vivez, plus vous êtes à plaindre. C'est sûrement vrai, mais le contraire pourrait l'être aussi. Enfin, on verra. Je ne sais pas quand on a commencé à avoir pitié de quelqu'un qu'on ne connaît même pas. On n'a qu'à imaginer tous les reportages que l'on fait sur ces pays du Sud que l'on dit misérables, sur ces peuples pour qui on a beaucoup d'affection, tous ces reportages qui racontent la même chose : notre situation est bien plus enviable que la leur. Disons-le clairement : nous sommes mieux. Si cela attriste ceux qui ont un vrai sens de la compassion, cela réjouit ceux qui voient la vie comme un stade olympique où il leur faut la médaille d'or dans chaque discipline. Le résultat reste le même : nous parlons de gens que nous ne connaissons pas. Il ne suffit pas de savoir que ces gens sont sous une dictature, qu'ils n'ont pas de travail décent, qu'ils ont des problèmes de santé et d'éducation, pour les connaître. Si l'être humain n'était que cela, la vie ne vaudrait pas la peine. Qui va mesurer la qualité du rêve de ces gens, l'intensité de l'émotion nichée dans une vie brève ? La force du désir quand la plaine est en flammes ? La vie mystérieuse ? L'énergie du désespoir ? La vie, pour certains, c'est comme prendre à mains nues un câble électrique qui traîne par terre. Cela provoque un tel tremblement. D'autres ont la possibilité de mieux se protéger, et donc vivent plus longtemps. Mais pour tous c'est la même aventure. Une aventure humaine qui commence par la naissance, et finit par la mort. La vie, c'est ce qui se passe entre les deux. Et personne ne peut la mesurer.

L'art de capter l'instant

Je me promène avec ma fille de quatre ans autour
d'un petit lac artificiel dans cette ville, elle-même
assez artificielle, de Miami. Main dans la main,
mais chacun plongé dans ses pensées.
Tout ce qu'on voulait, c'était partager ce moment.
Soudain, je l'ai vue se pencher sur une fleur.
Elle la respirait avec une telle force que je m'attendais
à voir la fleur s'infiltrer en elle. Tout cela a duré
dix secondes, mais j'ai eu l'impression que si on avait
filmé la séquence et qu'on la repassait très au ralenti,
on pourrait distinguer chaque étape de la scène.
Ce qui nous permettrait de constater sa puissance
de jeune félin dans la précision de chacun
des gestes exécutés. Mais pendant cet instant
qui a duré une éternité pour la fleur, j'ai eu le temps
d'apercevoir le visage étrangement calme de ma fille.

La vie en société

Une ruche

J'aime bien vivre en ville. Les réseaux complexes. Le grouillement de gens. Cette activité intense. Et l'idée que la ville ne s'endort jamais tout à fait : il y a toujours quelqu'un en mouvement.
Les gens qui y vivent viennent surtout de petites villes de province un peu endormies. Et leur première réaction, c'est la
panique. Les provinciaux, qui critiquent la grande ville et son
animation incessante, oublient qu'elle est peuplée en majorité
de leurs enfants qui en ont eu marre, un jour, de l'atmosphère
étouffante du village où chacun surveille l'autre derrière les per-
siennes closes, et surtout de l'ennui des longs dimanches où la
vie semble s'être immobilisée pour toujours. Mais vivre dans
une grande ville, c'est comme rouler sur une autoroute quand
on vient à peine d'avoir son permis de conduire. On tremble
jusqu'à ce qu'on comprenne qu'on occupe un espace restreint
(notre voiture suit une fourgonnette et précède un camion),
certes, mais que cet espace est le nôtre. Il suffit de poursuivre sa
route pour faire partie de ce monstre qui effraie tout nouveau
conducteur qui s'apprête à prendre l'autoroute, comme ce fut
notre cas il y a quelques minutes. On a tous, un jour, quitté sa
maison, cet endroit où l'on a établi ses propres règles, pour
débarquer dans un lieu où tout a été pensé avant notre arrivée.
Note du jour : ne pas faire attention aux snobs qui font semblant d'être à l'origine de cette architecture. Moins ils en savent,
plus ils cherchent à faire croire qu'ils maîtrisent l'affaire. Et si

tout n'était pas que lois et règlements, et que nous roulions, certes sur une étroite bande de terre, mais dans un paysage tissé de nos rêves et de nos désirs ?

Le Corps Social

Je ne sais pas pourquoi ce Corps Social m'intrigue tant. On se demande qui il est. Jusqu'à ce qu'on vous le présente un jour.

— Dany Laferrière, voici le Corps Social.

— Corps Social, c'est Dany Laferrière.

Et de voir se tendre vers moi des millions de mains pendant que des millions de paires d'yeux me scrutent. Pour étudier ce Corps Social, il faudrait utiliser toutes les disciplines : la biologie, la sociologie, la science politique bien sûr, l'économie, mais aussi la psychanalyse, car je crois que, comme celui de n'importe quel autre citoyen, ce corps se nourrit aussi de rêves et de fantasmes. Mais étrangement, on n'arrive pas à le considérer comme un être vivant alors que ce Corps Social est fait de tous les individus d'un territoire donné. Aujourd'hui que je l'ai en face de moi, je vais tenter une rapide photographie du monstre. Le monstre, vous savez, c'est tout être différent de celui qui parle. Celui qui n'a qu'un œil comme celui qui en a trois. Il faut en avoir deux pour ne pas mériter le cirque ou la mort. On ne peut échapper au regard du Corps Social. Les yeux de la multitude. Car le Corps Social ne perd jamais de vue l'individu. N'importe où et à n'importe quelle heure, il y a toujours quelqu'un qui vous regarde ou qui vous a vu et qui viendra témoigner contre vous au nom de la société. Le Corps Social ne dort jamais. C'est une jungle où chaque individu est, selon le moment, la victime ou l'assassin. On ne peut s'en extirper que par l'exil. Et même là-bas, le Corps

Social viendra, la nuit, vous empêcher le repos en prenant des formes diverses comme le remords, la nostalgie ou cette angoisse perpétuelle d'avoir oublié quelque chose (une photo, une montre ou de saluer un ami) au moment de quitter le pays natal. Et voilà, vous dis-je, que j'ai devant moi le célèbre Corps Social. La première chose que je remarque, c'est qu'il n'utilise qu'un sens à la fois. Le Corps Social, comme un robot, ne peut donc exécuter qu'un seul ordre à la fois. Autant l'individu est mobile et parfois autonome, autant le Corps Social est lent à se déplacer. C'est que les individus qui le composent ne prennent pas tous la même direction au même moment. Quand celui-ci court vers l'est, l'autre veut aller à l'ouest, et un troisième au sud. Et quand l'un se sent en pleine forme et croit que c'est le moment de changer le monde, l'autre voudrait faire la sieste. L'un choisit de mourir au moment où l'autre arrive au monde. L'un croit en Dieu ; l'autre, au diable ; et un troisième, à rien du tout. L'un a bon appétit, l'autre se nourrit comme un oiseau ou un mannequin de *Vogue*. L'un découvre l'orgasme au moment où l'autre expérimente le suicide. Et quand celui-ci est si affamé de justice qu'il voudrait que les progrès sociaux aillent plus vite, celui-là paraît satisfait et entend que rien ne bouge. Je note que par moments le Corps Social peut se conduire de façon plus bête que chacun de nous ne le fera jamais. Mais il arrive, et cela plus rarement, qu'il se révèle aussi plus sensible que le plus subtil d'entre nous. Dans les périodes de dangereuse nervosité sociale, la foule peut faire preuve de plus de modération que l'individu. Il arrive qu'une manif calme soit perturbée par un petit groupe de provocateurs. Là où le Corps Social nous étonne le plus, c'est quand il fait preuve de prudence politique. Comment une foule de millions d'électeurs peut-elle trouver le moyen de couper la poire en deux ? Cette coupe nous paraît parfois si précise qu'on a l'impression d'avoir affaire à un comptable maniaque. On se demande alors ce que veut nous faire comprendre par là le Corps Social en renvoyant ainsi dos à dos les deux belligérants qui refusaient jusque-là de négocier. D'autres fois, il se conduit comme un gamin facétieux qui se moque des sondages et de la vanité des élites en poussant à l'avant-scène un candidat caché derrière les rideaux. Mais la plupart du temps, le Corps Social semble assoupi dans la vase des jours comme un vieil hippopotame par temps de grande canicule, n'ouvrant qu'un œil terne sur une réalité grise : le quotidien des individus. Mais brusquement une injustice, pas forcément différente de la précédente, le réveille. Cela peut être le mauvais sort qui vient de frapper un petit pays à peine repérable sur la carte. Il suffit qu'un citoyen, comme on dit crédible, raconte les minutes de cette tragédie humaine à la télévision pour que le cœur du Corps Social arrête de battre durant quelques secondes. Suivi du gros plan d'une mère pleurant toutes les larmes de son corps. La mort de son enfant. Alors le Corps Social se remet en mouvement. L'horreur a besoin d'un visage pour toucher le Corps Social. Le Corps Social vide alors ses poches et met son cœur en berne. On se demande pourquoi, quelque temps plus tard, c'est l'indifférence totale face à un aussi grand malheur qui se déroule pourtant sous ses yeux. Et dont il est parfois l'auteur. Comme je l'ai dit : le Corps Social marche dans un étroit couloir, ne voyant ni à droite, ni à gauche, et semble souvent dépourvu de mémoire. Quand il entend, il ne voit pas. Et l'on se retrouve face à un Corps Social dur, têtu, borné, mesquin, dont on a honte. Le citoyen ne s'identifie à lui que s'il lui ressemble comme un frère jumeau, partageant ses idéaux et ses combats. On oublie souvent que la société est un tissu de contradictions, d'idées opposées et de rythmes différents. Malgré le fait qu'il symbolise l'équilibre de tout ça, le Corps Social, comme n'importe quel individu, a aussi ses humeurs. Certains soirs, il se couche tôt avec une fièvre de cheval. Les tiraillements des groupes rivaux qui l'habitent se font violents jusqu'à déchirer le tissu social, provoquant une longue et profonde blessure. Le Corps Social grelotte alors sous la couverture. Et les grèves éclatent comme des boutons de fièvre sur la peau. Ce dont il a le plus besoin à ce moment-là, c'est d'un peu de tendresse. Mais qui serait capable de prendre dans ses bras ce grand corps malade ? On se demande, avec angoisse, si le Corps Social peut mourir ou tomber amoureux. Il arrive que le Corps Social perde la tête pour un individu qui rêve de lui donner un peu d'âme, mais cela est si rare qu'il faudrait parler de moment historique. Plus souvent, le Corps Social part s'encanailler le samedi soir, avec les chemises brunes ou noires (ou parfois les sans-chemises), avant de revenir prendre la soupe, en famille, le dimanche après la messe. Entre la fièvre du samedi soir et le calme plat du dimanche matin, certains analystes croient que c'est dans ce mince espace de temps qu'un pays peut basculer et perdre les acquis accumulés au fil des décennies. Le voyou (à moustache hitlérienne ou stalinienne) a pu donc séduire le Corps Social. Il est à noter que ce voyou se présente, de nos jours, en costume trois pièces avec un attaché-case rassurant, et qu'il repartira dans un sillage d'eau de Cologne après vous avoir fait signer, avec un grand sourire Colgate, la vente de votre âme (malgré le fait que c'est devenu subversif ou ridicule de prononcer le mot *âme*, il reste qu'il veut dire ce qu'il veut dire). Sur un plan plus personnel, il arrive que le Corps Social pousse parfois l'individu au suicide, en le rejetant brutalement de son sein. Il est aujourd'hui admis que le duel opposant l'individu au collectif ne cessera jamais, mais j'ai pu enfin, ce samedi après-midi, serrer la main du Corps Social. Enchanté !

Le moment historique

J'ai voulu être seul cette nuit-là pour me rapprocher d'Obama. J'avais l'impression que, malgré cette foule innombrable qui l'entourait, il était déjà dans la solitude glaciale du pouvoir. Je lisais son bref essai (*De la race en Amérique*, Grasset, 2008) qui est en fait le fameux discours de Philadelphie. Du coin de l'œil, je l'observais sur le petit écran. J'avais baissé le son car les mots ne me semblaient plus nécessaires. Sur son visage défilait cette histoire qui courait, depuis l'enfance, dans mes veines. Dès 1503, et ce, pendant plus de trois siècles, la traite négrière vida l'Afrique de ses guerriers pour en faire des esclaves en Amérique. Les Indiens mouraient en grand nombre, épuisés par les durs travaux que les colons européens leur imposaient. On fit venir des Noirs capables, paraît-il, de soutenir une telle cadence sous ce climat intolérable où le froid le plus vif alterne avec la plus étouffante chaleur. Mais l'Amérique n'imaginait pas qu'en s'enrichissant ainsi de l'énergie d'une race entière elle allait créer un problème auquel elle ne pourrait jamais échapper : le racisme. Quand le racisme se mélange au calvinisme, quand la mauvaise foi se mélange à la mauvaise conscience, cela fait un cocktail explosif. La première explosion arriva avec la guerre civile de 1861 où le Nord attaqua le Sud. Et où se distingua Abraham Lincoln, celui qui affronta les siens pour libérer l'esclave. Les esclaves émigrèrent massivement au Nord pour devenir ouvriers. Ce qui n'était pas forcément mieux. Vivant près des usines, ils commençaient à travailler avant l'aube pour finir presque dans la nuit. Ils se consolèrent, au fil du temps, bien après l'esclavage, en écoutant la musique triste de Bessie Smith, ensoleillée de Duke Ellington, tragique de Charlie Parker, et plus tard torturée de Miles Davis. Dans le sud des États-Unis, la ségrégation régnait encore. Les Noirs n'avaient pas le droit de respirer le même air que les Blancs. Toute la vie était divisée en deux par un mur invisible. Chacun connaissait sa place. Et le Ku Klux Klan se manifestait quand on traversait la frontière. Le KKK semait la terreur surtout dans les États du Sud. C'est ainsi qu'un jour de décembre 1955 une jeune femme du nom de Rosa Parks, montant dans le bus et trouvant la section réservée aux Noirs bondée, alla chercher une place dans la section réservée aux Blancs qui était à moitié vide. Le chauffeur lui intima l'ordre de libérer le siège. Elle refusa calmement. La police l'arrêta. Ce geste accéléra la longue bataille des droits civiques qui culmina avec le discours du pasteur Martin Luther King : « *I have a dream.* » Ce discours eut le mérite de donner à l'espoir les ailes du rêve. C'est toute l'Amérique qui s'est mise en branle depuis la fin des années 50. Les manifestations sanglantes de Watts, le poing ganté de noir que Tommie Smith brandit aux Jeux olympiques, la bataille pour la déségrégation des écoles où on a vu des enfants noirs se faire accompagner par la Garde nationale pour entrer dans leur nouvelle école, l'assassinat de Malcolm X suivi de celui de Martin Luther King. Et sur leurs cendres un jeune tigre bondissant : Mohamed Ali. On vit de notables changements à partir des années 70. Hollywood commença à bouger. De plus en plus de comédiens noirs à la télé. Le sport, la musique. Mais dans la vie quotidienne, rien n'a changé. Les Noirs vivent toujours dans les quartiers les plus pauvres où sévissent la violence et la drogue. Et continuent à remplir les prisons et les hôpitaux. Dans un tel contexte économique et social, le rêve de Martin Luther King semblait au plus bas quand, contre toute attente, apparut ce long et frêle jeune homme de l'État de l'Illinois. Il porte souvent une chemise blanche, ouvre grand ses bras en parlant. Son sourire est tour à tour chaleureux et carnassier. Et toute l'Amérique, ou presque, semble voir en lui celui qui la sortira du désert. Il a mené cette harassante campagne électorale avec tant d'aise qu'on le sent capable de porter pareille charge. Barack Obama, c'est bien son nom, est devenu cette nuit le quarante-quatrième président des États-Unis d'Amérique. Sera-t-il l'aboutissement de cette longue nuit sanglante de l'histoire des Noirs en Amérique? Ou une simple étape? Je ne parle pas ici de l'homme politique qui se trouvera pris, comme tout un chacun, dans les filets de la réalité, mais du moment historique que sa victoire électorale suscite. Derrière Obama, on sent un grouillement de gens : tous ceux qui viennent de voter pour lui. Le moment n'est pas historique à cause d'Obama mais du fait que tous ces gens de races différentes, de classes différentes, d'origines différentes ont voté par millions pour un descendant d'esclaves dans cette Amérique dont on sait qu'elle est encore gangrenée par le racisme. Ils ont d'abord voté pour eux-mêmes, pour un changement dans leur vie, et par ce fait dans celle de leur pays. Ils sont donc autant que lui responsables de ce vote. Ils ne peuvent pas se contenter de voter avant de rentrer chez eux pour regarder passer la parade tranquillement assis devant leur maison. C'est à eux de faire de ce moment un vrai moment historique.

Le visage de l'ami

C'était un homme un peu bourru, mais loyal et d'une honnêteté irréprochable, disait ma mère. Il venait souvent la voir après le départ soudain pour l'exil de mon père dont il était un ami d'enfance. Il avait ce ton, toujours implacable, sur n'importe quel sujet : la course des nuages dans le ciel ou les derniers méfaits du dictateur en place. Jamais de compromis, ne cessait-il de répéter. Il était naturellement contre toute idée abstraite pour la simple raison que cela ne servait à rien. Une chaise, ça existe, disait-il, car on peut s'asseoir dessus. Une idée, bonne ou mauvaise, si on n'a ni argent ni pouvoir, n'est que du vent dans la balance. La poésie le laissait perplexe. Ce qui est fascinant, faisait-il remarquer, c'est le fait que cela intéresse autant les gens, surtout les plus démunis. Et pour lui l'amour était une étrange fantaisie qui ne pouvait naître que dans l'esprit d'un fainéant. Un homme occupé n'éprouve que des sensations ; les sentiments, c'est l'affaire des mondains. J'avais douze ans quand je l'ai entendu dire, pour régler une fois pour toutes cette histoire qui semblait tout de même le perturber, que le cœur, si occupé à pomper le sang dans tout le corps, ne mérite pas cette surcharge de travail. C'est ainsi qu'il voyait l'amour — un travail qui oblige le cœur à faire des heures supplémentaires. Il est mort dans un bordel. Une sensation qu'on cherche à retrouver peut se révéler pire (les héroïnomanes en savent quelque chose) qu'un sentiment perdu. Combien de temps cela va-t-il nous prendre pour comprendre que la réalité est faite, au fond, d'une montagne de fictions ? Et que nous pensons que ce qui nous arrive est vrai, tandis que l'autre invente sa vie ? L'affaire, c'est que, malgré tous nos efforts, nous ne pouvons connaître la douleur de l'autre. Nous n'avons que nos propres sens pour appréhender le monde. Mais je dois reconnaître que cet homme avait le sens de l'amitié. Il venait de Baradères, la ville natale de mon père. Ils avaient cheminé ensemble, main dans la main, depuis l'enfance. Ma mère m'a raconté cette anecdote. Un jour que mon père allait à Mariani avec son ami, ce dernier lui lança en baissant la vitre de sa vieille Chevrolet :

— Windsor, tu ne sens pas un peu de fièvre ?

— Pourquoi tu me demandes ça ? fait mon père.

— Je sens cette petite fièvre qui monte.

— Maintenant que tu le dis, ajoute mon père en rigolant.

Un moment plus tard.

— Oh, je ne la sens plus.

— Moi aussi alors, dit mon père.

C'est une simple anecdote qui ne dit pas plus que ce qu'elle dit.

L'art de dormir dans un hamac

Il ne suffit pas de s'y glisser pour trouver le sommeil.
Le corps doit vouloir épouser les formes du hamac.
Et l'esprit doit pouvoir se détendre. Dans un hamac :
on ne pense pas, on ne médite pas, on reste
simplement là. Devenir aussi léger qu'une feuille
insouciante qui danse dans l'air. Le doigt traçant
des signes dans la poussière. Sous nos yeux :
les fourmis, les vers de terre, tout ce monde d'en bas.
Au-dessus de nos têtes : le vent dans les grandes
feuilles de bananier, les nuages nomades, le vaste ciel
et le soleil qu'il faut éviter de regarder trop longtemps.
On entend la voix des enfants jouant dans la rivière
de l'autre côté du champ de maïs. Et c'est
cette musique dont on ne sait la source
qui vous endort plus profondément
que ne peut le faire la mort.

L'origine du coup de foudre

L'amour au Nord

À partir de l'adolescence, en Occident, les garçons se regroupent dans cet espace réservé aux jeux du corps : le stade. Ils courent, sautent, nagent, se battent, tout cela avec une énergie explosive. Ils rentrent chez eux pour manger comme quatre avant de se jeter dans le lit. Forte odeur. Sommeil profond. Souffle long. Rêves érotiques juste avant le réveil. Les filles, plus intellectuelles, se lancent dans d'interminables conversations au téléphone (comme son nom change chaque saison, je ne sais plus comment appeler cet objet) qui sont des analyses minutieuses et exhaustives de chaque geste d'un garçon pourtant sans mystère. Ces duos (parfois un seul long monologue) durent en général toute la nuit et finissent par laisser les protagonistes épuisées et échevelées sur la plage de l'aube. Un tel régime ne peut déboucher que sur une légère dépression. Leurs cris aigus et joyeux de fillettes chatouillées signalent un retour à la vie après cette période de prostration sous les draps. Elles s'étaient barricadées dans la chambre pour faire une grève de la faim (on n'est jamais assez maigre à l'approche de l'été, et une peine d'amour peut accélérer le processus) rythmée par des hurlements au milieu de la nuit. Ce n'est pas une nouveauté que de dire que tout change à l'adolescence. Ce nouveau contrat avec la vie se révèle aussi compliqué et truffé de pièges qu'un contrat de mariage entre un mannequin et une rockstar. Sauf qu'ici il n'y a rien d'écrit, et on ne dispose pas non plus d'une batterie d'avocats d'Hollywood.

Quant à l'adolescent, cet animal assoupi qui passe son temps à grogner, n'arrivant pas à mener à terme la plus banale idée, il peut se révéler tout d'un coup une bête dangereuse. Comme si le message inscrit dans son sang venait de lui monter au cerveau. Et la danse commence pour la survie de l'espèce. Comment s'y prendre pour que deux êtres aussi dissemblables, l'intellectuelle féroce et la brute sensible, parviennent à s'apprivoiser jusqu'à se retrouver nus dans la plus grande intimité possible ? Et surtout comment faire pour qu'après l'acte, qui est la simulation d'une lutte mortelle, ils ne cherchent pas à s'entre-tuer ? Parfois ils le font.

L'amour au Sud

Dans le tiers-monde, l'amour ne dure, pour les filles, que jusqu'à l'âge de douze ou treize ans. Pour les garçons, cela peut aller jusqu'à quatre-vingt-dix ans. Après treize ans, ou peut-être avant, c'est-à-dire dès les premières menstruations, les émotions de l'adolescente deviennent une affaire publique. Les règles qu'elle doit suivre sont établies, avec des variantes, par la mère et le père (pas toujours d'accord), les voisins, la société en général. Il se trouve que, parfois, elle ignore tout de ce théâtre monté à son insu et dont elle est le personnage central. La mère prend tout de suite les choses en main, tout en sachant que c'est une jungle et qu'il est impossible d'avoir les yeux sur chaque prédateur. Sans compter ce mauve désir, sous l'œil complice de la lune, qui pousse l'adolescente au-devant de la mise à mort. En désespoir de cause, la mère lui fait savoir que c'est à elle de se préserver, d'éviter en quelque sorte d'offrir sa virginité gratuitement à une belle gueule, parce que d'autres hommes, moins passionnants mais plus établis, sont prêts à y mettre le prix. Elle tient peut-être entre ses jambes (pour être bien compris, on évite les métaphores fleuries) le sort de sa famille. Elle pourrait, si elle mène bien son jeu, couper la tête à cette pieuvre qu'est la faim. La nourriture est une drogue au cycle infernal de six heures. Trois repas par jour, toutes les six heures, et le dernier quart est réservé au sommeil. On peut sauter un repas ou deux, mais tôt ou tard il faudra apaiser la bête. Se le dire tout de suite : aucune cure de désintoxication possible. Nous sommes des animaux qui boivent et mangent. Le reste est superflu. On peut triompher de tout, mais pas de la faim. En Occident, le débat est mené de manière oblique. Personne n'ose affronter directement les cornes du taureau. C'est vrai que le problème ne touche qu'une minorité de gens réfugiés dans des quartiers pauvres qui entourent généralement la grande ville. Cela concerne des gens peu éduqués, faibles, et solitaires dans certains cas. Alors l'État se contente de mettre un sparadrap sur la plaie, pourtant vive dans certaines zones. J'entends d'ici les protestations disant que nous vivons, à Montréal par exemple, dans une société égalitaire. Nous sommes égaux mais parqués dans des quartiers entourés de barrières invisibles. Malgré le fait que cela saute aux yeux, certains doutent encore. La misère ne fleurit, croit-on, que dans le tiers-monde. On ne va pas jusqu'à nier l'existence de la pauvreté, en Occident, mais on vous dira que ça ne touche qu'une infime minorité de gens. Je me suis toujours demandé si de telles déclarations servaient à rassurer ou à consoler. Ou simplement à dire qu'aucune société n'est parfaite, et donc qu'il faudrait s'y faire. Ce n'était pas mon propos initial. Je voulais parler d'amour dans le tiers-monde. J'ai pourtant l'impression de n'être pas loin de l'affaire, et qu'il y a un lien fort entre amour et faim. De toute façon les amoureux, même dans les milieux les plus favorisés, utilisent ces métaphores pour décrire leur appétit : j'ai faim de toi, je veux te manger, je vais te dévorer, tu me manques. Comme si l'amour venait d'un milieu pauvre où on avait toujours faim. Comme si l'amour venait du sud de la vie.

L'émotion annule le temps

L'amour a besoin d'un visage; le désir, d'une nuit. C'est un courant qui passe entre le premier regard et le premier baiser. Mais quand il n'y a pas de premier baiser, ce désir se change en une fièvre qui galope, en solitaire, dans la nuit agitée. Quelle est donc la différence entre l'amour et le désir? On ne peut aimer sans désir, mais on peut désirer sans amour. Ce qui rend le désir plus libre de mouvement. Il surgit et disparaît quand il veut. Mais il arrive parfois que son caprice se fracasse contre le mur du temps. Le temps lointain décourage le désir qui prend sa revanche en s'enroulant autour du temps présent jusqu'à l'étouffer. Quand l'être que l'on désire n'est pas en face de nous, on a l'impression de s'enfoncer dans une espèce de grisaille faite de vide et d'ennui. Mais dès que celui-ci apparaît, le temps s'arrête comme un cheval au galop qui voit surgir un tigre des fourrés. Les couleurs se diluent, les bruits s'assourdissent, le décor s'efface. L'émotion annule le temps. Puis cette impression de passer dans une autre dimension. Ce baiser interdit qui efface les frontières du jour et de la nuit. L'amour est de jour; le désir, de nuit. C'est vite dit car la nuit peut être aussi une chambre avec la porte et les fenêtres fermées en plein midi. Passé la première étape, l'amour ne rêve que de se montrer au grand jour. Le désir, jusqu'au bout, se nourrit de profonde intimité et de complots murmurés dans la pénombre, après la furie des ébats. Ce désir qui cherche constamment à renverser tout pouvoir établi. Lui-même rêve du pouvoir tout en soupçonnant qu'il ne fera pas long feu une fois installé. Le désir ne peut s'embourgeoiser sans s'éteindre. Il y a toujours un nouveau désir tapi dans l'ombre qui tente de bousculer l'ordre fraîchement établi. Dans cette tapisserie persane, on voit bien le roi qui regarde le courtisan en train de regarder la reine. Mais le courtisan, lui, ne voit pas le jeune page qui observe du coin de l'œil toute la scène. Ce que ressent ce jeune page est encore subversif tant qu'il reste à l'état de désir. Mais ce qui trouble le roi, c'est de découvrir que la reine appartient à qui la désire, et cela même si elle ne se rend pas toujours compte de la tempête qu'elle soulève sur son passage. La longue traîne de la reine est un sillage de feu et de cendres, dont l'intensité augmente du fait que si personne ne peut la toucher, c'est parce qu'elle appartient à tout le monde. La reine peut faire partie du fantasme du dernier des esclaves qui, dans son cinéma intérieur, a le pouvoir de faire d'elle son propre esclave. Le roi a quand même vu cette lueur fauve dans le regard du courtisan. Ce n'était plus un courtisan qui regardait une reine, mais un homme qui désirait furieusement une femme. Une fureur qui manque au roi. Le désir du courtisan a ranimé la flamme du roi. Tout s'est passé sans que la reine ne se doute de rien. Le désir a une vie autonome.

L'air sentait l'ilang-ilang

Comme j'étais affreusement timide, ma mère organisait de petites fêtes, où il ne se passait presque rien. On s'asseyait et on s'observait. Les filles d'un côté et les garçons de l'autre. Au milieu un petit groupe d'adultes évoquant leur jeunesse perdue. Le but, c'était de m'acclimater à ce que le poète local, Léon Laleau, qui s'est toute sa vie cru un personnage de Proust, appelait « le printemps des jeunes filles en fleurs ». Elles étaient toutes du quartier, plutôt gentilles et bien éduquées. Je me demande encore pourquoi je ne fus attiré que par celle que ma mère n'invitait jamais, la trouvant trop vulgaire. Mais moi, j'aurais marché sur des braises pour aller vers elle. La tête en feu. D'un simple clin d'œil, elle pouvait faire de moi un orphelin. Ma mère, croyais-je, ne pouvait pas imaginer (au fond elle savait depuis le début) ce frémissement qui effaçait tous les souvenirs pour mieux saisir le brûlant présent. Mon sexe me parlait et je lui répondais avec mon cœur. Un ami me glissait à l'oreille : « Le désir descend la colline. » Je dévalais la pente de la colline, ce soir-là, aussi sûr de moi qu'un jeune dieu cruel. Le ciel de Port-au-Prince annonçait un orage. L'air sentait l'ilang-ilang et le jasmin. Je passais devant ce cinéma près du marché où depuis un mois on présentait le même film d'espionnage. L'affiche me semblait de bon augure avec ce baiser rouge. J'allais nu-pieds sur des braises. Tout me ramenait à ce corps de Tanagra. Au dernier moment, mon cœur se mettait à battre sans raison. Ma poitrine se serrait. Mes mains en sueur. Mes yeux avaient déjà perçu ce que mon cerveau refusait de décoder. J'étais mort. Je n'étais plus que ce manque qui me consumait. Je compris en percevant cette ombre sur ma droite : la Tanagra descendait aussi la colline. Elle n'était pas seule. C'est comme si on m'enfonçait un couteau dans le cœur. Me voilà à l'agonie. Malgré tous ces poètes qui occupent nos rayons depuis quelques siècles, on n'a que cette métaphore éculée pour exprimer la jalousie. Un couteau planté dans le cœur. C'était nouveau pour moi. Je m'accrochais à la moindre brindille pour ne pas me noyer dans le lac de mes larmes intérieures. Trop orgueilleux pour laisser voir ma douleur. Je voyais leurs étranges silhouettes sur le mur. Un monstre à deux têtes, quatre mains et un regard double comme si un miroir reproduisait le même à l'infini. Ils s'embrassaient. Je ne pouvais nier pareille évidence. Je restai figé jusqu'à ce qu'elle se retourne pour me découvrir. Elle me fit un sourire si doux que mon cœur se remit à battre. De nouveau la colère. Cette fille ne connaissait pas la honte. Ma mère avait raison. Pourtant, je continuais à la préférer à toutes celles que ma mère s'acharnait à me présenter. Plus je la détestais, plus je pensais à elle. Et plus je pensais à elle, moins je la détestais. Oh, Seigneur, même moi je la trouvais parfois trop vulgaire. Est-ce vulgaire que d'ignorer les manières délicates ? Cela ne faisait simplement pas partie de son univers. Pourtant c'est cet univers qui m'intéressait. Comment pouvait-on vivre hors de ce monde raffiné qui fascinait tant ma mère ? Le monde que le poète Léon Laleau évoquait dans sa chronique hebdomadaire. Ma mère si à cheval sur les bonnes manières ne comprendrait pas que je porte un tel sentiment à une fille aussi dénuée de style. Le style selon notre monde. Comment fait-on pour ne pas être gracieux, élégant et courtois ? se demandait-elle à tout bout de champ en me regardant du coin de l'œil. Ah, les classes sociales. Et pourtant nous n'étions pas riches. Je croyais, à l'époque, l'amour au-dessus de ça. Ma mère m'a appris qu'on ne partageait pas tous les mêmes valeurs. Mais Tanagra était différente, totalement différente. Et me voilà comme un papillon tournoyant autour de la lampe. Il m'arrivait parfois de sourire aussi en pensant à elle. Je savais trouver une grâce particulière au cœur de cette rude nature. Quand on la regardait, c'était elle qu'on voyait. Les autres filles jouaient un peu. Quand elles étaient dans notre minuscule salon, j'avais l'impression d'être au théâtre. Elles bougeaient différemment quand elles étaient entre elles. Et là soudain le visage de la Tanagra occupait tout l'espace de mon visage. Et ce sourire si naturel alors que je venais de la surprendre embrassant un autre. Elle n'avait aucune conscience du péché. Dès que je sus cela, je ne ressentis plus cette brûlure au cœur. Ainsi sa nature sauvage était due au fait qu'elle vivait hors de ce monde moral si redoutablement compliqué. C'était donc ça qui m'attirait chez elle.

L'art d'aimer

Vous m'excuserez de vous écrire cette lettre de rupture
alors que vous ne savez rien de notre vie commune.
Notre amour ne concernait que moi, mais je dois
admettre qu'il m'est difficile de prendre la décision
de rompre avec vous sans, au moins,
vous mettre au courant. Maintenant que c'est fini,
il me faut aussi admettre que cette histoire a illuminé
puis brûlé ma vie. Tout a commencé à cette petite fête
où vous étiez arrivée très tard avec une amie
qui semblait déjà ivre. Et tout s'est terminé,
je vous épargne les détails, hier soir en me laissant
l'impression que cette folle passion n'a duré
qu'une longue nuit. Sans vous quitter des yeux
un seul instant durant toutes ces années, je n'ai jamais
cherché à croiser votre regard afin de ne pas vous
déranger dans cette fête que semble être la vie
pour vous.

La fabrication du monde

Un rêve dans le train

L'autre jour, en traversant la rue, j'ai eu cette idée étrange et pourtant si naturelle que le monde se renouvelle constamment. Dans à peine plus de cent vingt ans, tous ces gens, gorgés d'émotions et d'ambitions, qui strient aujourd'hui la surface de la terre devront déménager ailleurs. De celui qui vient à peine de naître jusqu'au doyen de cette maison de retraite, on doit tous quitter la salle de bal pour qu'un *nouveau* groupe puisse s'y installer. La terre nettoyée de ces vivants qui n'arrêtent pas de s'agiter dessus. Ne craignons rien, cela se fera en douceur, et on n'y verra que du feu. Mouvement continu. Comme un champ de canne qu'une brise fait onduler. Sauf si un fou se met à jouer à Dieu. Le temps d'atteindre le trottoir d'en face, cette idée, trop vaste pour être effrayante, m'avait déjà quitté. Un ami m'a abordé et nous avons longuement causé de nos projets d'avenir. Cela me rappelle une histoire de Borges que j'avais oubliée. Un homme rêve dans un train. Et dans ce rêve il vit les dernières minutes de sa mort. Tout semble si vrai qu'il se dit qu'avec les informations recueillies durant son sommeil il pourra éviter cette mort. Au même moment, il entend une voix lui souffler dans l'oreille : « Tu vas te réveiller dans quelques minutes, et tu oublieras ce rêve. » Durant mon enfance, j'ai entendu une de mes tantes faire l'éloge de la mort toujours douce quand elle arrive durant le sommeil. Et je me suis mis à rêver de cette mise en abyme. Si, pour certains, le sommeil est une forme éphémère de mort, on se demande ce que peut être mourir en dormant. Est-ce la plus sûre façon de se perdre dans le labyrinthe de la nuit ?

Le monde naît de la nuit

Cela fait un moment que cette phrase énigmatique de Thalès de Milet flotte dans mon esprit. À cette question qui a hanté les esprits de son époque (les enfants comme les grandes personnes) — qui précède l'autre, le jour ou la nuit? —, le géographe grec répondit suavement : « La nuit est en avance d'un jour. » Confondant et poétique. Thalès semble ainsi trancher en faveur de la nuit. Faut-il croire du même souffle que la poésie naît de la nuit et la science, du jour? Et que tous les deux prennent leur source dans le fleuve du sommeil? Et surtout qu'en est-il aujourd'hui de notre rapport avec la nuit? Je vois tout de suite un groupe de gens de toutes origines, spécialisés dans différents domaines pointus, qui passent leurs nuits à concevoir un monde de plus en plus artificiel. Ils le font au moment même où la majorité des citoyens s'enfoncent dans l'univers « étrange et pénétrant » des rêves. Il faut imaginer la scène : des gens éteignant leurs lumières, puis s'embrassant avant de s'enfoncer dans le sommeil. Pendant que d'autres (des scientifiques, des politiciens, des économistes, des hommes d'affaires) allument la lampe studieuse qui leur permettra d'inventer de toutes pièces le prochain jour. Si la nuit est à l'ouvrier repu de fatigue, le jour est de plus en plus à celui qui ne dort pas. C'est pourquoi le monde manque tant de poésie et semble si épuisé. Notre imaginaire social, scientifique ou politique ne trouve plus sa source dans la nuit qui nous projette dans un monde si proche de l'enfance que le temps et l'espace se confondent. Nos natures s'opposent alors. Celui qui dort finit par se retrouver en duel à fleurets mouchetés avec celui qui fabrique le monde. L'un rêve d'espace infini tandis que l'autre se retrouve enfermé dans la prison du réel. Notre univers est trop pensé et pas assez rêvé. Beaucoup de nos comportements du jour sont déterminés par la nuit. Une nuit agitée compromet notre journée. Et pour certains la figure aimée apparaît d'abord dans un rêve avant de se matérialiser le jour. La bousculade du jour s'équilibre par le calme de la nuit. Il faut imaginer la nuit comme le moment où l'animal que nous sommes, qui vit dans un monde gazeux, va se perdre dans un univers liquide. Le sommeil est un voyage. Et tout voyageur ramène au retour des coutumes, des paysages, des histoires du pays visité. J'ai cru, enfant, que la vie était une maison dont le jour se trouvait à l'étage, et la nuit, au sous-sol. Et qu'on ne faisait que monter et descendre l'escalier du temps. À l'étage, on joue à un jeu collectif dont on ignore les règles, tandis qu'au sous-sol on invente chaque fois un nouveau jeu. Bien sûr qu'il y a des rêves récurrents, mais c'est qu'il s'agit du même rêve qui se poursuit sur plusieurs nuits. Nous ne savons pas trop ce qu'est une nuit. C'est peut-être un fleuve qui traverse plusieurs régions d'un vaste pays. Nous savons au moins que le désir d'une chose crée la chose, mais cela se fait si vite qu'on a l'impression du contraire. C'est le rêveur, avec une concentration qui exige une parfaite immobilité, qui crée le tigre qu'il vient de croiser sur son chemin, et aussi le serpent qui file dans l'herbe, et même l'arbre au bout du chemin. Mais au moindre signe de doute, il se retrouve, transi de peur, avec un serpent sifflant sur une branche au-dessus de sa tête, et un tigre menaçant au pied de l'arbre. C'est le rêveur qui crée son propre cauchemar. Le cauchemar, dans la vie comme dans le rêve, vient d'une subite panique qui nous place au bord du précipice. Et cette nouvelle peur multiplie les situations insoutenables jusqu'à ce que nous nous réveillions en sueur. Mais il arrive que l'homme croie pouvoir se passer du rêve. Il n'y a que l'enfant qui n'a pas besoin de rêver car il est encore emmailloté de sommeil. L'enfant, le jour comme la nuit, s'imagine être le centre de l'univers, et que les choses apparaissent sur son chemin comme par enchantement. Cela reste vrai tant qu'il ne cherche pas à les posséder. Les sentiments comme les paysages s'évaporent dès qu'on tend la main vers eux. La lune est à vous tant qu'elle demeure un astre et ne devient pas un objet qui attire la convoitise des autres. La lune est à vous, j'insiste, tant qu'elle demeure un astre et que vous restez un rêveur. Cette lune qui appelle, chaque soir, la nuit. Tous les enfants du monde ont crié une fois : « Maman, la lune me suit. »

La rose du rêve

Il faut savoir quand et pour quelle raison on a cessé de regarder la lune. Je crois que la religion arrive précisément quand on perd la foi dans la nuit et la poésie. Un jour de l'année 1942, le poète André Breton reste figé devant un étrange tableau du Douanier Rousseau, dont le titre est *Le Rêve*. Breton rentre chez lui pour écrire fiévreusement ceci : « Je veux parler du *Rêve* de Rousseau. Comme on peut penser que tout est contenu dans l'Apocalypse de saint Jean, je ne suis pas loin de croire que dans cette grande toile, toute la poésie, et avec elle toutes les gestations mystérieuses de notre temps, sont incluses. » La réflexion de Breton n'est pas loin de celle d'Héraclite qui croit que « l'homme qui dort construit l'univers ». Il fut un temps où les grands mathématiciens étaient d'abord poètes, car ils croyaient que la poésie était la science de l'avenir. On faisait les découvertes à partir des sentiments qui animaient les gens. L'homme curieux voudrait voyager. Ce n'est pas le bateau qui lui donne envie de voyager, c'est plutôt le goût du voyage qui a inventé le bateau. Et qui pousse Archimède à lancer son fameux cri : « Tout corps plongé dans l'eau reçoit une poussée verticale de bas en haut égale au poids du liquide déplacé. » J'ai toujours senti que ce théorème inusable cachait un sens secret jusqu'à ce que je comprenne qu'il s'agit plutôt de poésie que de science. Et qu'il vient de la nuit plutôt que du jour. C'est Coleridge qui m'a fait comprendre ce mystère avec ce troublant poème : « Si un homme traversait le paradis en songe, qu'il reçût une fleur comme preuve de son passage, et qu'à son réveil, il trouvât cette fleur dans ses mains… Que dire alors ? » Je dis alors que cette fleur existe et qu'elle s'appelle poésie. Et que si on refuse d'y croire, la nuit disparaîtra et le monde deviendra simplement concret. Comme un objet qui pourrait un jour appartenir à quelqu'un.

Le mode superlatif

Chaque individu croit, peut-être avec raison, que le monde commence à sa naissance et se termine à sa mort. Nous refusons d'accepter ce fait, douloureux certes, que le monde a commencé avant nous et qu'il continuera après nous. Pour ma part, je trouve plutôt reposant de n'être pas responsable de toute cette histoire. Je ne fais que passer dans le coin. Je ne suis pas propriétaire, à peine un locataire. Quand on se prend pour le nombril du monde, on a tendance à monter en épingle le moindre événement dans lequel on est vaguement engagé. Comme on est sûr de vivre, à chaque génération, des moments que l'humanité n'a jamais connus auparavant. Notre époque ne produit que de l'inédit. A-t-on idée depuis combien de temps le monde roule sa bosse? Il en a vu d'autres que nous. Dans notre vie particulière, aussi bien que dans celle de tous ceux qui partagent cette aventure exceptionnelle avec nous, tout doit être démesuré. Dans cette avidité d'événements spectaculaires, nous ne pouvons concevoir un banal mariage princier qui ne soit pas le mariage du siècle. Le voyage d'un chef d'État qui ne soit pas le voyage du siècle. Un accord de paix entre deux belligérants connus pour leur absence de loyauté qui ne soit pas l'accord du siècle. Un contrat entre deux compagnies pétrolières comme étant autre chose que le contrat du siècle. Une chanteuse qui crie plus fort que les autres devient la chanteuse du siècle. Une star qui se suicide et on parle du suicide du siècle. Un match de boxe entre deux champions ne peut être que le match du siècle. Une princesse qui meurt dans un accident de voiture, et on a le choix entre l'accident du siècle et la mort du siècle. Naturellement un nouveau siècle ne peut pas commencer avec la première année : on a dû attendre un événement aussi marquant que la destruction des tours jumelles de Manhattan. Ce n'était pas seulement un nouveau siècle mais aussi un nouveau millénaire. On n'allait pas commencer ça avec un drame africain. Autrefois on ne lisait ce genre d'exagération que dans des médias populaires qui s'adressaient à une vaste clientèle toujours à l'affût de nouveaux sujets de conversation juteux. Aujourd'hui, on trouve les mêmes expressions (mariage du siècle, match du siècle, contrat du siècle) dans des journaux de premier ordre. Ce virus de mégalomanie infecte une bonne partie du monde. Prenez l'affaire la plus banale, le genre de chose qui n'attire l'attention de personne, eh bien on trouvera quelqu'un pour y voir une chose unique, d'une beauté à couper le souffle. Et surtout quelque chose dont il est l'unique possédant. Le problème, c'est que même les sociétés les plus démunies cherchent à se valoriser d'une manière ou d'une autre. Souvent par le sport. Alors on met une bonne partie du budget national là-dedans. Et on pousse les jeunes athlètes à se surpasser à coups de produits chimiques qui finiront par faire exploser leur cœur. Il n'y a plus aucun intérêt à pratiquer un sport ou un art quelconque si on n'a pas la garantie de devenir les meilleurs du monde. Chacun cherche un secteur vierge pour établir sa domination. Est-ce parce qu'on nous bombarde de compétitions de toutes sortes à la télé ? Et puis toutes ces listes de best-sellers en tout, toutes ces médailles que l'on distribue à tire-larigot, toutes ces étoiles qui pullulent dans les journaux, tout cela a peut-être fini par faire entrer dans notre vie quotidienne un tel mode. Nous carburons au superlatif. Pour faire souffler un faible vent de modestie sur cette époque en feu, je dirais que notre mégalomanie ne date pas d'hier. Le sophiste Protagoras (né en – 490 et mort en – 420), peut-être dans une autre perspective, affirmait déjà que « l'homme est la mesure de toute chose ». Je connais un chat gris qui croit que le chat est la mesure de toute chose, et ce n'est pas parce qu'il ne passe pas à la télé que son opinion ne compte pas. Nous ne sommes ni au début ni à la fin du monde. Alors, on se calme.

La fourmi n'est pas à moi

Je ne sais pas quand j'ai commencé à compter ainsi les choses de la vie. Pourtant on ne compte que ce qu'on possède. Si l'avare compte sans cesse son or, son angoisse n'est pas uniquement au sujet de l'or, mais aussi du fait qu'il sent que sa vie lui glisse entre les doigts. L'or ne bougera pas de sa cassette, mais les années, cet or autrement plus précieux, semblent échapper à sa vigilance. Les chiffres naissent de notre obsession de posséder. J'ai arrêté de compter les étoiles quand j'ai compris que le ciel ne m'appartenant pas, on ne pouvait donc pas me le dérober. Et la mer aussi. Et la lune, bien sûr. Et la petite rivière près du cimetière de mon enfance où je me suis un jour couché sur le dos, sur une tombe, pour tenter de voir la vie du point de vue d'un mort. Ce mort dont on dit que, fait de boue à qui on a insufflé la vie, il est retourné enfin à la poussière (ces terribles métaphores bibliques inculquées dès l'enfance ne me lâcheront donc jamais). M'est venue alors cette idée que la seule façon de sortir du cercle effroyable de l'obsession, c'est de ne plus chercher à posséder tout ce qui traverse mon champ de vision. Plus facile à dire. D'accord, mais tentons tout de même de suivre au moins l'idée jusqu'au bout. Vous savez, une idée ne prend vie que si on est honnête avec elle. Elle remonte au temps que j'avais encore du temps libre. D'ailleurs, je n'avais que cela à la sortie de l'adolescence. Je m'asseyais sur un banc de parc, comme mon ami Diderot, enfin n'importe où, et mon esprit partait en chasse. Il suivait

93

la première idée sage ou folle qui se présentait à lui. C'est ainsi qu'on se retrouvait à réciter *Le Neveu de Rameau*. Bon, je m'assois sur ce banc du carré Saint-Louis, et je tente de penser par moi-même. Est-ce encore possible quand on est imprégné par toutes ces lectures? J'ai si peu pensé et tant lu. Un homme sous influence, voilà ce que je suis devenu avec le temps. Ce que je veux semble simple et ne devrait pas nécessiter tant de glose, c'est penser un bref instant à cette question de possession. J'en ai besoin pour ma quiétude d'esprit. Mais en même temps, je remarque que ce qui m'intéresse, ce n'est pas le résultat de la réflexion, mais le processus qui mène à ce résultat final. À propos de possession, j'avais commencé cette méditation par cette banalité : on ne compte pas l'or qui ne nous appartient pas. Si je renversais la situation en me laissant posséder au lieu de chercher à posséder? Je reste un moment immobile pour apprécier la découverte, puis son effet sur moi. Je sens alors se dissoudre dans ma poitrine cette boule d'angoisse qui s'y était logée depuis si longtemps que je l'avais parfois oubliée. Un temps pour apprécier cette nouvelle situation avant de commencer à énumérer, avec une étonnante jubilation, tout ce à quoi j'appartiens : le ciel ne m'appartient pas, j'appartiens au ciel ; la lune ne m'appartient pas, j'appartiens à la lune ; les étoiles ne m'appartiennent pas, j'appartiens aux étoiles ; la rivière ne m'appartient pas, j'appartiens à la rivière ; la fourmi ne m'appartient pas, j'appartiens à la fourmi ; l'arbre ne m'appartient pas, j'appartiens à l'arbre ; l'enfance ne m'appartient pas, j'appartiens à l'enfance ; la mort ne m'appartient pas, j'appartiens à la mort. Je vais partout libre puisque je ne possède plus rien. La conclusion ne me satisfait pas : elle sonne comme un désir de sainteté, alors qu'il s'agit pour moi d'une tentative pour retrouver ce sentiment de plénitude que j'éprouvais du temps que je passais mes nuits à me promener dans la ville endormie pour rentrer à l'aube me jeter sur le lit défait de ma petite chambre crasseuse.

Les temps parallèles

Je suis toujours étonné que les gens puissent croire que nous vivons tous dans le même temps. Ayant accordé nos montres comme des gangsters à la veille de dévaliser une banque, on peut dire qu'il est près de 8 h 20 du matin. Nous sommes si nombreux à faire les mêmes gestes depuis deux heures — nous lever, regarder la météo pour savoir s'il va pleuvoir, déjeuner en lisant le journal, s'énerver à cause d'un éditorial, et courir travailler — que nous oublions que tout cela n'est qu'une convention. Et qu'il suffit de téléphoner au bureau pour dire qu'on est malade pour tomber dans un monde parallèle. On écoute alors la radio différemment, ne prêtant qu'une oreille distraite aux informations sur la circulation et la météo (deux choses aussi vitales que le café dans une grande ville). Après une semaine de vacances, nous nous étonnons déjà de voir les gens courir ainsi dans le métro. Il suffit parfois d'une banale fièvre pour qu'on prenne d'autres habitudes. Par ailleurs, la technologie vient creuser les écarts entre les générations. L'enfant de dix ans se rapproche de sa grand-mère aussi passionnée que lui par les jeux vidéo, tandis qu'il regarde sa mère et son père reculer dans le temps à une vitesse phénoménale. Il n'y a que les petits-enfants et les grands-parents qui semblent au diapason dans ce monde axé sur la jouissance immédiate. Les premiers parce qu'ils croient le temps infini, les seconds parce qu'ils voient la fin venir. Les adolescents, eux, vivent un rapport étrange avec le temps. Le plus souvent, ils sont obligés de faire des choses qui ne les intéressent pas. Et quand ils s'en plaignent, on leur répond que c'est le sort de tout un chacun. Possible, mais la différence, c'est que l'adulte est simplement en train de payer ses inconséquences. Comme dit le poète Villon, cet éternel contemporain, « si j'eusse étudié au temps de ma jeunesse folle, et à bonnes mœurs dédié, j'eusse maison et couche molle ». L'adolescent, lui, ne connaît pas encore le regret. Son temps est projeté dans l'avenir. Ses parents vivent dans un présent soucieux. Et ses grands-parents batifolent dans la nostalgie. Trois temps qui se jettent dans le fleuve de la vie commune. Mais aucun des trois groupes d'âge n'ignore les affres du temps. Chronos est un dieu farceur qui nous fait croire qu'une heure dure soixante minutes pour tous. En fait, on l'a vu, c'est beaucoup plus quand on a mal aux dents, mais beaucoup moins quand on est en train d'embrasser la fille de ses rêves. Vit-on dans le même temps que ce type, à sa fenêtre, qui semble s'ennuyer quand nous courons à un rendez-vous qui nous semble important ? Beaucoup de gens n'arrivent pas à comprendre la question des fuseaux horaires. Il y a quelqu'un, à Paris, qui croit qu'il est neuf heures du matin sur la planète quand il arrive au bureau. Je dois lui rappeler constamment que nous sommes, à ce moment-là, en pleine nuit à Montréal. Et vous ne pouvez pas imaginer la différence d'énergie qu'il y a entre une voix de neuf heures du matin au bureau et une voix de trois heures du matin au lit. Il arrive qu'on confonde le temps parfois avec l'énergie. Comme les enfants qui réveillent la maisonnée à trois heures du matin parce qu'ils ont envie de jouer. Ils nous accordent avec leur rythme, donc avec leur temps. Le temps de l'enfance n'est pas fait que de rythme. Nous risquons de graves conflits sur cette planète si nous continuons à croire qu'on vit tous dans le même temps. Alors que ce monde est un réseau complexe d'époques différentes. Le temps de celui qui se cherche une discothèque un samedi soir n'est pas le temps de celui qui se veut mortel. Le temps de celui qui va à pied ou à dos d'âne n'est pas non plus le temps de celui qui va en voiture, en avion ou en fusée. Mais nous allons tous vers la mort. C'est la seule chose d'ailleurs que nous partageons tous — et en ce sens elle est précieuse. Et si le baiser a tant notre faveur, c'est qu'il nous donne l'illusion de partager, pour une fois, un moment ensemble. C'est une forme brûlante de présent de l'indicatif. Mais le plus beau voyage dans le temps que je connaisse, c'est celui que procure la lecture. On vous croit dans cette pièce alors que vous vagabondez dans d'autres siècles. Et cela sans faire le moindre bruit. L'imaginaire crée un si vaste espace-temps qu'il élimine les notions de passé, de présent et d'avenir. L'art est bien la seule tentative de réponse sérieuse à l'angoisse de l'homme face à ce monstre insatiable qu'est le temps.

L'art d'échapper à l'insomnie

Un insomniaque, c'est quelqu'un qui cherche à dormir
sans y parvenir, alors qu'il suffirait d'occuper
cette étroite bande de temps à toute autre activité
silencieuse : lire, méditer ou quitter la maison
sur la pointe des pieds. Certains d'entre nous sont
des dormeurs innocents, d'autres des noctambules
qui s'ignorent. Et la nuit appartient à ceux
qui parviennent à s'échapper du labyrinthe
de l'insomnie qui pourrait devenir le pire
des cauchemars. Si l'on sort, on risque de découvrir
une ville distincte de celle que l'on traverse le jour.
Les conversations sont différentes, les chats sont gris
et la vie plus fluide. Si vous restez dans votre lit
à lire ou à méditer, vous serez étonné par la qualité
du silence qui vous entoure, et ravi par la facilité
avec laquelle vous êtes capable de résoudre
des problèmes que vous pensiez complexes.

Body and Death

L'angoisse et le rêve de disparaître

Cet ami vient d'entrer dans la pièce où je suis en train d'écrire.

— Pourquoi ce titre en anglais : *Body and Death* ?

— Parce que les gens vraiment riches et maigres se retrouvent souvent dans les magazines américains de célébrités.

Une pile de magazines de vedettes au pied de la table. J'aime bien ces images éclatantes de bonheur feint (gros seins refaits pesant plus lourd que le reste du corps, dentition parfaite, bébé aux rondes joues rouges tenu sur une hanche avec un verre de vin dans l'autre main), ce défilé de gens rongés par l'angoisse à l'idée de disparaître un jour de notre écran.

— Tu oublies Coco Chanel ?

— Qu'est-ce qu'elle a encore fait ?

— C'est elle qui a dit qu'on n'est « jamais assez riche ni assez maigre ».

— C'est vrai… Avant, le gros était riche, et le pauvre, maigre… Aujourd'hui, c'est le contraire.

— Verrai-je un jour le retour des courbes de Rubens chez les femmes riches ?

— Ce sera la prochaine révolution, mon vieux.

— Kate Moss a encore de beaux jours devant elle, fait-il en partant…

Et je visualise alors Kate Moss à quatre-vingts ans sur la couverture du magazine *Vogue*, plus mince que cette feuille de papier sur laquelle je note cette conversation. Le corps constitue, pour certains, de plus en plus un obstacle. À quoi ? Il ralentit le rapport à la vie. On ne veut plus avoir à s'en occuper autant. La charge est trop lourde. Le nourrir, le vêtir, le soigner, être constamment dans cette peau, être obligé de rester au lit quand il a sommeil ou qu'il est malade, sans compter les angoisses que sa seule présence génère, surtout si on est affligé de quelques malformations physiques. Ce corps qui s'use si vite qu'il nous fait honte. Le vieux rêve de le faire disparaître, un jour, ne quitte pas celles qui rêvent de porter la fameuse taille zéro.

Le corps du mannequin

Le corps humain est une merveilleuse machine qui peut tout faire. Il peut être bête comme un pied d'athlète ou brillant comme un cerveau d'Einstein. On peut l'aduler ou le rendre esclave. Il est au cœur de toutes les convoitises. Nu, il est capable de provoquer une révolution ou simplement un embouteillage. Le métier de mannequin est l'un des rares, avec celui dont on dit qu'il est le plus vieux métier du monde, à n'exiger pour s'exercer qu'un strict corps. Corps rêvé pour l'un, corps réel pour l'autre. La scène est courante à la sortie d'un film américain à gros budget ou à un défilé de mode parisien. Une jeune femme tourne sur elle-même comme une poupée mécanique tout en se faisant littéralement mitrailler par des centaines de photographes. J'ai toujours eu l'impression d'assister à une vraie fusillade, me demandant pourquoi tant de haine. Mais à voir le sourire éclatant, même si artificiel, de la starlette, on se dit qu'elle doit jouir de l'instant, tout en sachant qu'aucune de ces photos ne sera publiée. Et si l'appareil photographique, comme le croient certains peuples, capturait notre âme ? Je remarque que plus les gens sont photographiés, moins ils ont le contrôle de leur corps. Jusqu'au point de ne s'animer que sous les projecteurs. Je me demande si cette jeune fille étalée sur la couverture glacée de ce magazine de mode fait un lien entre elle et ce corps constellé de paillettes. Il est clair que ce qu'elle peut penser de son corps ne compte pas. Ce qui compte, c'est son rapport avec la lumière.

D'ailleurs elle ne peut jouir de ce corps qu'elle a sculpté à force de privations (spaghetti, gâteau au chocolat et glace à la vanille), car elle ne voit que des défauts à rectifier. Cette jeune femme évolue dans un milieu féroce où chaque millimètre de sa peau est quotidiennement observé, analysé et jaugé. Une guerre de l'image où jour et nuit des troupes fraîches d'adolescentes, venant pour la plupart de l'Europe de l'Est, envahissent les podiums. Sans compter les techniques déloyales de ces Africaines faméliques qui n'ont pas besoin de faire un régime pour rester maigres. C'est un corps que sa propriétaire surveille attentivement et punit régulièrement. Elle le fouette chaque fois qu'il succombe à ces tablettes de chocolat trouvées dans le minibar des chambres d'hôtel durant les nuits moites de solitude. La voilà à une soirée mondaine au bras d'une rockstar. Les flashs crépitent. Elle fait semblant de manger, fait semblant de s'amuser, et finalement fait semblant de filer à une autre réception, alors qu'elle rentre dormir. Un mannequin doit se coucher tôt pour se lever tôt car la lumière rose de l'aube fait de bonnes photos sur les plages souvent froides (on fait les photos en janvier pour le numéro d'été). On craint toujours de se faire dévorer la langue en embrassant un mannequin. Car on ignore à quel degré de famine elle se trouve, ou surtout quelle information ce morceau de viande (la langue) transmettra au cerveau d'une femme qui n'a pas mangé à sa faim depuis la puberté. Pourquoi répondent-elles toutes de la même manière à ces deux questions ?

Question : Quel est votre type d'homme, mademoiselle Dakota (la mode est au nom géographique) ?

Réponse : J'aime les hommes qui ont de l'humour.

Faux puisqu'elles ne sortent qu'avec des rockstars aux yeux rougis par l'alcool et au cerveau rongé par la cocaïne.

Question : Quelle est votre idée du bonheur ?

Réponse : Passer une journée à la maison en pyjama à regarder de vieux films des années 50 tout en dégustant du Häagen-Dazs.

Faux puisqu'elles ne consomment que des carottes crues et la plupart du temps elles sont au téléphone avec des copines à descendre en flammes cette poufiasse qui fait la couverture du *Vogue* de ce mois. Dans ce monde des apparences, l'obsession première du mannequin, c'est de faire croire qu'elle mène une vie normale. Pour que cela arrive, il faudrait quitter le club, et il n'y a qu'une façon d'y parvenir, c'est de tomber enceinte. Quand l'actrice Monica Bellucci a eu son bébé, elle a regardé ses seins gonflés de lait en soupirant : « Je me disais bien qu'ils étaient là pour autre chose que pour se faire admirer dans un bustier. » Heureusement qu'il y a quelque chose que le mannequin fait mieux que personne. C'est l'écrivain Patrick Modiano qui raconte son émoi après un déjeuner chez un mannequin : « Et je me suis fait raccompagner à la porte par cette femme dont le métier est de marcher. » Gagner sa vie en marchant n'est pas si étonnant que cela, puisque marcher est le premier acte qui nous a valu des applaudissements debout d'une mère éperdue de joie.

La mort de la star

C'est Horace, l'écrivain latin, qui, le premier, a vu un rapport entre le destin exceptionnel d'un individu sur terre et ce point lumineux dans le ciel de nuit qu'on appelle une étoile. Depuis, chaque homme cherche à accrocher son étoile là-haut. Celle-ci ne brille que si on est adulé ici-bas. Et c'est l'énergie des groupies qui sert à l'artiste de carburant pour faire le trajet jusqu'au firmament. Ce qu'Horace ignorait au moment où il inventait cette flatterie qui allait exciter la vanité des hommes pendant des siècles, c'est que l'étoile est un astre mort à la source. Ce que nous admirons, c'est sa projection lumineuse. En un mot, dès qu'on voit votre lumière dans le ciel, c'est signe que vous êtes déjà mort. Malgré ce bémol plutôt technique, la métaphore d'Horace a connu un succès sans précédent. Les mots *star* et *étoile* se lisent chaque jour dans les journaux. On les entend à la radio et à la télé. On en fait un usage immodéré dans les magazines de vedettes et même dans la presse d'informations régulières. C'est devenu si naturel de comparer tout individu qui sort de l'ordinaire à une étoile qu'on imagine difficilement que pareille association n'existait pas avant Horace. Quelqu'un se dépasse, et Horace le voit dans le ciel. Il a trouvé un moyen non pas de mesurer la gloire, mais de voir un homme à la pointe du temps. Ce temps immobile que, faute de mieux, on appelle *éternité*. Cette étoile si loin dans le ciel, ce sont les siècles que Virgile a dû traverser pour atteindre le lecteur d'aujourd'hui. En regardant l'étoile de son ami, Horace avait l'impression de voir Virgile plus de deux mille ans plus tard. Nous voyons aujourd'hui la même étoile qu'Horace avait aperçue dans le ciel de Rome quand il écrivait : « Ma tête ira frapper le plafond des étoiles. » C'est cela l'immortalité d'un classique. Tout se fige à jamais dans ce moment d'éternité. De nos jours il y a des étoiles qui durent le temps d'une saison. Enfin chaque époque mesure le temps avec les moyens à sa portée. Du temps d'Horace, c'était une œuvre qui permettait d'atteindre cette immortalité. Il n'y avait pas une presse bourdonnante comme aujourd'hui pour vouloir imposer chaque semaine à notre appétit un nouveau visage. L'œuvre, seule, pouvait rendre son auteur immortel. Aujourd'hui, l'immortalité, c'est l'affaire des médias qui entendent créer l'événement au lieu de se contenter de le diffuser, c'est aussi celle de la foule qui réclame sans cesse un nouveau jouet. On crée alors de toutes pièces une idole qu'on pourra détruire à volonté. Voyant cela, certains artistes esquivent le faisceau lumineux qui balaie la ville à la recherche de nouvelles victimes à offrir à ce dieu insatiable qui se nourrit de vanité et d'ambition. Le ciel est devenu si bas que n'importe qui est capable de décrocher une étoile pour la piétiner à sa guise. Il arrive que la montée et la chute d'un artiste soient assez fulgurantes pour qu'on ait l'impression d'une étoile filante. Certains parviennent à s'échapper, en fuyant cette adoration qui se termine souvent par un sacrifice humain. D'autres n'ont pas ce courage ou cette lâcheté. La foule s'installe alors devant ce petit écran, si intime qu'on le place dans la chambre à coucher, pour assister calmement à la mise à mort de la star qui peut durer des années. Tout homme cache un secret, on le sait — cela peut arriver qu'il l'ignore lui-même. Et tout paparazzi s'évertue à découvrir celui de la star. La chasse est donc ouverte et c'est à qui décrochera du ciel l'étoile de l'enfant chéri des dieux. Cela commence par des rumeurs. Une faute mineure est montée en épingle. Mais la foule tient bon derrière son idole. Et l'étoile de l'artiste file encore plus haut dans le firmament. Les rumeurs recommencent, après un moment d'accalmie, jusqu'à ce que la presse « sérieuse » décide de s'y mettre. En été, le lecteur averti baisse toujours un peu la garde et son journal en profite pour jaunir. On colle aux fesses de la star un journaliste-enquêteur qui finit par lever un gros lièvre. La foule semble légèrement ébranlée, mais reste encore réticente. Un nouveau secret est révélé en première page, au début de l'automne, une bonne période puisque tout reprend vie après le passage à vide du mois d'août, et le coup fait mouche cette fois. Les langues commencent alors à se délier. Maintenant chaque personne que la star a croisée sur son chemin veut sa minute de gloire. Et c'est la curée. Une maquilleuse raconte qu'elle est méprisante, et qu'elle n'est pas aussi gentille qu'elle le prétend. Une ancienne flamme jure qu'elle est froide, tandis qu'une autre précise qu'elle est plutôt perverse. Son ancien chauffeur affirme qu'elle lui demande parfois de la conduire dans des endroits « vraiment inquiétants ». Un ancien producteur raconte qu'il lui arrive de sortir au milieu de la nuit pour aller converser avec la lune. Une voisine de sa mère dit qu'elle est indifférente, et une ancienne amie affirme qu'elle est envahissante. Chaque jour, on peut lire de nouvelles révélations venant de tous les coins. Jusqu'à sa propre famille qui s'y met. Ce qui était, hier encore, une raison pour l'adorer devient aujourd'hui un argument pour la descendre. On aime piétiner ce qu'on a trop adulé. Sur ce point, l'être humain n'a pas beaucoup changé au cours des siècles. Nous allons au bout de nos passions. La mort est la substance de l'étoile. Et l'artiste mort devient intouchable. Son corps, immédiatement transfiguré. Son art, sacré. Déjà hors de portée de l'actualité boueuse, il file, à tire-d'aile vers le ciel étoilé, rejoindre ses pairs. Tandis que la foule se bouscule pour acheter sa musique, ses livres ou ses toiles.

Le rire et la mort

Je me revois cet enfant angoissé, couché à plat ventre en train de feuilleter une vieille encyclopédie pendant que ma mère repassait. J'étais fasciné par cette planche d'un squelette en train de rire. Le rire et la mort : l'image était frappante. D'autant que notre code social l'interdisait. Le rire devait quitter la pièce dès que la mort faisait son entrée. En fait le squelette ne riait pas. C'est l'absence de chair qui donne l'illusion qu'un squelette est toujours en train de rire en dansant la gigue. Par la forme du visage, j'ai tout de suite pensé que la mort aimait les mauvaises plaisanteries. Le fait de mourir en est une. Pourtant, rire de la mort de quelqu'un me paraissait un rire de mauvais goût, tout au moins un rire facile. Pourquoi alors ? Parce que, comme tout pouvoir, la mort triomphe d'abord de l'esprit. Au fond, la mort rit de nos petites ruses, de nos ridicules stratégies, de nos vaines tentatives pour lui échapper. Elle rit du fait que notre intelligence nous ait laissés tomber quand on avait le plus besoin d'elle. J'entendais dans ma tête la grêle musique de ce rire narquois. Le dernier rire. Et depuis, j'ai appris à me méfier du rire. Plus tard, adolescent, j'ai lu le livre d'Albert Camus, *L'Étranger*. Et là aussi le rire facile se trouvait pris en sandwich avec les deux formes les plus éclatantes de la mort : la mort d'une mère et le meurtre sans mobile. Entre ces deux événements, le narrateur est allé voir un film comique, un film de Fernandel. Le but de Fernandel, avec sa tête de cheval et ses yeux larmoyants, c'est de provoquer le rire sans avoir à dire un mot. Tout se passe donc comme dans un rêve où brusquement il n'y a plus de son. Comme si on était sous l'eau. Le tribunal a condamné Meursault, le narrateur du roman, non pour avoir tué un homme, mais pour être allé voir un film comique le lendemain de la mort de sa mère. Seul le diable, croit-on, peut rire ainsi en face de la mort. Me voilà dans une chambre d'hôtel, cette fois. La télé diffuse une émission d'humour. Mais un barrage de rires m'empêche de comprendre ce qui se dit. Les comédiens rient de leurs propres blagues, incitant de ce fait le public dans la salle à rire. Et le rire de ce premier public doit, paraît-il, nous pousser à rire, même si le spectacle ne nous intéresse pas. D'ailleurs j'ai vite compris que ce genre de spectacle capté dans un théâtre rempli n'est pas pour le public qui n'a pas payé son billet. On le passe à la télé saturé de publicités. Je n'ai jamais compris pourquoi on ajoute des rires artificiels aux rires du public. Finalement on n'entend que des rires, et rarement la chute de la blague. Mais la pression pour rire est si forte qu'on se met à rire aussi. L'étrange impression que ce rire facile nous est commandé, et qu'on fait tous partie de ce spectacle de mauvais goût. Pourtant, dans le roman d'Albert Camus, je viens de remarquer que Meursault, le personnage principal qui ressemble à Buster Keaton, ne riait pas des blagues de Fernandel. Trop occupé qu'il était à se frotter la jambe contre celle de Marie, avec qui il chercherait à coucher plus tard. Le désir n'entend pas l'ordre de rire. Il est ailleurs. Des mondes parallèles qui se touchent presque. C'est donc une java qui se danse à trois dans le sous-sol de la vie : le sexe facile, le rire gras et la sale mort. On peut repérer n'importe où ce son terriblement artificiel du rire à la télé. De plus, c'est modulé par un technicien qui ne doit pas rire souvent. Les employés de l'usine du rire ne rient pas, ou rigolent quand le technicien se trompe, quand le rideau n'arrive pas à descendre ou quand le monteur, pour se prouver que nous sommes vraiment bêtes, met le rire avant la blague. La troisième fois que j'ai pu associer la mort au rire, c'est dans une chambre d'hôpital. Dans la salle d'attente, une dame triste m'a dit que ce qui la bouleversait le plus, c'est que son frère était en train de mourir avec ce rire dans les oreilles. Comment ? Eh bien, son voisin de chambre n'écoutait que cette émission où l'on rit souvent, ça s'appelle *Juste pour rire*. Le rire de la télé du voisin. M'est revenu immédiatement à la mémoire le rire du squelette de l'encyclopédie. Je croyais que c'était un rire ironique. Rien de cela : c'est l'écho de notre rire. Le rire préenregistré. D'où vient ce besoin de rire (ou d'entendre rire) à n'importe quel prix ? Dans les films, j'avais remarqué que le seul rire sans raison venait après un crime. Le meurtrier riait. D'un rire impressionnant. La tête renversée, comme défiant le ciel. Je me demandais alors quel crime on a commis en commun pour vouloir autant rire en foule ? Nous sommes devenus, en Amérique, les plus gros négociants en rire de la planète. Et le Moyen-Orient, le plus gros fournisseur de morts. Notre rire en gros ici équilibre-t-il la mort au détail là-bas ? Des explosions de rire ici au moment où les bombes éclatent là-bas. Faut-il jumeler Montréal avec Bagdad ? Ou Las Vegas avec Beyrouth ? Doit-on croire qu'il n'y a aucun lien entre ce rire niais qui ne fait de mal à personne ici et cette boucherie irakienne ? Et qu'il n'y a aucun rapport entre ce massif de rires, d'un côté, et cette vallée de larmes, de l'autre ? Là-bas, au Moyen-Orient, ils ne nous voient pas comme un peuple tentant de survivre au désespoir quotidien par le rire, ils voient l'Amérique de Bush et de Harper qui rit. Il y a un petit livre que je recommande. C'est *Pourquoi sommes-nous au Vietnam ?* de Norman Mailer. C'est à mon avis son plus fort et son plus bref aussi (ce qui est amusant pour un homme qui a cru dans la puissance du gros). Le plus étonnant, c'est que le Vietnam n'y apparaît jamais. Mailer croyait faire un très gros livre sur la guerre du Vietnam, l'équivalent de ce qu'il avait réussi avec *Les Nus et les Morts* pour la Seconde Guerre mondiale. Il pensait qu'il n'en était qu'à l'introduction. Il a travaillé durement dessus pendant des années sans jamais pouvoir avancer d'une ligne. La raison, c'est que le livre était terminé sans que Mailer le sache. Le livre parle d'une expédition effrayante de chasse en Alaska et de cette brutalité dans les rapports humains. Voilà pourquoi nous sommes au Vietnam, affirme Mailer. La raison pour laquelle nous sommes là-bas doit toujours être trouvée ici. Le rire gras étant la forme absolue de brutalité.

L'art de ne pas sourire à la caméra

Je ne sais pas quand toute cette manipulation
a commencé. Mais dès qu'on se retrouve devant
l'objectif d'un photographe amateur ou professionnel,
la première chose qu'il vous demande, c'est de sourire.
Ce qui fait que les humains sont toujours en train
de sourire sur les photos comme si la vie ici n'était
qu'une vaste opération de propagande destinée
à faire croire à des gens d'une planète voisine
que ceux de la Terre sont heureux de leur sort.
Je remarque qu'on ne commence à se rebeller
contre une telle pratique qu'à l'approche
de la soixantaine, quand on comprend finalement
que le nombre de sourires qu'un être normal possède
dans son carquois est limité. Il y aura pour chacun
de nous un dernier sourire à la caméra. Faites donc
savoir pendant qu'il est encore temps que vous avez
tenu le pari difficile de faire une photo sans sourire.

Si je ne suis pas à New York ou à Tokyo,
rejoins-moi dans ce café à Montréal

Le voyageur aveugle

Je crois de plus en plus que le monde est divisé entre ceux qui bougent sans cesse et ceux qui restent immobiles. Je ne parle pas des gens qui ont les moyens de se payer des voyages. Plutôt de cette curiosité particulière qui pousse quelqu'un à aller voir comment les autres se débrouillent ailleurs pour faire face aux obstacles inhérents à la vie, ou simplement pour voir d'autres paysages. Je connais des riches qui détestent voyager, et des pauvres qui ne rêvent que de partir. Chaque année à Montréal, des milliers de gens changent de résidence. En allant vivre dans un quartier différent, ils espèrent parfois une vie neuve. Je connais une femme qui n'a jamais quitté son village, qui a même passé sa vie assise dans le coin gauche d'une petite galerie à boire du café sans oublier d'en offrir aux passants. Je connais un autre qui a quitté la maison familiale à quinze ans et dont on ne sait pas ce qu'il est devenu depuis. Le nomade revient un jour raconter son récit à celui qui est resté au port. La mer qui les sépare au départ finit par les réunir au retour. Car l'un ne peut exister sans l'autre. Et on ne sait toujours pas qui a le plus besoin de l'autre : celui qui a beaucoup voyagé ou celui qui n'a pas bougé de sa galerie. J'ajouterai pour la route cette dernière catégorie, ceux qui sont de si puissants rêveurs qu'ils n'ont pas besoin de se déplacer pour voyager. Je me souviens de ce vieil aveugle, à Petit-Goâve, qui, sans jamais quitter les frontières de la ville, incitait les jeunes à aller voir de l'autre côté du morne Tapion : « Vous reviendrez, un jour, m'en parler. » Je n'ai jamais écrit une seule ligne, pour décrire un nouveau paysage, sans penser à lui.

New York : la plus grosse télé du monde

Je n'oublierai jamais la première fois que je suis allé à New York, en voiture, avec des amis. Ça s'est mal passé, je veux dire le voyage, pas le séjour. On était trois Noirs dans la voiture, je le dis ainsi parce que le Noir est une variété humaine qui attire les policiers des petites villes américaines, comme le miel attire l'ours. C'étaient les années Reagan, pendant son premier mandat d'ailleurs, et les républicains voyaient dans ce vieil acteur de western de série Z un nouveau Franklin Delano Roosevelt. Comparer Roosevelt à Reagan, c'est vous dire le degré de bêtise de l'époque. Le comportement cow-boy de Reagan était imité par les shérifs de la route. La musique était à fond mais on roulait à la vitesse légale. On venait à peine de passer Plattsburgh quand une voiture de police nous demande de nous ranger sur le bas-côté de la route. Un policier s'avance. Bottes bien cirées. Chapeau de cow-boy. Lunettes noires. Pour quelle infraction ? On ne nous répond pas. Le policier contourne lentement la voiture. Il se penche pour réclamer les papiers de la voiture et le permis de conduire du chauffeur. Voix métallique. Comme à la télé. Soudain une des filles pouffe de rire. Le policier jette un coup d'œil sur la banquette arrière pour découvrir deux jeunes blondes souriantes. Tout s'arrête. Le mythe américain était là devant ce policier médusé. Des Nègres et des blondes. Ce sont de célèbres musiciens ou bien des trafiquants de drogue, ou pire des opérateurs de traite des blanches. Il alerte l'autre policier resté dans la voiture. On nous fait sortir. Jambes écartées et mains sur le capot. Fouilles intenses. Et les filles ? Elles sont restées dans la voiture. On a perdu trois heures à la suite de ce petit rire étouffé. Il a fallu plaider coupable devant un juge du comté pour qu'on nous laisse partir — avec une amende salée. En partant, l'un d'entre nous a frôlé le bras du policier, qui a tout de suite reculé de trois pas tout en pointant son arme vers nous. Il avait déjà mis un genou par terre. Heureusement que cela s'est passé en présence du juge, qui l'a calmé. Je savais que c'était ainsi mais je n'y avais pas encore goûté. Un Noir, riche ou pauvre, analphabète ou diplômé, dandy ou clochard, finit par y faire face un jour. On a passé malgré tout un moment formidable à New York. Et je me souviens d'avoir adoré cette ville dès le premier instant. Pourquoi ? Je ne l'ai su que dernièrement. Parce que New York est une immense ville du tiers-monde. Les gens, les choses, tout bouge avec cette désinvolture incroyable. Ces types énormes comme des cachalots qui glissent sur l'asphalte tout en jetant un regard blasé sur des filles anorexiques qui semblent aussi légères qu'une libellule (en créole, *libellule* se dit *demoiselle*). Gros, petit, léger, lourd, crasseux, propre, tout est d'une folle élégance dans cette ville. C'est New York qui embellit ainsi les êtres et les choses. De plus les citadins sont d'une grande gentillesse entre eux. Contrairement à Paris, ou même à Montréal, à New York, il faut s'excuser dès qu'on a frôlé le bras de quelqu'un. J'ai compris aussi que l'anonymat est si grand qu'on ne sait jamais qui on vient de frapper (peut-être un tueur en série) et qu'il vaut mieux lui présenter tout de suite des excuses. Je ne connais aucune autre mégalopole en Occident avec un tel mélange de classes dans les rues que Manhattan entre midi et deux heures de l'après-midi. Un centre-ville à population variable. À partir d'une certaine heure (ce n'est pourtant pas l'apartheid), on ne voit plus les pauvres Blancs, les Noirs et les Portoricains qui se dépêchent de rentrer chez eux dans le Bronx, à Harlem ou à Brooklyn, surtout depuis que l'ancien maire Giuliani a nettoyé la 42nd Street. C'est une ville papivore où les librairies champignonnent sur les trottoirs. Les vendeurs sont de la secte de Farrakhan ou des adorateurs de Bob Marley — des Noirs, bien entendu. Le trottoir de Manhattan appartient aux Noirs et aux Hispaniques. Sur des tréteaux ou à même le sol, on trouve des livres d'occasion que la pluie a maintes fois battus, des magazines où Nixon fait encore la couverture avec son éclatant sourire d'avant le Watergate qui côtoient de succinctes biographies de stars de téléséries ou des émissions de Disney, des posters de Marilyn Monroe, de Joe DiMaggio ou d'Hailé Sélassié, sans oublier ces bouquins défraîchis sur le macramé, la pêche au Sénégal, ou de vieux numéros de *Sélection* avec des articles sur le Tibet. Avec une section spéciale pour les magazines illustrés qui racontent l'histoire des rois africains qu'on vend avec des colifichets du Bénin et des bâtonnets d'encens. Les cinq meilleurs vendeurs dans la catégorie des posters sont (dans l'ordre) : Martin Luther King, Mohamed Ali, Malcolm X, suivis d'Elvis Presley et de John Kennedy. Les gens font leurs achats avant de s'engouffrer dans le métro où ils passent en moyenne une heure et demie. Dans le métro, à côté de moi, cette jeune fille dont les bras sont couverts de tatouages et la bouche et les oreilles bardées de piercings, lisant *Hamlet* (je suis toujours étonné de voir que ce drame petit-bourgeois puisse intéresser quelqu'un). Le vrai secret du succès de Manhattan, ce sont ses larges trottoirs, plus larges que certaines rues de Paris. On n'a jamais l'impression d'étouffer dans cette ville. Comme si deux rues étaient toujours contiguës : une rue piétonnière avec des marchands de fruits et légumes ou de journaux et magazines, et l'autre livrée à la jungle de la circulation. Ces rues bondées de taxis jaunes et de voitures de police offrent un spectacle qu'on a tous vu mille fois à la télé. New York, c'est le plus gros téléviseur du monde. On vient juste de traverser l'écran et on s'attend à voir surgir à tout moment, dans une orgie de sirènes, nos personnages préférés de flics. Cette chaude réalité en se noyant dans la plus délirante fiction crée une folle énergie. Et cette énergie, qui a tant fasciné Céline, a fait de New York la ville debout.

Le Japon dans ma chambre

Que faisais-tu
quand la terre a tremblé
au Japon?
J'étais dans ma chambre
à ne rien faire.
Tout semblait enfin si calme.

Soudain les éléments déchaînés
à l'autre bout du monde :
l'eau, le feu, la terre et l'air radioactif.
Ne manque que le vent pour emporter
ces îles ailleurs.

Les petits avions flottant.
Les camions poids-lourds qui tanguent.
On dirait des mégots
dans un cendrier rempli d'eau sale.

Un paysage noyé effraie
mais n'émeut pas.
Seule la mort d'un être humain
parvient vraiment à toucher
le cœur d'un autre.

Cette jeune fille drapée
de jaune safran
que des photographes insouciants
ont changée en mater dolorosa
est devenue l'arbre qui cache
le paysage dévasté
et les corps gonflés d'eau.

J'entends murmurer
mon vieux maître Bashō :
« Regarde, regarde
les vraies fleurs
de ce monde de souffrance. »
Qui, parmi nous, peut ressentir
une si insoutenable douceur ?

Est-on obligé de pleurer
quand celui qui vit le drame
fait ce qu'il peut
pour ne pas perdre la face ?
Le Japon garde tout
au plus profond de lui-même.
Gare à l'implosion.

Ces images sautillantes captées
par les caméras de sécurité
installées dans les immeubles
de la ville
sont gorgées d'émotion.

Tétanisé par ces images
qui montrent les gens se dépêchant
de quitter le bureau.
Rien de ce genre pour Port-au-Prince.

Les caméras sont arrivées après.
On ignore de quoi on a eu l'air pendant.

Encore absorbé par la douleur
quand un flash l'aveugle.
C'est pourtant son moment de gloire.

Et cette menace constante :
« Le bilan des morts risque
de s'alourdir. »
Pourquoi on ne compte jamais les vivants ?

Au kiosque de la gare
je vois le mot *Japon*
dans toutes les langues
sauf en japonais.

À la télé on ne quitte plus
le présent.
Même les reportages qu'on a vus
trente fois
sont présentés comme du direct.

Cet officiel à bout de nerfs
tente de temporiser les secouristes
qui piaffent d'impatience pour aider
le trop fier Japon.

La terre tremblait encore
quand on a annoncé
au malheureux Japonais
une possible catastrophe nucléaire.
Le voilà coincé
entre ceux qui lui cachent la vérité

et les autres qui ne craignent pas
de le désespérer.

J'ai vu certains de ces journalistes
l'année dernière à Port-au-Prince.
Et d'autres au Chili.
Le séisme est-il devenu
un nouveau front de guerre ?

Fierté haïtienne
et calme japonais.
Mieux vaut la grâce
de la fleur de cerisier
pour faire face
aux pires catastrophes.

Au lieu de chercher à se rappeler
la date d'un séisme,
ne serait-il pas plus sage de l'oublier
ou de la remplacer par le souvenir
d'un premier baiser ?

C'était Haïti.
C'est le Japon.
Je suis cet écrivain japonais
présent lors du séisme
de Port-au-Prince.
Je ne bouge pas de ma chambre.

La fin d'un café à Montréal

Je me lève généralement très tôt pour lire. C'est souvent de la poésie. Une sorte de prière du matin. Je me rendors quelques minutes après avec le recueil sur ma poitrine. Les images du poète me suivent dans mes rêves. Puis je me lève pour filer dans la petite chambre où j'écris. Un coup d'œil sur les dernières pages du roman que je suis en train d'écrire. Toujours la même déception. Comment ai-je pu écrire de pareilles stupidités ? L'expérience n'aide à rien. On retombe dans les mêmes naïvetés. Une douche. Je descends au centre-ville prendre le petit-déjeuner. Cela fait près de vingt ans que je fréquente le même café de la rue Saint-Denis. Je ne me souviens plus dans quelles circonstances j'y suis entré pour la première fois. Ni même pourquoi j'y suis retourné. Mais je me souviens certainement du moment où j'ai eu l'impression que c'était devenu mon café. Cet endroit est à mes yeux le cœur de la ville. Tout converge vers ce point. Et c'est à partir de là que je m'oriente. S'il m'est arrivé d'oublier l'heure exacte d'un rendez-vous, je sais toujours le lieu. Il m'arrive de passer au café pour être un moment seul parmi les autres. Je m'installe sous la photo de Nelligan, ce jeune poète aux grands yeux liquides qui rêva d'un « vaisseau d'or » avant de finir dans un hôpital psychiatrique. Déjà on m'apporte un café. Dire que pendant des années je n'arrivais pas à boire du café sans me mettre à trembler. Je ne supportais que l'odeur. C'est la seule boisson dont l'odeur tient ses promesses : le goût ne déçoit pas.

Depuis quelque temps le goût du café m'est revenu comme une sorte de chant du matin. J'ouvre un livre. Pour moi, neuf fois sur dix, c'est Borges. Borges accompagne bien le café. Et c'est un moment de luxe inouï dans la vie d'un citadin — ce calme au cœur de l'agitation. Souvent je me demande comment on s'est arrangé pour conserver un pareil espace (souvent vide) dans un monde de plus en plus motivé par le gain. Je regarde le propriétaire se démener derrière le comptoir. Il est à la caisse et à la machine à café. Déjà le front en sueur et le regard sans aucune lueur. Il doit payer un lourd loyer avec de rares clients qui se nourrissent de salades. Pourtant, je ne l'ai jamais vu pousser à la consommation. Il m'arrive d'oublier mon café parce que je me suis perdu dans le labyrinthe de l'érudition borgésienne. Mais depuis quelque temps, le propriétaire semble encore plus soucieux que d'habitude. Ses gestes sont plus saccadés. Et les jeunes serveuses qui arrivent à bicyclette ne parviennent plus à le faire sourire. C'est pourtant ici que se joue l'équilibre d'une ville. Dans cette vaste pièce où des gens aux humeurs différentes se côtoient sans se parler. Mais ne s'ignorent pas pour autant. Je regarde cette femme toujours en train d'écrire dans un grand cahier. J'observe cet homme qui lit scrupuleusement le journal. Dans un coin, à l'autre bout de la pièce, se tient l'écrivain Robert Lalonde. Sur sa table traînent des bouquins et des manuscrits bariolés qu'il corrige sans prêter attention au café qui refroidit. Parfois un journaliste le rejoint. Comme dans n'importe quel village, on finit par connaître les habitudes du voisin. Son caractère se révèle avec le temps. Car le temps joue un rôle primordial. Vous pouvez entrer dans le café comme vous voulez, mais cela prend dix ans pour faire partie du club. C'est un club dont l'unique règle est la discrétion. Ici on ne vient pas chercher la conversation, encore moins à la chasse amoureuse. De toute façon c'est souvent clairsemé, sauf à l'heure du lunch où il y a une certaine animation. Vers deux heures de l'après-midi, on retrouve le calme. J'ai appris dernièrement que le café allait changer de propriétaire. Notre homme a fini par jeter l'éponge après un combat quotidien où il a joué sa santé et sa petite fortune. Il semblait encore plus survolté ces derniers jours. Il n'était pas capable de me dire ce que sera ce café dans un mois. De toute façon on n'achète pas un café qui n'est pas rentable pour le garder tel quel. Mais nous, c'est comme il est qu'on l'aime. Le moindre changement brisera le charme et touchera à l'équilibre de notre vie.

L'art de voyager

On choisit un petit hôtel de sa propre ville
en y apportant l'œuvre complète de Balzac.
On annonce à tout le monde qu'on est
en voyage. Puis on coupe tous les fils qui nous relient
aux autres. Inatteignable durant quelques jours.
Dernier luxe dans un monde de plus en plus grégaire
où l'on refuse de laisser à l'autre le plaisir d'être seul
même pour une minute. On n'a pas besoin de visiter
la ville puisqu'on y vit. On reste dans sa chambre
pour lire. Si on veut boire un coup et voir du monde,
on descend au bar. Et, après un temps, on remonte
pour trouver le lit bien fait. On se glisse alors
sous les draps propres après avoir fait monter
du thé, et on y reste jusqu'à ce qu'on ait terminé
La Comédie humaine, sans sauter, cette fois,
les descriptions de paysages.

La face cachée d'un monde qui se dégrade

Un soir de lune

J'entends les pas de mon ami dans l'escalier. Il va directement au réfrigérateur prendre une bière. En passant, il jette un coup d'œil à mon manuscrit sur la table, à côté d'un reste de repas. Je le laisse faire sans y prêter une attention particulière. Je me demande si les autres animaux pratiquent la visite amicale. Quelqu'un bouge dans votre espace sans créer une anxiété particulière. Il s'arrête un moment pour feuilleter le manuscrit (permettre à quelqu'un de lire son livre en cours crée une intimité qui équivaut à celle de partager sa brosse à dents avec lui) avant de me rejoindre à la fenêtre. On regarde, un moment, cette lune si pleine qu'on a envie de la cueillir. L'impression de se trouver dans un dessin d'enfant. Je pense justement à ce temps qui remonte à la haute enfance où j'entretenais cette relation particulière avec la lune. Certains soirs, j'allais visiter le vieil homme et son âne qui me semblaient bien seuls là-haut. Je n'imagine pas que quelqu'un ait pu vivre un certain temps sur cette terre sans avoir été, au moins un soir, attiré par ce disque qui nous éclaire de sa discrète lumière. On a des yeux doux pour la lune quand on ose à peine regarder le soleil en face.

— Tu fais donc partie de ceux qui croient à un monde invisible ? me fait l'ami en s'accoudant près de moi.

— Oui.

— Et quel est ce monde ?

— Celui qui est constamment sous nos yeux. On est tellement dedans que pour le voir il nous faut l'imaginer.

— Ah, vous les poètes, fait-il en allant chercher une seconde bière, si vous n'étiez pas là pour le maquiller, ce monde serait insupportablement nu.

— Tu veux dire trop brutal?

— Le monde n'est ni brutal, ni doux, il est simplement.

— C'est peut-être toi qui as raison, je crois que je vais prendre une bière moi aussi.

La lune vient de disparaître derrière une montagne de nuages noirs, et soudain la bête lumineuse surgit devant nos yeux éblouis. La ville où nous vivons cette vie d'aujourd'hui. Je frémis en me demandant à quoi tient cette fébrilité. Les nuages continuent leur route, et la lune reparaît. La même lune que Virgile a dû voir un soir.

La Bible découverte par une journée de pluie

Il pleuvait fortement et j'avais une fièvre de cheval. Pour rater une journée de classe, un seul drame n'aurait pas suffi à ma mère. La fièvre et la pluie me gardaient au lit. Que peut-on faire dans un lit, sinon lire ? Je ne savais pas encore qu'un lit pouvait servir à d'autres jeux. Il n'y avait autour de moi que des livres déjà lus un certain nombre de fois. Je les connaissais pratiquement par cœur. Je pouvais regarder le plafond, mais là encore je reconnaissais chaque brisure, chaque dessin, chaque petite tache. J'avais échappé à ce cours de géométrie, mais je semblais menacé par un monstre bien plus terrible que l'hypoténuse : l'ennui. L'ennui peut pousser à tout. Ce matin-là, il m'a poussé vers l'impensable : ouvrir une Bible. C'est un livre que ma mère lisait agenouillée, ce qui était loin de ma conception de la lecture. Pour moi, hier comme aujourd'hui, le lecteur est l'égal de l'auteur. Lire est une autre manière d'inventer des formes. J'ouvrais donc cette Bible, à couverture verte, parce que j'avais autant faim de l'alphabet qu'un affamé de pain. J'ai tenté de commencer par le début, mais ça remontait trop loin dans le temps pour un lecteur impatient comme moi. Je n'avais pas envie de me taper l'origine du monde. À quinze ans, on est trop pressé pour prendre les passages cloutés. J'ai juste eu le temps de remarquer du coin de l'œil cette phrase si puissamment évocatrice qu'elle me trotte encore dans la tête plus de quarante-trois ans plus tard. La voilà : « Il y eut un soir, il y eut un matin ; ce fut le premier jour. » Tout étonné d'apprendre que cela a débuté le soir. Spontanément j'aurais cru que le monde avait fait son apparition un bon matin. Bon, on ne va pas s'énerver pour si peu. Je laisse ce débat aux amateurs de big-bang, aux théologiens et autres darwinistes. Je me faisais un chemin à coups de machette dans cette jungle d'histoires à dormir debout, de fables, de devinettes, de nombres, d'individus pointilleux quant à leur arbre généalogique et de mystères impénétrables. Je traversai le touffu Livre des Rois en me promettant d'y revenir car j'avais débusqué là de juteuses histoires sexuelles. David, de sa fenêtre, lorgnant la sensuelle femme d'un de ses officiers. Et qui envoie cet officier mourir au front afin de lui prendre sa femme. L'adolescence est un âge où l'on vit beaucoup dans sa tête. On a la candeur et la force pour se lancer dans les plus folles équipées. Et je viens d'apprendre, vous n'imaginez pas avec quelle stupeur, qu'un roi de la Bible, l'élu du Dieu d'Israël, agissait dans la vie comme dans nos rêves. Le plus étrange, c'est qu'un comportement si odieux nous rapproche de lui au lieu de nous en éloigner. David nous ressemble, sauf qu'il lui est impossible de rêver, étant capable d'agir dans la réalité comme dans un rêve. De ma fenêtre, je pouvais voir une jolie fille dans la cour voisine, mais il m'était impossible d'utiliser l'astuce de David. Je n'oublie pas que ce jeune berger, à mon âge, avait affronté et vaincu le géant Goliath, alors que je n'étais, moi, qu'un adolescent maigrichon et rêveur. J'ai lu que plus vieux, David se réchauffait les pieds en les posant sur les seins de jeunes vierges qui fréquentaient à la fois le temple et le palais. Dieu et César : vieille complicité. On se partage le butin. Toi, le corps ; moi, l'âme. C'est ce livre que ma mère lisait chaque soir. Connaissant ma mère, elle devait sûrement éviter ces passages suggestifs pour concentrer son énergie sur les chapitres ennuyeux comme l'Exode, le Lévitique, les Nombres, enfin toute cette première partie assez technique qui n'intéresse que les mystiques ou autres amateurs de cabale. Pourtant je sens des résonances contemporaines puisque c'est l'histoire d'une bonne partie des gens qui peuplent la planète. L'exil, l'émigration. La traversée du désert. Et c'est pour éviter qu'ils ne périssent tous dans le désert qu'on a dû édicter des règles d'hygiène et de diététique aussi strictes. À cause de la promiscuité : une rigoureuse morale sexuelle. À mon avis, si l'on veut mon avis sur une pareille question, dès qu'Abraham s'est établi dans la plaine de Canaan, on aurait dû assouplir les règles. C'est comme pour la gazoline, on monte le prix à la pompe quand le prix du brut est en hausse, mais les prix ne descendent pas quand tout revient à la normale. Pas juste. Moïse avait la poigne dure durant la traversée du désert, et avec raison, mais après sa mort on aurait pu revoir tout ça, ne serait-ce que pour faire baisser la tension. J'ose à peine imaginer une pareille tension. Des milliers d'hommes et de femmes affamés de tout, poursuivis par l'armée d'un pharaon ivre de vengeance, et à qui on empêche de manger du porc et de baiser comme bon leur semble. Pour parvenir à imposer une si grande discipline à une foule au bord de la crise de nerfs, il fallait du concret. Pas ce Dieu tolérant de notre temps de consommation. Un Dieu dont on peut voir le visage (Moïse l'a vu et en est mort) et qui ne plaisante pas avec la morale. Qui ne se laisse pas non plus intimider par ses ennemis qui pouvaient être plus nombreux que ses amis. Un Dieu capable parfois de caresser dans le sens du poil (« Vous êtes le peuple élu ») et de punir le moindre écart avec la dernière sévérité. Un Dieu des armées. Mais il ne s'agissait pas de cela en ce matin pluvieux, je lisais fiévreusement « la plus belle histoire du monde », selon la propagande judéo-chrétienne. Je fus, depuis, assez informé pour passer des soirées entières avec les copains du quartier à discuter de Moïse, de Josué, de David, des fameuses vierges du temple, de Salomon, de Jéroboam, de Jézabel, des prophètes comme Élie ou Élisée ou Jérémie, enfin de toute la jolie bande de l'Ancien Testament. Tout cela parce qu'il était interdit de parler du dictateur local et de ses règles strictes d'immoralité. Pour nous l'Exode, c'était de quitter l'Afrique pour l'Amérique. Alors on discutait de l'Ancien Testament sous les lampadaires de

Port-au-Prince. Bon, je continue ma lecture. Autant le dire tout de suite, les psaumes m'ont royalement ennuyé — plutôt le genre de ma mère. On a compris, David, que tu avais des choses à te faire pardonner, pas besoin d'en mettre autant dans la flatterie. Et surtout épargne-nous tes jérémiades. J'ai toujours tendance à fuir les pleurnicheurs, d'où mon rapport difficile avec le prophète Jérémie, le père des jérémiades. J'avais déjà entendu parler du Cantique des cantiques de Salomon comme d'un poème salace. En fait c'était un vrai poème d'amour. Le plus beau que je connaisse. Il s'agit d'une histoire à deux voix. Ce fiancé, dont la jeune fille du poème nous rebat les oreilles (en fait elle ne prononce jamais son nom), c'est Salomon, le fils de notre David. Vous vous souvenez de ce lubrique qui a sauté la femme d'un de ses officiers ? Autant le père est direct, autant, du moins dans ce poème, le fils est métaphorique. Mais c'est un beau poème même pour un adolescent de quinze ans qui attendait autre chose. J'avais quinze ans en 1968, et on en entendait des vertes et des pas mûres durant cette année où la jeunesse occidentale a rué dans les brancards. Et moi, à Port-au-Prince, je ne trouvais que l'Ancien Testament à me mettre sous la dent si j'avais besoin d'un frisson. Ah, j'enrage encore. Pendant que ces gosses de riches d'une Amérique de l'abondance et d'une Europe galante affrontaient, la fleur aux dents, des policiers effarés, la milice du dictateur tropical contrôlait tout. Jusque dans la chambre à coucher des gens. Et les moindres replis de leur conscience étaient inspectés par des inquisiteurs méticuleux. Dans l'Ancien Testament, j'imagine que ce n'était pas si différent. Ayant pu semer la puissante armée d'Égypte, les enfants d'Israël se sont retrouvés entre eux. L'ennemi d'aujourd'hui, c'était l'ami d'hier. Et le territoire à conquérir, c'était, bien sûr, son âme. Je perçois beaucoup d'hommes armés derrière les colonnes et devant chaque porte des palais. Sous prétexte d'empêcher les gens d'adorer le Veau d'or. Qu'est-ce qu'on a contre le Veau d'or ? L'argent crée la liberté de mouvement. Un type qui a du fric, et qui n'a pas envie de vivre sous la loi d'Abraham, peut s'acheter un chameau à bon prix, et foutre le camp d'ici. L'argent des autres est toujours mal vu. D'un côté, ils ramassent en douce assez d'argent pour asseoir leur puissance, c'est ce que font toutes les religions ; d'un autre côté, ils ne cessent de dénigrer l'argent. Pour imposer ces nouveaux mystères, on n'a pas toujours cherché à convaincre. La douleur possède la vertu de raccourcir le temps des débats sur la foi. Je mélange tout : les époques comme les cultures. Revenons à Salomon et à ce poème où il est dit qu'il a l'haleine parfumée et les pieds légers. Son amante est une Noire. Oh oh. C'est tout à fait révolutionnaire quand on pense que dans les années 60 encore, plus de deux mille ans plus tard, on ne pouvait voir à la télé américaine un Blanc et une Noire en train de s'embrasser. Le premier baiser qui a provoqué un tollé, c'était dans *Star Trek* entre le capitaine blanc James Tiberius Kirk et la lieutenant noire Uhura, le 22 novembre 1968 — toujours 1968. Et là on a une rencontre amoureuse entre cette femme noire, sûrement une esclave ou dans le meilleur des cas une ancienne esclave, et le plus étincelant des princes de l'Ancien Testament. Plus chic qu'un papillon, dit la Bible. Pas mal. C'est une Sulamite, elle. C'était couru, dès qu'on a vu pointer une Noire, on a su qu'un vent de subversion allait tout emporter. Le feu du désir qui brûle tout sur son passage. Et dans ce cas une mansarde peut faire meilleure figure qu'un palais. Mais il y a une faute dans le poème. Les Noirs américains ont profité des bouleversements charriés par 1968 pour produire leurs propres revendications. L'une d'elles est d'ordre esthétique : « *Black is beautiful.* » Le Cantique des cantiques ne dit pas le contraire, il pèche plutôt sur le plan politique. La Sulamite commence ainsi son chant : « Je suis noire mais je suis belle. » Ce « mais » m'est resté dans la gorge et m'a empêché, à l'époque, de goûter le plus beau poème d'amour jamais écrit. Je repasse dans ma tête, aujourd'hui encore, la course de Salomon par monts et vallées jusqu'à la maison de sa fiancée. Je ne me souviens pas si tout cela n'a pas eu lieu uniquement dans l'esprit d'une jeune femme à l'imagination enfiévrée. Et qui finira par glisser dans la folie. Et là encore, je ne la comprenais que trop bien. Je passais mon temps durant cette adolescence pluvieuse à rêver de jeunes filles impossibles. Je pouvais donc comprendre cette jeune femme noire qui refusait de choisir un fiancé entre les bergers ennuyeux qui ne pouvaient que l'endormir à compter sans cesse leurs moutons et les soldats en sueur et mal payés (c'est bizarre, on parle rarement de salaire dans la Bible, à part les trente deniers de Judas) qui ne connaissaient que le viol. Tant qu'à rêver, rêvons au sommet. Salomon, fils de David. Celui qui a inséré ce poème dans le Livre saint ne l'a sûrement pas fait pour rien. Quelle provocation ! Comme ils sont niais ceux qui jugent ce livre sans l'avoir lu ! Revenons plutôt à nos affaires. Ce qui est magnifique, c'est que la jeune Sulamite ne l'attendait pas derrière un bosquet d'oliviers pour se faire sauter dans l'odeur du fumier. Mais plutôt dans les draps frais du lit de sa mère. Elle invite un homme qu'elle n'a pas épousé (elle l'appelle son fiancé ou son bien-aimé) pour venir la prendre dans le lit de sa mère. Tous ceux qui trouvent mon langage trop vert n'ont qu'à lire l'Ancien Testament. Langage grossier d'un peuple en errance continuelle. Pas de salon, pas de bonnes manières. Brusquement, on se trouve devant un texte qui semble surgir tout droit de la chambre de Mme Rambouillet. En plus fort. Poème de l'attente et de la fureur du désir trop longtemps contenu. N'en pouvant plus d'attendre ce fiancé, elle part à sa recherche dans la ville militairement gardée. Quel moment dans l'histoire humaine que celui où la femme enfin reconnaît son désir et part à la recherche de sa satisfaction ! « *I can't get no satisfaction* », chante Mick Jagger, toujours deux mille ans plus tard. La Sulamite se met en mouvement en écartant de son chemin, d'un coup de reins, toutes les Pénélope et autres Belles au bois dormant. Et le vieux monde de l'Ancien Testament vient de basculer. Ne serait-ce que pour ce moment-là, ce livre vaut le détour.

Sur mon lit, au long de la nuit,

Je cherche celui que j'aime.

Je le cherche mais ne le rencontre pas.

Il faut que je me lève

Et que je fasse le tour de la ville,

Dans les rues et les places,

Que je cherche celui que j'aime.

Je le cherche mais ne le rencontre pas.

Ils me rencontrent, les gardes

Qui font le tour de la ville :

« Celui que j'aime, vous l'avez vu ? »

À peine les ai-je dépassés

Que je rencontre celui que j'aime.

Je le saisis et ne le lâcherai pas

Que je ne l'aie fait entrer chez ma mère

Dans la chambre de celle qui m'a conçue.

Je reste aveuglé par l'éclat de ce poème. Et refuse d'analyser les implications psychologiques d'une telle décision : une jeune femme qui ramène un homme dans la chambre de sa mère. C'est étonnant que les féministes soient passées à côté de cela. Sa couleur a-t-elle amoindri le caractère subversif de son geste ? Comment se fait-il que cette femme ne soit pas devenue une icône des années 60 ? Une femme qui attrape au collet un prince et le ramène dans son lit. Elle me semble aussi intéressante, sinon plus, que Judith ou Esther. Et dire qu'aujourd'hui encore on baigne dans les fables royales (un accident mortel d'une princesse ou le mariage d'une autre, et le cœur plébéien de la planète chavire). Bon, je continue ma lecture zigzagante, avançant et revenant sur mes pas, revivant ces émotions comme si hier se superposait à aujourd'hui, jusqu'à croiser sur ce chemin rocailleux le livre cynique de l'Ecclésiaste. L'Ecclésiaste qui vous fait perdre espoir qu'aucun homme ne peut être exempt de toute vanité. Plus loin la question de l'essence divine est posée de la plus brûlante manière dans le Livre de Job. Un livre terrible qui m'a effrayé jusque dans mes rêves. La question de la foi est posée de la manière la plus concrète. Dans la chair de Job. Les prophètes m'ont paru plutôt casse-pieds. On entre dans le temps de la morale. Pourquoi doivent-ils avoir une longue barbe, une voix tonnante et des vêtements crasseux ? Le pouilleux face au roi, je veux bien, mais je connais aussi des salauds aux ongles noirs et aux pieds boueux. Alors à toute vitesse vers la fin, car le Nouveau Testament est assez terne, à part quelques miracles amusants comme l'eau qu'on a changée en vin durant les noces de Cana. Tout au long de la lecture, je me demandais, avec l'impatience de mes quinze ans, comment tout cela finirait ? C'est ce que va me raconter un nommé Jean qui me semblait sous ecstasy au moment de rédiger son témoignage. Mais beaucoup de poètes puiseront plus tard dans son délire : Dante, Lautréamont, Rimbaud, les satanistes, à quoi il faut ajouter l'opéra, le ballet, le rock, le heavy metal et les cauchemars diurnes du Troisième Reich, car il serait impossible de comprendre (est-ce possible d'ailleurs ?) une pareille folie sans l'Apocalypse de Jean. Quelle révélation ! À côté de l'Apocalypse de Jean, celle de Coppola a l'air d'une plaisanterie. À éviter de lire quand on grelotte de fièvre et quand la pluie s'est changée en tempête. Pourquoi je parle de la Bible ? Eh bien, parce que ce livre au nom duquel on mettait les autres livres à l'Index est depuis près d'un demi-siècle, d'une certaine manière, mis à l'Index en Occident. Sauf dans certains États des États-Unis, et dans le tiers-monde. Ce qui fait que des générations d'Européens et de Nord-Américains ne l'ont jamais lu, ignorant de ce fait la source profonde de leur culture judéo-chrétienne. On revendique son identité, ces jours-ci, face à l'Islam sans avoir lu la Bible. De jeunes judéo-chrétiens incultes font donc face à de scrupuleux lecteurs du Coran. Mais ce qui est plus grave, c'est qu'une grande partie des métaphores de la culture occidentale découle de la Bible, et ces métaphores sont devenues totalement obscures pour ces jeunes gens qui n'ont jamais pu mettre la main sur une Bible. Parce qu'elle est manquante dans la bibliothèque familiale. Peut-être qu'il serait temps de lever l'interdit tacite sur la Bible pour que l'arbre de Noël ne devienne pas le seul support de l'identité judéo-chrétienne.

L'œil de l'âne de Watteau

Ce mardi-là, au Louvre. On m'avait promis un musée vide. Je croise un balayeur en uniforme. Regard de biais avec un long balai qui lui donne un air de gondolier. On grimpe des escaliers. Ces femmes en train de tricoter qui se retournent doucement vers nous. Paisible joie domestique qu'on retrouve dans certaines peintures flamandes. Tout est feutré, mais flotte encore dans l'air une certaine fébrilité, comme si on arrivait chez quelqu'un le lendemain d'une petite fête. Plus loin, on nous fait signe de ne pas faire de bruit car ce professeur improvise une causerie. On est chaque fois vexé de rencontrer quelqu'un sur son chemin. L'idée d'un Louvre à soi reste d'une telle puissance. Je traverse un peu ivre, sans m'arrêter, ces vastes salles couvertes d'œuvres que je repère du coin de l'œil. Et dont certaines m'habitent depuis longtemps. J'ai rendez-vous avec Watteau. Un seul tableau de lui. Son *Gilles*. La première fois que je suis venu au Louvre, en 1984, c'était beaucoup plus le Louvre qui m'intéressait que les toiles qui s'y trouvaient. Je flânais dans les salles, comme un chômeur qui vient de payer son loyer, avant de m'arrêter pile devant ce tableau de Watteau. Et chaque fois que je retourne au Louvre, il me fait le même effet. Comme si tout se liquéfiait en moi. Une émotion qui fait fondre les os. Je deviens léger, prêt à décoller comme Gilles. Je n'arrive pas à savoir, à ce jour, ce qui peut me brûler à ce point. Je cherche la source de ce feu. Au lieu de cela, je me trouve devant une scène champêtre.

Des regards qui semblent moqueurs autour d'un Gilles complètement absorbé par lui-même. Les yeux de Gilles sont ceux d'un homme si doux qu'on pourrait le croire simple d'esprit. Gilles plane. Ce n'est pas bien de regarder un tableau comme s'il s'agissait d'un roman. Mon esprit ne sait qu'ourdir des histoires. Et je ne peux m'empêcher d'entendre ce que disent ces gens autour de Gilles. Époque féroce si j'écoute les railleries qui effleurent les chevilles de Gilles. Lui n'entend rien. Je tourne un moment autour du tableau que je crois sphérique. Un globe lumineux. On s'active à ma droite. C'est le photographe accompagné de deux assistants. Un feu follet qui tourne autour de moi pendant que je tourne autour de Gilles. Rotation et révolution. Watteau installe son chevalet en face de Gilles au moment où le photographe me déniche un coin sous un escalier gris. Le plus moche du Louvre. Il me plaît en refusant de travailler sous le regard des autres. Sans tempérament, on se fait vite avaler par ces monstres du Louvre. Il ne photographie pas, il travaille. Il cherche un angle, une idée, une couleur, un mouvement. Il exige de moi d'étranges contorsions. Je l'observe tout en pensant à Watteau. Je continue à chercher, dans ma tête, le point focal de la toile. Les yeux? Le regard? Pas la même chose : il y a tant de regards morts. Je revois le tableau dans ma tête. On me photographie dans un coin morne de la plus riche demeure d'Europe. Et au lieu d'aller voir le tableau de Watteau, à quelques mètres de moi, je me le repasse dans la tête. Je le découpe en morceaux. Le photographe rivalise avec le peintre en cherchant quelque chose en moi. Soudain l'univers de Watteau bouge derrière la poussière du temps. L'émotion gonfle. De l'air chaud. *Gilles* est une montgolfière qui s'apprête à décoller. Tout risque de s'éloigner, aspiré par le passé en fuite. Et pourtant le Watteau reste. Comme si quelque chose le gardait cloué là. Un gros clou. L'œil de l'âne. Je ne l'avais pas remarqué auparavant, pensant que ce n'était qu'un œil. C'est un clou. Rond, sec, sans émotion. Il attend. Dès qu'on l'a vu, on ne peut plus regarder autre chose. Je vois enfin l'œil qui me regardait depuis tout ce temps-là. Et je reste tétanisé. En partant, je passe chez Guillaume Guillon Lethière dont je connais par cœur *Le Serment des Ancêtres* pour l'avoir vu maintes fois au Musée national de Port-au-Prince, ou dans un manuel d'histoire haïtienne. Dessalines et Pétion se serrent la main, signant ainsi la fin de l'esclavage. Cette toile est peut-être sous les décombres aujourd'hui. Celles de Lethière qui sont au Louvre sont accrochées trop haut dans une pièce sombre. En descendant les escaliers en face de *La Victoire de Samothrace,* je recroise le balayeur. Il ramassait un petit tas de poussière, j'imagine tout ce que nos chaussures ont laissé au Louvre.

L'art de vivre en solitaire

Fellini raconte dans un précieux petit livre,
où l'on trouve de ses dessins, une histoire sur l'odeur
de la solitude. Un jour, il a croisé dans le couloir
de l'immeuble où il vivait un type qui devait frôler
les quatre-vingts ans. Cet homme était en train
d'ouvrir et de fermer sa porte. Et Fellini se demandait
ce qui se passait. Le vieil homme lui a expliqué
qu'il tentait de savoir si ça sentait le vieux chez lui.
Il ne pourra jamais le savoir, se dit Fellini avec
ce sourire en coin qu'on lui connaît, car c'est lui
qui sent le vieux. Pour vivre en solitaire, il faut éviter
de se poser des questions. On peut parler aux amis
morts, aux plantes de salon, au chat tigré, au chien
aux yeux pleurants, mais jamais à soi-même,
car la réponse se trouve alors dans la question.

La culture en mouvement

Culture et agriculture

Le problème de la culture, c'est qu'elle se nourrit de la vie de gens à qui cette culture, une fois maquillée, n'est plus destinée. Chaque fois que la culture s'alimente uniquement de culture, elle meurt comme une plante qu'on a oublié d'arroser. J'aime bien l'idée d'associer culture et agriculture. La plante a besoin d'eau et de terre, comme l'écriture a besoin d'émotions et de paysages. C'est une idée fausse de croire que le pauvre ne s'intéresse qu'aux romans qui décrivent ses difficultés. Les gens sont plutôt curieux de ce qui se passe chez l'autre. Le pauvre ne voit aucune poésie dans cette misère qui s'étale, malgré lui, au grand jour de sa vie, tandis que le riche, lui, se cache derrière d'épaisses murailles pour jouir de son confort. Et si ce riche accepte qu'un peintre de la cour fasse son portrait, il refuse qu'un écrivain libre le montre nu (demandez à Truman Capote qui s'est cru un temps le Marcel Proust de Manhattan). Est-ce pourquoi l'art ne peut être un hobby : il ne vaut rien si l'on ne risque rien. Il y a quelques années, un de mes amis me confiait que son père lui avait conseillé de faire un métier avant de se consacrer à l'écriture pour laquelle il couvait un certain talent. Il a obéi mais la flamme s'est éteinte avec le temps. C'est qu'à mon avis cet ami n'était pas un artiste, car un artiste n'obéit qu'à son feu intérieur. Un écrivain, c'est celui qui le devient en balayant tout sur son passage. Il ne peut faire autrement. Il est dévoré par une passion aussi dévastatrice que le pouvoir. Dans ce métier, le caractère est plus important que le talent. Il faut avoir beaucoup de caractère pour poursuivre ce voyage quels que soient les obstacles rencontrés sur sa route, tout en étant d'une faiblesse absolue face à ce monstre sans visage qui vous pousse à écrire pendant que votre ville tombe.

Au risque de l'art

On a pris l'habitude de consommer l'art par tranches, comme si c'était du melon : littérature, théâtre, musique, peinture, cinéma, danse. Chacun s'agite dans son coin. Pire, à l'intérieur d'un même art, on trouve de notables subdivisions. Prenons la musique : l'amateur de musique classique ne se résigne pas à croire (à tort d'ailleurs) que Donna Summer pratique le même art que Wolfgang Amadeus. La pop est dédaignée par les gens du rock. Et on regarde ceux du country comme des bouseux qui ne devraient jamais quitter leur bled. Je n'ose pas dire ici ce que pense de Céline Dion le public du heavy metal. Pourtant il s'agit de la même tentative pour harmoniser les sons en vue de produire une émotion. La différence se trouve dans la valeur que l'on accorde à cette émotion. Il arrive parfois de ces metteurs en scène fous qui tentent d'effacer les frontières en réunissant tout le monde sur une même scène pour un théâtre total. Le public s'étonne un moment puis retourne à ses vieilles habitudes. Et on court voir, chacun dans une direction, une exposition, un film, une pièce de théâtre ou un concert. Ces différents publics se croisent sans se mêler. Et ne se ressemblent aucunement. La musique classique s'écoute d'une oreille, le cou légèrement penché vers la droite. Ce qui fait que l'amateur de musique classique marche un peu de biais, résultat d'un excès d'utilisation de l'oreille droite. Alors que celui qui fréquente trop les galeries d'art garde dans la vie ordinaire cette manie de vouloir tout voir en même temps. La peinture étant, à peu près, le seul art qui tolère que l'amateur cause avec son voisin tout en regardant un tableau, bien sûr ce qui se dit n'a souvent rien à voir avec ce qu'on regarde. Peut-on vraiment parler d'art quand tout se dissout ainsi dans la mondanité? On a plutôt affaire à d'étranges rituels urbains qu'on continue à observer sans trop connaître leur origine ni leur but. De plus, l'art que l'on consomme signale aux autres notre appartenance sociale. Dans certains quartiers huppés de la ville, on croit qu'il suffit de fredonner quelques mesures de Brahms pour repousser les hordes barbares jusqu'à ces zones où les arbres se font rares et où *Bobépine* sert d'hymne national. Que s'est-il passé au juste? Comment en sommes-nous arrivés à bouger avec aisance dans ces petites boîtes qui s'appellent littérature, théâtre, cinéma, peinture, danse, musique? Ne vous inquiétez pas, je n'évoquerai pas la perte du sens et autres fadaises de ce genre. Allons droit au but. Ce que nous sommes devenus est incompatible avec l'art. Deux choses nous en éloignent: l'argent et l'immobilité. Réglons vite la question de l'argent. On confond l'art et la diffusion qui, elle, draine beaucoup de fric dans son sillage. Et, aujourd'hui, l'artiste qui pratique l'art le plus intimiste veut être entendu ou vu du plus grand nombre de gens possible. Vous pensez tout de suite qu'il le prétend parce qu'il croit que chaque individu dans la rue a droit à l'émotion artistique. Et vous imaginez alors un pauvre ouvrier, assis dans la pénombre de sa misère que l'art va éclairer. Nenni, notre artiste maudit veut simplement le succès populaire, croyant que cela lui permettra de se la couler douce pour le reste de ses jours. On a envie de crier qu'il y a d'autres métiers, ou même d'autres formes d'art pour cela. Il veut ce public gavé qui a déjà à sa disposition des maisons de la culture et des bibliothèques publiques de quartier qu'il ne fréquente pas. Je parie que si ce public y allait massivement, deux mois durant, l'État se dépêcherait de prendre la culture au sérieux. Du moins de la voir différemment. Mais il n'y va pas. Toujours les mêmes vieux qui sont fidèles au poste. Les jeunes n'ont pas tardé à comprendre que la culture est une affaire de vieux. Une façon de se rappeler le bon vieux temps. En fait la maison de la culture a remplacé l'église. On se plaint que les hommes politiques ne s'intéressent pas à la culture. C'est qu'ils ne s'intéressent qu'à ce qui intéresse le public. Les connaissant, ils ne laisseront pas filer un seul vote. Où est le problème ? Il est dans le public qui refuse cet art frelaté, dévoyé, classé, mis en boîte, saucissonné, macdonaldisé — je ne parle pas de tout le monde bien sûr. Cet art qui ne produit aucune véritable émotion. Le contrat est rompu avec un certain public à cause de cette commercialisation à outrance. Tout a un prix et ce prix est fixé à l'avance. Et la minorité où se croisent des gens de toutes les couches sociales, cette minorité qui prend généralement l'art à bras-le-corps s'en est détournée depuis un moment. Pourtant on n'a jamais fait mieux dans certains secteurs. Notre savoir-faire est à son sommet dans la sphère technique. Mais il manque quelque chose, et c'est ce que j'appelle, faute de mieux, le mouvement. L'art de faire bouger les êtres et les choses autour de nous. Et de danser en même temps. L'art fait accélérer le pouls. Il produit une émotion — dans *émotion*, il y a déjà *mouvement*. L'émotion, c'est le sentiment qui arrête le mouvement. Un arrêt sur image. Vous comprenez que je ne parle pas de cette émotion pavlovienne qui fait croire à la foule qu'elle ressent quelque chose de juste, de vrai et de fort, quand tout cela est mécanique. On actionne une machine qui produit des larmes. Je parle plutôt de cette émotion artistique qui vous fait voir le monde sous un autre jour. Je parle d'un art capable de neutraliser les vieux réflexes idéologiques pour toucher au fondement de la vie. L'art, pour moi, c'est quelqu'un qui se réveille dans le noir en criant : « Qu'est-ce que je fais ici ? Et comment on sort d'ici ? » Justement, de telles interrogations seront-elles possibles si nous restons toujours agrippés à nos sinistres privilèges ? Il ne s'agit pas uniquement de possessions matérielles, mais aussi de confort moral, intellectuel et social. Ce confort qui nous fait croire sincèrement que rien ne peut nous arriver. Sauf par les autres. Tous ces étrangers qui s'apprêtent à changer nos valeurs. Mais par nous-mêmes, rien puisqu'on est si homogènes. On pourra vivre ainsi jusqu'à la fin des temps : notre débat national ne changera pas, nos valeurs ne bougeront pas, nos principes ne sont pas négociables. Tout ça nous définit. C'est notre culture. Mais en prenant un pareil chemin, on risque de ne plus croiser l'art. Il nous restera la culture, ce mot qu'on emploie quand on veut éviter l'art. Et c'est quoi la différence entre art et culture ? L'art n'arrive que si on met sa culture en danger.

L'aventure poétique

Je ne parle pas, bien sûr, de cette poésie qui se résume parfois à un simple effet de style, à une certaine émotion recherchée ou à un tremblement dans l'air qu'on désigne dans certains milieux par le flou poétique. Ce qui est étrange car rien n'est plus précis que la poésie. Elle découle des mathématiques, d'ailleurs. Tous les grands mathématiciens, tel Thalès de Milet, furent aussi poètes, pour ne pas dire d'abord poètes. Rien n'est plus poétique que la recherche d'un ordre secret. Le mathématicien souhaite le dévoiler, le poète veut le garder tel qu'il est. Bien sûr que je ne parle pas de cette idée d'une beauté qu'on colporte partout. D'ailleurs la laideur, étant plus pudique, conserve sa force poétique intacte. Chacun son choix en matière de grâce. Les autres fleurs ricanent de notre mauvais goût d'avoir choisi la rose comme la plus belle des fleurs. Elles gardent secrète leur reine. En un mot, la poésie ne se donne pas. Il faut la trouver. Elle n'est pas non plus extérieure à nous, mais plutôt enfouie au plus profond de nous. Je vais plus loin : le poète n'est pas toujours celui qui a écrit le poème. On trouve des gens mesquins et lâches qui écrivent des poèmes qui touchent les fibres les plus profondes de l'être humain dans sa folie de se dépasser. On a du mal, quand on rencontre ces poètes, à croire que ces poèmes qui nous ont enflammés viennent de cœurs si acides et d'esprits si étroits. On connaît aussi des salauds amateurs de poésie. Alors que se passe-t-il pour qu'un poème soit capable de faire en sorte que l'espace d'un instant un salaud et un mesquin oublient leur nature profonde ? Il s'est passé quelque chose d'inattendu : le meilleur de chacun a fait surface pour créer ce moment poétique. La poésie n'est ni dans le poème, ni même dans le cœur des gens, c'est, selon Hadrien, « une chose qui aime à arriver ». Ce qu'on appelle le poème, c'est le rituel qui permet à cette « chose » d'arriver. Et elle ne se manifeste pas à tous les coups, ni chez les honnêtes gens. La poésie, c'est aussi un regard capable de capter, en un vers, tous les aspects d'un monde multiforme. D'ailleurs le poète italien Ungaretti est passé à l'immortalité pour ce bref poème fait d'un seul vers : *M'illumino d'immenso* (« Je m'éblouis d'infini »). Et Nelligan pour avoir répété deux fois le même mot dans un vers : « Ah ! comme la neige a neigé ! » Voilà bien deux mondes différents qui se croisent dans cette chaleur qui nous traverse quand nous disons à voix haute leurs poèmes. L'infini dont parle Ungaretti, c'est l'Afrique où le soleil s'étale dans le désert pour créer cet instant d'éternité capté par l'Italien. Pour Nelligan, c'est la neige qui naît de la neige. Ainsi il retrouve le caractère entêté de l'enfant qui fait naître les choses d'elles-mêmes, par parthénogenèse. L'enfant est un dieu qui ne se reconnaît pas de géniteur. C'est pourquoi on s'obstine, juste après la naissance, à lui enfoncer dans le crâne que ce monsieur est son père et cette dame, sa mère. Si on le laissait faire, il franchirait la porte et s'en irait tout simplement. « Ah ! comme la neige a neigé ! », Nelligan se perd dans une méditation sans fin. Il s'éblouit d'infini, comme Ungaretti l'a fait avec le désert et le soleil. La poésie est une force vive. La beauté est affaire d'éducation. Chaque classe a ses critères. Dès qu'on cherche la beauté, on n'est plus dans la poésie. On cherche simplement à se rapprocher des choses apprises ou à se distancer des autres. Pire, on cherche à se donner un prix. On se sent beau, donc on mérite mieux. Alors que l'élégance est secrète. Mais on n'arrive pas à se libérer de ce piège car dès l'enfance on nous bombarde de choses et de gens à admirer. On a tous entendu cette remarque : « Regarde comme c'est beau ! » Si cette personne pouvait se contenter de dire : « Regarde ! » Tout le mal vient du « comme c'est beau » qui empêche précisément de regarder. On entend cette injonction partout : dans les musées, surtout devant les impressionnistes, dans les jardins, dans la rue. Cela s'appelle l'éveil à la beauté, mais en fait le résultat est tout à fait à l'opposé. On empêche l'autre de tisser un lien entre lui et le monde. Il arrive qu'on entende aussi : « Ne regarde pas, c'est laid. » Et on brûle de voir ce laid. Car il faut croire que le monde charrie indifféremment, comme un fleuve impétueux, le beau, le laid, le vivant, le mort, le petit, le grand, le cruel, le bon. Et tout est si emmêlé qu'on n'arrive pas toujours à distinguer le sale du propre, comme le beau du laid. Est-ce pourquoi on a inventé la morale, qui est à la poésie ce que le tue-mouche est à la mouche ? Tout cela nous pousse à croire que la poésie ne se cache pas dans le poème. C'est une griserie de l'être. Le poème diffuse dans l'air une énergie qui pousse à l'action lyrique. Tout paraît brusquement simple. D'une simplicité qui n'élimine en rien le caractère multiforme de la vie.

La librairie et le cimetière

J'ai toujours vu un lien entre la librairie et le cimetière. Les deux regorgent de morts. Un livre est souvent un mort qui continue à philosopher. Et je me souviens de cette petite fille qui m'offrait cette définition d'un écrivain : « Quelqu'un qui, après sa mort, va vivre à la campagne. » Je garde au fond de moi cette idée reposante de l'écrivain. Le cimetière est donc un espace secret et silencieux qui révèle plus profondément une ville que sa partie bavarde. J'ai pris l'habitude, en arrivant dans une nouvelle ville, de visiter la librairie et le cimetière. Je me souviens de cette charmante librairie qu'un pompiste m'avait indiquée en prenant la peine de me dire qu'il n'y était jamais allé. Je suis toujours impressionné par les gens qui ne lisent pas. Comme s'ils détenaient un savoir que je cherche encore dans les livres. Me voilà dans une petite librairie de village. Il n'y a personne. Des livres pêle-mêle sur de petites tables. J'ai le temps de lire tout le début de *L'Étranger* avant que la libraire n'arrive, les joues rouges et la nuque en sueur. Elle prenait un verre de vin au café, tout à côté. J'ai tout de suite remarqué qu'elle n'était pas revenue pour me surveiller. Elle avait plutôt envie d'une conversation avec un étranger de passage. Comme j'avais encore le livre en main, elle m'a parlé de sa passion pour Camus. C'est d'ailleurs pour faire lire Camus qu'elle est devenue libraire. L'écriture sensuelle et ensoleillée de Camus attire les femmes qui aiment le vin. Tandis que les jeunes filles graves préfèrent *Anna Karénine*. J'ai acheté un livre et elle m'a indiqué le cimetière, tout au bout de cette route en terre. C'était un cimetière à l'image de la librairie : de modestes tombes perdues dans l'herbe haute. Dans une autre ville, ce fut différent. J'avais à peine franchi le seuil de la librairie qu'une clochette avertissait de mon arrivée. Immédiatement apparut cette longue femme maigre qui voulait savoir ce que je désirais. Je fis un geste évasif pour dire que je regardais un peu. Je vais rarement chercher un livre précis dans une librairie. J'attends que le livre se présente à moi. Un vrai lecteur ne sait jamais avec quel livre il sortira d'une librairie. Ce choix dépend souvent de l'atmosphère qui règne dans la pièce. Il y a des ambiances si lourdes qu'elles peuvent affadir un agité comme Céline. Je sentais le regard suspicieux de la libraire sur ma nuque. Je sortis si précipitamment qu'elle me suivit sur le trottoir pour savoir si je n'avais pas caché un livre sous mon manteau. Je n'ai pas jugé bon de visiter le cimetière de cette ville. Un autre jour, je suis entré dans le vaste cimetière d'une banlieue cossue. Des tombes propres, bien alignées. Comme au garde-à-vous. On a envie de leur dire « Repos ». Certains noms reviennent souvent sur les tombes près de l'entrée. Parfois le nom de jeune fille de l'épouse est le même que celui du mari. Ils s'enferment dans leur caste. On sent les bourgeois bien installés près de l'entrée, comme aux premières loges. Au milieu du cimetière, la foule des morts avec des noms divers. Et un peu plus loin, un petit groupe de pestiférés qu'on a dû tolérer par charité chrétienne. La librairie de l'endroit était comme je l'avais imaginée. Une vaste pièce bien éclairée avec des tonnes de magazines en avant et des centaines de produits dérivés à l'arrière. Au milieu, des best-sellers américains et des mangas japonais. De jeunes employés qui vous bousculent dans les allées. Ils courent d'un bout à l'autre de la librairie, vous donnant l'impression d'être dans une gare à l'arrivée d'un train. Parce qu'il faisait si beau ce jour-là, j'ai quitté sur un coup de tête l'autoroute pour entrer dans cette petite ville qui ne payait pas de mine. La librairie se trouvait près du restaurant. J'ai commandé un steak frites avant d'aller y faire un tour. L'entrée est étroite et sombre. Cela s'élargit au fur et à mesure qu'on avance. Des livres partout, même sur les échelles qui permettent d'aller chercher les encyclopédies près du plafond. Tout au fond, un homme sous une lampe allumée. Si concentré que je l'imagine sur une île déserte. Je m'avançai vers lui pour découvrir qu'il était en train de lire. Il leva lentement les yeux vers moi. J'avais en face de moi un animal en voie d'extinction. Le libraire qui ne cherche pas à vous satisfaire malgré vous. C'est ici que j'aimerais que mes livres finissent leurs jours. Chez cet homme presque grincheux qui les défendra contre ces butors qui ignorent qu'un livre est une somme de passions. Je retournai au restaurant à temps pour voir arriver tout fumant mon steak frites.

L'art de mourir

Je me souviens de mon émotion en découvrant
dans un village d'Haïti ce petit cimetière si gai
que des paysans des environs avaient peint avec
tant de ferveur. D'où vient l'idée d'un cimetière
aux couleurs si chantantes ? Une atmosphère de fête.
J'ai cherché en vain une explication auprès
de ceux dont le métier est d'interpréter les arts
et les mystères de la vie. J'en ai parlé aux peintres
mêmes, qui semblaient ignorer autant l'origine
que le but de cette force d'évocation qui les habitait.
J'en ai déduit, sans trop savoir à quoi ça peut bien
servir une découverte aussi inutile, que les gens
de cette région ne cherchaient peut-être pas
à comprendre la mort, mais plutôt à l'intégrer
dans leur vie. Et si on évitait tous ces rituels morbides
qui accompagnent les gens dans ce moment
qui appartient si intimement à chacun
pour ne retenir que l'énergie de vivre ?

Un orgasme par les mots

Les jeunes félins

C'est avec le poète Christophe Charles que je ratissais Port-au-Prince vers l'âge de dix-huit ans. Lui en avait vingt, et venait de publier son premier recueil, *L'Aventure humaine*. On est partis de bonne heure ce matin-là pour aller frapper à la porte de tous les écrivains qui comptaient à nos yeux, et tenter de leur arracher quelques compliments à propos de sa plaquette. Les grands félins, de peur de toucher à l'équilibre de la jungle, sont parfois réticents à tendre la main à un jeune tigre aux pattes mouchetées. Pas besoin de monter jusqu'à La Coupe où résidait la plus fine plume de l'époque, le poète Léon Laleau. On l'a trouvé, comme chaque samedi, vers midi, à la rédaction du *Nouvelliste* où il rencontrait de vieux amis. On s'est assis dans un coin pour noter ses réparties ailées et espérer qu'il nous remarquerait. Laleau était connu pour ce bref poème.

> Trahison
> Ce cœur obsédant, qui ne correspond
> Pas avec mon langage et mes coutumes
> Et sur lequel mordent, comme un crampon,
> Des sentiments d'emprunt et des coutumes
> D'Europe, sentez-vous cette souffrance
> Et ce désespoir à nul autre égal
> D'apprivoiser, avec des mots de France,
> Ce cœur qui m'est venu du Sénégal?

Mais Laleau nous avait repérés. Et *L'Aventure humaine* a bénéficié d'une note dans *Le Nouvelliste* du samedi suivant. Ce jour-là, on avait reculé la mort jusqu'aux frontières de l'éternité. Rien de plus émouvant que la gloire naissante d'un jeune poète.

C'est la question qui importe

« Dans quelle langue écrivez-vous ? » me demande le quotidien *Le Monde*. Bien sûr, le mot *langue* qui tient un certain nombre d'écrivains, ceux du tiers-monde notamment, à la porte de la littérature — on arrivera un jour à l'angoisse de l'écriture — est encore là, mais la vieille question a changé si radicalement de forme que j'ai dû la relire trois fois pour bien la comprendre. J'étais si habitué à ce qu'on me fasse le reproche de ne pas écrire dans ma langue maternelle. Comme si un huissier m'indiquait brutalement que le terrain sur lequel je venais de construire ma maison ne m'appartenait pas. Avec cette dernière question, j'ai l'impression d'avoir enfin le choix. Un vent frais. Et si je la garde un peu dans ma main, la retournant dans tous les sens, comme un enfant fait avec un objet étrange et beau qu'il vient de trouver et dont il se demande à quoi ça peut bien servir, c'est que je veux savourer le moment. En vingt-cinq ans de présence sur la scène littéraire, c'est la première fois que je ne me gratte pas l'avant-bras avant de répondre à une question. Ceux qui écrivent dans leur langue maternelle, ignorant le drame des pays conquis, ne comprendront pas ma surprise. Au pire, ils se demanderont si le journal n'est pas en train de jouer à l'agent d'immigration. Au mieux ils y verront un rapport avec le style. La langue littéraire. Le moi écrivain. Ce sera pour eux un moyen d'expliquer à ces gens bornés de la droite identitaire que la littérature est une fenêtre par où s'envole l'esprit que la nation tente justement de garder enfermé. Ce sera pour ces écrivains, à qui personne n'a jamais reproché de ne pas écrire dans leur langue maternelle, une bonne occasion de souligner que c'est le regard qui fait la grammaire, et non le contraire. L'écriture étant plus une posture qu'une servitude. Je sens pointer un nouveau débat. Au risque qu'on me ferme la porte au nez, je vais continuer à savourer la question. Je la trouve enjouée, subversive, toute pleine de surprises. J'aurais aimé la poser à Diderot, celui du *Neveu de Rameau*. C'est une question qui invite à s'asseoir sur un banc de parc par une journée d'automne pour bien la méditer. Si vous savez dans quelle langue vous écrivez, c'est que vous êtes tout sauf écrivain. C'est croire que se couper les veines vous permettra de mieux voir courir votre sang. Je vous assure que ce n'est pas chaque jour qu'on croise une question qui ne semble pas chercher de réponse. Elle laisse soupçonner, et ce n'est pas rien, que la langue littéraire n'est pas celle du pays où l'on est né. Mais ôtez-moi ce léger doute. Dans quelle langue écrivez-vous ? On ne s'attend pas, j'espère, à une réponse au premier niveau, où j'aurai à expliquer que j'écris en français même si ma langue maternelle est le créole. Il m'est déjà arrivé de voir de la subtilité là où il n'y en avait pas. Je ne risque rien de tel avec *Le Monde*. J'ai bien compris : c'est une question raffinée. Je ne m'emballe pas pour rien. C'est qu'un tel luxe se fait rare de nos jours. Alors je me souviens d'avoir dit à mon traducteur américain à propos de mon premier livre : ce sera facile à traduire car c'est déjà écrit en anglais, seuls les mots sont en français. Et pour prouver que je peux écrire en français dans toutes les langues du monde, j'ai titré l'un de mes romans *Je suis un écrivain japonais*. On écrit précisément pour quitter son corps et l'espace où l'on vit. Pour être un autre. J'écris dans la langue de celui qui est en train de me lire.

Le goût des mots

C'est un goût étrange que celui des mots, pas si différent du goût d'un fruit mûr, du poisson frais ou même d'un baiser sous la pluie. Je me rappelle, ce premier jour où je fus laissé seul avec un livre, d'avoir vu se rassembler sous mes yeux étonnés des lettres qui allaient devenir dans ma bouche un son unique. Rien n'est plus abstrait qu'une lettre, mais rien n'est plus concret qu'un mot. Après, faire une phrase tient de l'obstination et du bricolage. Connaissez-vous quelque chose de plus émouvant qu'un enfant, le front grave, tentant de mettre en marche, avec vingt-six petites clés lumineuses, la plus merveilleuse mécanique que les humains ont imaginée ? Le livre est plus complexe qu'un ordinateur et aussi simple à ouvrir qu'un ciel d'été. Cet objet si tranquille que l'enfant peut le tenir sur ses genoux, comme sa mère le fait avec lui. Il peut subitement devenir aussi dangereux qu'une bombe. Cette bombe à fictions reste encore en activité des siècles durant avant d'exploser dans la tête d'un lecteur imprudent. Il y a quelque chose qu'on a perdu et qui nous vient de l'enfance, c'est la lecture à haute voix. Beaucoup de livres, j'ai remarqué, sont faits pour être lus à voix haute. L'écrivain argentin Borges croit que la lecture silencieuse est une mauvaise habitude que nous tenons des *Confessions* de saint Augustin puisque c'est dans ce livre qu'on a repéré le premier lecteur silencieux. Aujourd'hui, je pense que c'est l'habitude de lire dans les parcs, les cafés, le métro ou l'autobus, disons en public, qui nous a poussés, par courtoisie, à lire uniquement avec notre esprit des mots qui sont faits pour la bouche. Le lecteur est-il plus délicat que l'amateur de musique rock ? Mais Borges, toujours lui dès qu'il s'agit de lecteur, défend-il la lecture à haute voix parce qu'il est lui-même aveugle et qu'il ne peut plus faire glisser ses yeux le long du fleuve soyeux des phrases ? Il reste qu'en lisant à haute voix, comme je le fais maintenant, on a à la fois le son et les images. Et qu'une lecture silencieuse fait plutôt penser à l'époque du cinéma muet. Flaubert aimait bien faire sonner les mots dans son « gueuloir ». Flaubert, avec ses moustaches pendantes vaguement lustrées et son regard noir, cachait un côté sadique en complet trois pièces. Et on n'aura pas compris *Madame Bovary* tant qu'on croira que c'est de la musique de chambre. Madame Bovary serait plutôt le nom d'un groupe heavy metal de province obligé de baisser le volume à cause de voisins trop douillets. Mais il suffira, à la sortie du CD, d'augmenter le volume pour sentir toute la rage et la frustration de ce solo de batterie — « Madame Bovary, c'est moi » — qui fit exploser les tympans d'un XIXe siècle bon chic, bon genre malgré tout le cuivre de Hugo. Flaubert a mis fin, en un sens, à ce romantisme fiévreux coupé à l'eau de rose. Il y a eu tout de même dans la bande quelques toqués comme Baudelaire, Maupassant, et ce vénéneux Barbey d'Aurevilly. Et Hugo, l'homme orchestre, qui vient de louer un hangar afin de s'éclater sur tous les instruments alignés le long du mur. Si *Les Misérables* est un vaste roman, c'est parce que Hugo l'a écrit en exil, et donc qu'il avait beaucoup de temps à tuer. Quand il est en France et qu'il jouit de toute la considération des comédiennes toujours en adoration devant son front bombé, de cette adoration qu'il transforme aisément dans un lit en cris de jouissance, Hugo fait de la poésie ou du théâtre. Et si l'œuvre poétique est si volumineuse, c'est qu'il y a trop de jolies comédiennes à Paris. Pour Hugo, les mots sont des corps de femmes allongés dans la pénombre de la chambre attenante à la pièce où il travaille. Son regard se révèle plus sensuel que pervers car il est plus gourmand

172

que gourmet. Pour la sensualité il y a aussi Bernardin de Saint-Pierre qui a choisi les mots au parfum de fruits en remettant au goût du jour, avec son roman *Paul et Virginie,* la mitraille des pluies tropicales, la douceur de la sieste dans un hamac et l'odeur des femmes aux seins nus, comme on les croisera plus tard dans les tableaux de Gauguin.

Un bon livre

Qu'est-ce qu'un bon livre ? me demande à brûle-pourpoint ce jeune homme aux ongles noirs assis pas loin de moi, sur un banc du petit parc en face de l'Institut d'hôtellerie. Avant même que j'aie pu répondre il me raconte qu'il ne lit pas souvent, un ou deux livres par an, mais qu'il les lit attentivement. En effet, il tire de sa poche un exemplaire crasseux de *Croc-Blanc*. Vous connaissez, London ? Je hoche la tête. Large sourire qui me fait découvrir qu'il vient tout juste de sortir de l'adolescence. Les ravages du mélange alcool-drogue. Il semble s'accrocher à son livre comme à une bouée de sauvetage. Comment savez-vous quand un livre est bon ? insiste-t-il. L'image d'une mangue me traverse l'esprit. Je ne sais pas trop, fais-je après une longue hésitation. Lui m'attendait calmement. Il semble disposer de tout son temps. Bon, finis-je par dire, un bon livre réveille votre intelligence qui s'était endormie à votre insu. Je n'étais pas satisfait de ma réponse. Beaucoup de choses peuvent secouer un esprit engourdi. Un bon livre se retrouve toujours entre les mains d'un lecteur libre. Sinon il n'y reste pas longtemps, le mauvais lecteur cherche à se débarrasser de tout ce qui ne ressemble pas à ce qu'il a déjà lu. Lire n'est pas nécessaire pour le corps (cela peut même se révéler nocif), seul l'oxygène l'est. Mais un bon livre oxygène l'esprit.

L'art de danser sa vie

Où est passé Miron dont la poésie continue
à cheminer en nous jusqu'à prendre des proportions
qui dépassent nos dimensions personnelles
et tristement humaines ? Jusqu'à déborder
nos frontières territoriales. L'œuvre de Miron
s'élance par-dessus l'océan pour toucher les cœurs
dans des langues que nous n'entendons pas.
Ce Miron, je le cherche partout dans la vie.
Gaston, ta maison brûle. Il se matérialise subtilement
devant moi, près du carré Saint-Louis.

« Ci-gît, rien que pour la frime
Ici ne gît pas, mais dans sa langue
Archaïque Miron
Enterré nulle part
Comme le vent »

Cet « archaïque Miron » m'a longtemps habité.
Voilà un homme dans sa force et sa lumière.
Et cette lumière vient du ventre et non de la tête.
Miron a faim de toutes les musiques du monde.

Le voilà qui danse, entraînant avec lui son peuple
de rêveurs. Il traverse, à grandes enjambées, le carré
Saint-Louis en effleurant les arbres de sa paume
largement ouverte. C'est une caresse à laquelle
ces derniers sont sensibles. Il semble parler tout seul,
mais en fait il ne fait que raconter son rêve à l'écureuil.
Arrivé devant la maison où a vécu Nelligan,
l'autre grand rêveur, son pas chancelle comme
un homme ivre de « gaieté verte ». Il se retourne
pour me glisser, avec son caractéristique rire de gorge :
« et tu ne peux rien dans l'abondance captive
Et tu frissonnes à petit feu dans notre dos ».
Un dernier pas de danse avant de se diluer
dans l'air matinal, entraînant avec lui ses amis poètes
longtemps disparus.

La vie n'est pas un concept

Un après-midi d'histoire

« La vie, dit ce jeune aristocrate, cette chose qui n'appartient qu'aux domestiques durant les lourdes heures d'après-midi d'été. » À l'époque je visitais un vieil ami, à l'heure de la sieste, et il me racontait son temps. Il était lors ministre des Affaires étrangères, et de ce fait voyageait beaucoup. Il se trouvait dans une ville d'eau, Baden-Baden, je crois, à causer au coin du feu avec un jeune aristocrate. Au fil de la conversation, il finit par comprendre que ce jeune homme de vingt-trois ans n'avait aucune notion du travail. L'idée que quelqu'un puisse être rémunéré, en échange d'une énergie dépensée au bénéfice de quelqu'un d'autre, lui était totalement étrangère. Il a toujours vu des gens s'activer sur son domaine et jamais il n'a remarqué un échange d'argent entre eux et son père. Les domestiques habitaient le château depuis presque aussi longtemps que les maîtres. Et mon vieil ami de partager avec moi son ahurissement de découvrir que jusque dans les années 50 quelqu'un pouvait vivre encore avec des notions qui dataient du Moyen Âge. Toujours ces deux catégories si proches et si éloignées à la fois : ceux qui ne sont pas obligés de travailler, et ceux qui voudraient travailler mais ne trouvent pas de travail. Le premier groupe est heureux de ne rien faire. Et pour meubler ce temps, toute l'intelligence occidentale s'est activée. Et trouve des termes raffinés pour désigner les choses. La cuisine devient la gastronomie. On tient en vie le théâtre et l'opéra qui, sans cette élite d'argent et de culture, seraient bien morts, les voyages en première classe, l'art contemporain, le petit-déjeuner au Ritz, etc. Le second groupe regarde les nuages avec amertume en attendant un changement qui n'arrivera sûrement pas. Malgré tout, mon vieil ami et moi, plutôt lui, on avait l'impression d'avoir frôlé l'univers de Proust. Ces gens qui considéraient l'Europe comme une grande propriété qui leur revenait de droit. Est-ce pourquoi les questions de généalogie leur tiennent tant à cœur? Le legs, si vous y touchez, on vous saigne. C'est ce qui leur permet de mener une pareille vie. Ils traversent une Europe galante, de salon en salon, en écoutant de la musique jouée par des domestiques qui s'appellent Mozart ou Schubert, enfin tous ceux qui sont obligés de gagner leur vie. C'est, à leurs yeux, un monde tout simple où ceux qui ne font pas partie de leur famille ne peuvent être que des domestiques. Les artistes sont tolérés tant qu'ils les amusent. Mais ces gens qui ont toujours eu tout ce qu'ils désirent ne sont pas faciles à amuser. Ils sont comme les enfants qui ne peuvent s'empêcher de bâiller dès qu'ils s'ennuient. Ils n'obéissent pas aux règles sociales qui ne sont faites que pour les manants et les bourgeois. De l'autre côté du petit lac où des jeunes gens font du canoë, les autres s'échinent pour survivre; ils s'entre-tuent pour ramasser les miettes qui tombent de la table des gens du château. Dans cinquante ou soixante-dix ans, peut-être plus ou peut-être moins, il y aura un autre mouvement populaire qui inquiétera les jeunes filles en jupettes durant leur match de tennis, mais cela finira par s'apaiser, et tout rentrera dans l'ordre. C'est-à-dire que les deux groupes se retrouveront de nouveau séparés par un petit lac couvert de cygnes, et on entendra les cris aigus des jeunes filles qui remontent sur le terrain de tennis pour reprendre la partie, comme si elle n'avait été perturbée que par une simple ondée.

Le saumon angoissé

Je me suis réfugié dans un coin tranquille de ce petit café que j'ai découvert en flânant. On passe dans une rue toute boisée, bien calme, et on tombe sur un charmant petit bar d'une dizaine de tables avec deux ou trois jeunes serveuses à crinières colorées (bleu, rouge, jaune), toutes contentes d'avoir enfin un client. Elles ont continué leur conversation en me jetant, de temps à autre, un bref coup d'œil pour voir où j'en étais avec mon déshabillage : le manteau, le chandail, le foulard et les gants. Je passe une bonne partie de ma journée à m'habiller et à me déshabiller, à pénétrer dans des endroits chauds pour ressortir plus tard dans les rues glacées de cette ville qui m'habite autant que je l'habite. Et j'ai soudain compris pourquoi il ne pourrait y avoir de dictateur dans un pareil pays. La dictature est une plante tropicale qui ne tiendrait pas longtemps sous un tel climat. Et Hitler ? dites-vous. Hitler n'a pas été un dictateur pour l'Allemagne, il voulait faire de chaque Allemand le maître du monde. C'est un projet de dictature collective. Ce serait difficile d'implanter une dictature dans une société où le froid atteint parfois – 40 degrés avec le facteur vent. La glace nous emprisonne dans notre individualité au point d'éteindre en nous tout rêve collectif. Alors que la dictature a besoin de foules spontanées (en chômage) et bigarrées (légèrement vêtues), disponibles à toute heure, pour envahir les rues au péril de leur vie. Parfois sans savoir de quoi il s'agit ni qui tire les ficelles. Ces messes populaires, rythmées par les discours populistes, sont impossibles à organiser de manière aussi spontanée qu'on l'a vu dernièrement dans les capitales moyen-orientales, quand il fait trop froid et que la classe ouvrière reste encagée dans des usines d'où elle ignore s'il fait jour ou nuit dehors. Donc on n'aura jamais ici de dictature ni de révolution (les deux faces de la même médaille). Ce qui, tout compte fait, est une bonne chose. J'ai grandi dans ce genre d'univers contrasté et ce continuel haut et bas ne m'a apporté que vertige et nausée. Ces renversements de pouvoir au nom de la révolution, toujours suivis d'une nouvelle dictature, sont si semblables et si prévisibles qu'on se mettrait à la fenêtre pour regarder passer le défilé de ce carnaval s'il ne s'accompagnait pas généralement d'un bain de sang. Le sang de pauvres gens. C'est étrange, je sens de plus en plus que l'hiver fait partie de ma vie, qu'il est entré dans ma chair, qu'il s'est logé dans mon code génétique même. Mes filles, qui sont nées à l'hôpital Sainte-Justine de Montréal, adorent l'hiver. Quand j'avais quitté Montréal, effrayé par le froid, pour aller écrire à Miami, on avait apporté dans nos bagages un petit tableau de Miyuki Tanobe. Des enfants en train de se lancer des boules de neige dans la ruelle derrière leur maison. Tout est blanc. La neige couvre tout : les toits des maisons, les cours, les jardins, la chaussée. Mes filles ne cessaient de regarder le petit tableau. Et dans leur mémoire enchantée, elles ont fait de l'hôpital Sainte-Justine une petite ville charmante couverte d'un manteau de zibeline. L'hiver que l'une d'elles n'avait jamais connu, étant née en août et ayant quitté Montréal au tout début de septembre, l'habitait au point qu'elle souhaitait qu'il y en ait encore un en juillet quand nous arrivions à Montréal pour les vacances. Je fais le contraire de ceux qui ont leurs racines ici. Ils commencent par aimer l'hiver pour finir, à la fin de leur vie, par le maudire en filant dans leur roulotte fleurdelisée vers la Floride. J'ai d'abord détesté le froid, avant de fuir honteusement vers le sud, pour revenir plus tard vers lui. Disons honnêtement que, si je suis revenu à Montréal, c'est surtout pour sa vie culturelle intense, les multiples figures aimées et les nombreuses surprises que recèlent ses jours et ses nuits. Toujours mieux si on n'est plus un ouvrier.

Le goût des choses minuscules

Je suis toujours un peu étonné de nous voir mettre autant de passion dans nos idées et si peu dans notre vie. Cette vie que nous appelons presque avec dédain la vie ordinaire. Celle qui va si vite quand nous tentons de la retenir, ou qui ralentit sans crier gare jusqu'à devenir immobile, ou encore qui nous fait danser la polka quand on a un mal de dents. Nous nous enflammons pour des concepts abstraits tout en passant à côté du tumulte de la vie. Si cela continue, nous allons oublier le fait central que nous sommes d'abord des humains et que nous tentons, d'une manière ou d'une autre, de vivre sur cette planète où, étant donné la brièveté de notre passage, nous ne pouvons être que des locataires toujours occupés par la douleur, la passion, le travail, l'amitié, l'aventure, la haine, la joie, la peine et l'ennui. Joli programme que nous nommons avec une louable modestie la vie ordinaire. Encore du thé vert. Je sors mon calepin pour noter ces idées simples qui me passent par la tête et que Diderot appelle ses « catins ».

L'ENNUI — Je l'ai connu durant mon enfance, quand la vie ressemblait à une longue route qui se perdait à l'horizon, et qu'il pleuvait sans cesse depuis deux jours. Et qu'on m'interdisait d'aller sous la pluie à cause des orages tropicaux. Comment rester immobile quand notre corps frémit sous une telle poussée d'énergie ? La pluie tombait si dru que je me mettais à la fenêtre, comme un prisonnier, pour assister aux ébats des petits canards. Après, je me rendais sur la galerie afin d'observer la rue vide, cette rue toujours grouillante de paysans qui descendent des mornes entourant Petit-Goâve jusqu'au marché, près des casernes, où ils vont vendre leurs légumes. C'était mon spectacle favori. Et là, personne. Parfois un homme passait à cheval. Puis, rien. La rue, vide. La pluie, la pluie. La pluie. Et c'est pour m'évader de cette prison que je suis allé dénicher dans la grande armoire, sous les serviettes blanches, un bouquin dépenaillé. Je connaissais la cachette des livres qu'on m'interdisait de lire. Je me glissais alors sous le lit, et la pluie cessait immédiatement. Je pénétrais, effrayé, sur la pointe des pieds, dans l'univers trouble de D. H. Lawrence, en découvrant, page après page, qui était l'amant de lady Chatterley. Je ne comprenais pas grand-chose à ces jeux où l'érotisme se confond avec le pouvoir que confère une certaine classe, mais je sentais qu'il se passait là des choses d'une gravité exceptionnelle. L'impression d'avoir dérobé une des clés qui permettrait de quitter la prison de l'enfance pour entrer dans le monde des adultes. J'ignorais l'existence des classes sociales avant de lire Lawrence. Pour moi, il n'y avait jusque-là que des adultes et des enfants — on était dans un camp ou dans l'autre. D'une certaine manière, si j'ai découvert la littérature, c'est pour ainsi dire grâce à l'ennui qui accompagne la pluie.

LE TEMPS — Plus tard, j'ai connu une autre forme d'ennui. L'ennui qui naît d'une accélération ou d'un ralentissement du temps. Avant, je ne m'ennuyais qu'après deux jours de pluie, maintenant l'ennui vient n'importe où, après dix minutes d'attente. Il suffit que j'aie l'impression de ne pas pouvoir agir selon mon gré. La montre-bracelet ne se contente pas de signaler que le temps n'avance pas comme on voudrait, elle crée aussi ce nuage d'ennui qui va pourrir l'atmosphère. Parfois le temps file et on remarque alors la tristesse sur le visage de celle qui surprend l'autre en train de regarder sa montre. On est là au cœur de notre vie urbaine. Cette constante fragmentation du temps.

Disparition du temps collectif. Chacun sa vitesse. Et l'esprit perd ainsi sa liberté de mouvement. Même à deux, il est de plus en plus difficile de partager le même temps. La différence fondamentale entre la ville et la campagne : on y vit à des rythmes si différents qu'on a l'impression d'appartenir à des espèces distinctes. Et le fait de posséder les mêmes gadgets, de regarder les mêmes émissions de télé, de parler la même langue ou de faire partie du même pays n'y change rien. Cette distinction tient d'abord à la place qu'occupe le temps dans ces modes de vie. Les grandes villes ont besoin d'importantes populations pour fonctionner. Et le grouillement de ces gens à l'intérieur d'un même territoire accélère le pouls de la vie en créant du même coup un temps neuf. Si l'ennui dans ma petite ville de campagne m'a permis de lire et d'observer le monde qui m'entoure, qu'arrivera-t-il quand on aura chassé complètement l'ennui de notre espace vital en créant des villes de plus en plus survoltées ? Bien sûr que la vitesse distille son ennui particulier, mais il agit différemment sur l'imagination que l'ennui né de la lenteur.

DÉSIR ET TABOU — Plus excitant même que les vaticinations intellectuelles qui vont jusqu'à durer une nuit entière, plus physique que le sport le plus extrême, plus dramatique que le théâtre élisabéthain : tel est le désir. N'importe qui peut fantasmer sur n'importe qui à tout moment. Pourvu qu'il parvienne à retenir son enthousiasme. Un homme, avec une longue barbe noire et une calotte sur la tête, dans le métro croise le regard d'une femme assise en face de lui. Puis ferme les yeux pour se l'imaginer nue. La femme croit que l'homme est en train de prier. Voilà un malentendu provoqué par l'idée que l'on se fait de l'autre. La première exclusion vient du fait de penser que l'autre n'est pas comme nous. La religion, qui connaît l'être humain dans ses moindres replis, a vite pris la mesure du désir. Et de son potentiel explosif. Personne ne peut pénétrer dans la tête de l'autre, dans ce territoire intime où il n'existe ni morale, ni frontières. La religion en tentant de lui mettre des bâtons dans les roues, ne fait qu'exciter encore plus le désir. Cela me fait toujours sourire qu'on puisse imaginer que la religion avait éteint le désir chez nos grands-mères. Si ce commentaire ne concernait pas les grands-pères, faut-il croire que ces derniers ne faisaient l'amour qu'avec ce genre de femmes qui ne peuvent prétendre au beau titre de grand-mère? À elles la jouissance alors. Je crois qu'elles ont simplement gardé leur secret, souvent jusque dans la tombe. Je ne parle pas d'acte sexuel, je parle ici de fantasmes et de désirs. On sait que le désir est une pieuvre qui ne lâche pas sa proie. Dès qu'il franchit le seuil de notre intimité, il ne sort plus. Et finit par prendre tout l'espace. Le désir opère à l'aveuglette. Il s'infiltre dans les veines de sa proie avec la douceur et la puissance explosive d'une drogue dure.

L'AMITIÉ — Autant le désir vous travaille de l'intérieur, autant la joie effleure la surface de la peau. Elle m'atteint sur ce banc du petit parc, pas loin du café. Un rayon de soleil coupe ma page en diagonale. De temps en temps, je dois me protéger avec le journal. Je relève la tête pour voir un ami qui arrive au loin. Cet événement, en apparence banal, me soulève littéralement de terre. Je ne sens plus le poids de la vie avec ses règles strictes, ses difficultés épuisantes et sa misère scandaleuse. Le corps est plus à l'aise. L'ami s'assoit, à l'autre bout du banc, évitant ainsi de vous déranger dans votre lecture. Il ne dit rien, mais ce silence au lieu de vous éloigner vous rapproche. C'est un silence amical. La conversation commence doucement et ne s'arrête pas à un seul sujet. On passe du bœuf au poisson, comme d'autres passent du coq à l'âne. On reconsidère tout sans excès. Surtout sans précipitation. Les sentiments s'échangent avec fluidité. C'est un dialogue à mi-voix entrecoupé de longs silences qui permettent d'apprécier la douceur des choses. On se connaît assez pour ne plus espérer que la présence de l'autre.

L'art de regarder ailleurs

À notre insu, on oriente notre regard. Tout nous
pousse à regarder dans telle direction donnée.
On ne doit pas s'étonner d'être si nombreux à se sentir
aimantés par le même sujet, ou par le même objet.
Souvent un produit manufacturé ou une
de ces blondes à jambes interminables qui peuplent
les magazines sur papier glacé sentant le parfum
industriel. Ce que les chroniqueurs de mode
en foulard Hermès appellent les tendances
de la saison. Cela touche aujourd'hui tous les aspects
de la vie, même les plus intimes. Tout est tendance,
comme on dit. L'inventeur de cette manière de voir,
de sentir et de rêver la même chose au même moment
que l'autre, c'est bien Saint-Exupéry quand il définit
ainsi l'amour : « Aimer, ce n'est pas se regarder
l'un l'autre, c'est regarder ensemble dans la même
direction. » Et l'horizon indépassable de notre temps,
c'est le poste de télé placé au bout du lit. Et qui décrète
les tendances. Il est grand temps de se mettre
à la fenêtre pour regarder cette fois la pluie tomber.

L'aventure du voyage

Différents types de voyageurs

Encore au XIXᵉ siècle, l'aventure ultime était de se retrouver sur une île déserte. Ce fantasme nous habite à un tel point qu'il retrouve son écho dans le journalisme d'aujourd'hui. Chaque fois qu'un journaliste n'a pas préparé son interview, il vous demande immanquablement ce que vous emporteriez sur une île déserte. Il y a à peine un siècle, on était habité par la frénésie de découvrir des terres vierges et des peuples primitifs. Des continents, soi-disant sauvages, ont vu débarquer des hommes en sueur, portant le casque colonial, à la recherche des traces de civilisations disparues. Si on consulte les archives anglaises (les meilleures), on remarquera que l'aventure, dans un pareil contexte, est une passion surtout européenne. Et qui n'était réservée qu'à une cohorte d'ethnologues, d'anthropologues, de linguistes. Des savants souvent distraits mais toujours passionnés par l'animalité chez l'homme ou l'humanité chez les animaux. Laissons en plan ces savants inoffensifs pour retrouver une autre catégorie de voyageurs : cette oisive bourgeoisie en mal de sensations fortes. Les voyages duraient des mois, voire des années. Ils finissaient par se perdre dans la nature, un peu comme Holly Golightly, cette ravissante fille sortie de l'imagination de Truman Capote. Puis ce furent le tourisme de masse et les voyages en charter d'une dizaine de jours où l'on va renifler la misère avant de retourner vers son confort. Et là, aujourd'hui, ce sont les pauvres qui font le voyage souvent sans retour. La dernière grande aventure humaine, c'est d'épouser une culture jusqu'à risquer son identité. Pour cela, il faut se retrouver sans défense chez l'autre. C'est mieux si on est en état d'infériorité. Accepter d'être ce démuni qui descend dans les sous-sols froids et humides de l'édifice social pour faire marcher la machine industrielle. Et devenir soi-même, avec le temps, une machine à qui on a enlevé toute humanité. Pour finir dans la foule anonyme qui va au boulot et revient à la maison sans voir le soleil. Ce qui concerne cet univers arrive si rarement à la surface qu'on a fini par croire que ce monde ouvrier n'existait plus. Pour faire marcher cette lourde machine, il faut des bras sans tête. Des individus jetables pour produire toutes ces marchandises qui coûtent de moins en moins cher. Cette dernière aventure n'est réservée qu'à ceux que l'intellectuel martiniquais Frantz Fanon appelle « les damnés de la terre ». Voilà un titre qu'on ne pourra pas leur enlever, et une situation qu'on ne cherche d'ailleurs pas à changer non plus, et qui forment leur véritable identité.

Le voyageur dans sa chambre d'hôtel

C'est difficile de voyager avec l'idée d'avoir à raconter à quelqu'un d'autre ce qu'on vient de vivre. Et la meilleure façon de connaître un pays, c'est encore d'y aller. Tous nos sens, durant le séjour, restent à l'affût d'une anecdote savoureuse. On perd son temps à noter chaque détail exotique, alors que ce qui compte vraiment, ce sont les moments où il ne se passe rien. Comme cet après-midi si terriblement chaud qu'on a passé tranquillement dans sa chambre à faire la sieste en écoutant la rumeur d'un marché au loin. Pourtant, dès qu'on met le pied dans un nouveau pays, notre cerveau commence à repérer, à disséquer et à emmagasiner une montagne de détails qu'il s'empressera heureusement d'oublier au retour. Le corps vit la chose différemment et sait tout de suite que cette pluie de sensations, d'odeurs, de couleurs et de goûts si neufs s'appelle en ce moment Bamako. Dès que le voyageur arrive quelque part, il réclame deux choses : un lot de cartes postales locales (si c'est en Afrique, avec des girafes) qu'il trouve souvent dans la petite boutique de l'hôtel, et l'adresse du bureau de poste. Faire cette petite promenade constitue l'un des rituels du voyage. Il s'informe longuement, à la réception de l'hôtel, des mœurs du pays. On lui conseille de faire attention à son argent et à son passeport, sachant qu'un passeport canadien vaut encore quelque chose sur le marché local. Il veut savoir comment faire pour aller à Tombouctou ou à Mopti, car il entend se mettre en route dès demain matin. Tout bon voyageur doit savoir qu'il faut quitter au plus vite la capitale d'un pays du tiers-monde. Si, dans le Nord, ce sont les métropoles qui comptent (Paris, New York, Rome, Madrid ou Berlin), dans le Sud, il faut tout de suite se perdre dans la brousse ou s'enfoncer dans le désert. La seule grande ville du Nord qu'on s'empresse de quitter en arrivant, c'est Montréal, à cause de ces grands espaces québécois qui appellent irrésistiblement le voyageur européen, de la petite cabane canadienne, des ours, des baleines de Tadoussac et du rocher Percé. La bataille contre le folklore est impossible à gagner. Revenons à Bamako car notre voyageur a des problèmes avec la clé. Il s'énerve, les valises à ses pieds, se sentant pourtant si près du but. Il finit par ouvrir la porte, mais réintroduit la clé de nouveau dans la serrure pour découvrir qu'on ne parvient à avoir le déclic que par un subtil jeu du poignet qu'il sera le seul à connaître ici, à part les employés de l'hôtel. Il pénètre dans une chambre un peu sombre. Il y reste debout un moment à regarder dans le vague avant de percevoir finalement des masques bamilékés qui l'observaient dans l'ombre. Un petit frisson lui traverse le corps quand il pense à ces mauvais films d'aventures où l'on voyait des masques africains se mettre à bouger dans la pénombre. Il se place devant chaque masque pour l'analyser plus attentivement. C'est alors qu'il se produit quelque chose d'étrange, une impression de déjà-vu. Il se rappelle brusquement que de tels masques existent aussi en Haïti et se demande par quel miracle l'Afrique a pu survivre dans la culture haïtienne au point d'influencer son art. Il s'assoit un long temps sur le lit, sans penser à rien. Il ne fera aucun effort pour se faire accepter par les esprits qui habitent ce lieu.

L'identité du voyageur

L'identité multiple du voyageur se simplifie devant tout agent d'immigration : il devient subitement un Canadien, lui qui se croyait un Québécois d'origine haïtienne. Ou quelqu'un d'autre. Il se rappelle la phrase de Romain Gary quand ce dernier voulait changer de thème comme de manière : « Je veux faire tout autre chose sous un tout autre nom. » On ne devrait jamais brader cette liberté, même pour un peu de confort. Honnêtement, ce jeu de cartes d'identité qu'il sort de sa poche, selon l'interlocuteur, lui a permis d'être bien reçu un peu partout. En France, c'est sûr qu'être québécois ne nuit pas. En Afrique, où on lui a parlé avec fièvre de la geste haïtienne de 1804, c'est bien vu d'être haïtien. Mais presque partout dans le monde, le voyageur omettait de dire son lieu de résidence du temps qu'il vivait à Miami, ne se sentant pas assez états-unien pour se faire tuer à la place de Bush. Il continue son voyage dans la chambre, ne sachant pas encore que cette chambre est son vrai port d'arrivée, le seul pays qu'il pourra connaître à fond. Peut-être que c'est la seule façon de voyager. Les pays africains veulent aujourd'hui qu'on les perçoive comme des États modernes, mais certains propriétaires d'hôtels pensent encore à leurs clients qui, eux, rêvent d'un voyage dans un univers parallèle. Le voyageur découvre un grigri à l'intérieur d'une Bible, ce qui est étonnant dans un pays majoritairement musulman comme le Mali. Il reste un moment, tenant dans une main la Bible et dans l'autre, le grigri, à penser que seul l'écrivain malien Yambo Ouologuem (*Le Devoir de violence*, 1968) serait capable, en faisant télescoper les siècles de colonisations outrageuses et s'affronter sauvagement les religions, de faire revivre devant lui l'histoire incroyablement mouvementée du Mali. Mais il y a des problèmes d'un autre ordre dans cette chambre. Il perçoit un bruit bizarre (tous ses sens sont maintenant aux aguets) du côté de la salle de bains. Il y va prudemment pour découvrir une fuite d'eau sous le lavabo. Le voilà s'agenouillant afin de réparer la panne. Il remarque d'autres petites imperfections auxquelles il ne prête pas attention, se contentant de remettre en marche l'air conditionné, mais celui-ci fait un tel boucan qu'il a tout de suite compris pourquoi il était débranché. Il préfère ouvrir la fenêtre, et l'odeur et le bruit de Bamako l'atteignent alors de plein fouet. C'est ainsi qu'il s'approprie sa chambre, comme le ferait n'importe quel animal avant de partir à la chasse aux nouvelles sensations. Il doit, sans délai, régler la question de la carte postale. Cela pendant qu'il est encore un touriste, car dans quelques heures il changera d'identité. Le jeudi soir, il a l'habitude de se croire malgache, et cela sans avoir jamais visité Madagascar. La carte postale, c'est aussi la première preuve que vous n'êtes pas chez vous. Le voyageur sort alors un joli paquet de cartes postales montrant les sites locaux qu'il ira voir durant son séjour. Il retourne à sa chambre défaire sa valise, ranger ses vêtements dans l'armoire. Il s'installe devant la petite table bancale pour expédier, le sourire aux lèvres, en pensant à l'hiver là-bas, sa première salve d'impressions. Il parlera bien sûr du magnifique coucher de soleil malien, de cette chaleur insupportable (uniquement pour faire pleurer de jalousie ceux qui ont encore les pieds pris dans la glace), du langoureux fleuve Niger, de la fête du mouton, et du plaisir de boire une bière locale près de la piscine de l'hôtel. Ce sont des choses qu'il expérimentera plus tard, mais il découvrira tôt que l'une des surprises du voyage, c'est l'étrange relation qu'il nous permet d'entretenir avec le temps. Comme on est certain de ne pas mourir durant les deux prochaines semaines (surtout dans un pays étranger), on peut à coup sûr parier sur l'avenir. Bon, il arrive qu'un voyageur meure en chemin, et qu'on reçoive de lui des cartes postales racontant des aventures qu'il n'a sûrement pas eu le temps de vivre, mais cela reste très rare.

L'esprit de l'autre

Il porte un grand boubou bleu, se tourne vers moi en souriant, sans cesser de se caresser le pied gauche. On se regarde un moment sans rien dire, puis je m'assois à côté de lui, dans la cour de cet hôtel. Après un temps (dans les villes populeuses, c'est le silence qui permet aux gens de se créer un espace intime), il commence à parler doucement pour m'entraîner dans une savante explication des capacités infinies du bamanankan (le bambara, la plus importante langue du Mali) de traduire les concepts les plus subtils. Mon sourire trahit un léger doute qu'il a tout de suite perçu. Samba Niaré ourle alors cette phrase complexe (l'une des plus difficiles que j'aie entendues dans ma vie) qu'il traduit immédiatement en bamanankan : « Celui qui ne parle pas dans la parole au moment de la parole, sauf passé le moment de la parole et qui parle dans la parole, nous ne prendrons pas sa parole comme une parole ayant une tête en ce moment. » Traduction : « *Ni mogo min ma kuma tuma la fo kuma tuma temennen k'i be kuma kuma la An t'i ka kuma mine kuma kunma mine kuma kunma ye O tuma.* » Je n'avais pas tout à fait compris le texte en français, voire sa traduction en bamanankan. Le coefficient de difficulté augmente quand on sait qu'il y a des lettres en français qu'on ne trouve pas dans le bamanankan. Une conversation dans une langue africaine ne se limite pas forcément à des impressions à propos de la dernière pluie, de la mauvaise récolte, ou de la colère des dieux.

La valise

Je vois s'avancer vers moi un homme que je reconnais tout de suite. Je l'amène dans ma chambre où l'attend dans un coin une valise. Il se jette dessus, l'ouvre, fouille dedans et finit par trouver ce qu'il cherche si fébrilement : un volumineux manuscrit. Un de ces manuscrits qui ne soit pas passé par Internet. Il est né des entrailles d'une vieille Underwood. L'histoire a eu lieu à l'aéroport de Paris où un homme m'a abordé dans une langue inconnue. Après un moment, je finis par comprendre qu'il me prenait pour un de ses compatriotes. Apprenant alors que je suis d'origine haïtienne, il me fait la fête. Accepterais-je de prendre avec moi cette valise qu'il reprendrait arrivé au pays ? J'accepte sans hésitation (oui, je sais que c'est dangereux, mais comment refuser un service à quelqu'un qui vous récite un poème d'un poète de chez vous en plein milieu d'un aéroport bondé ?). J'expédie dans l'avion ma valise et la sienne, ce qui semble faire son bonheur. Il le manifeste bruyamment. Des remerciements interminables. Brusquement, il s'inquiète de savoir où je vais. Au Mali. Catastrophe ! Il va au Sénégal. Il s'élance, tentant de rattraper la valise sur le tapis roulant. On l'arrête. Drame. Ce grand gaillard se met à pleurer, affirmant que sa thèse de doctorat se trouve dans la valise et que c'est sa seule copie. On finit par aller prendre un verre, et je lui refile l'adresse de mon hôtel à Bamako. Reste le problème de la valise. Il me la décrit, mais elle n'est pas différente des centaines d'autres valises. Aucun signe distinctif. Arrivé à l'aéroport de Bamako, j'ai dû attendre que tout un chacun ait récupéré ses affaires pour me pencher sur la petite valise où se trouve la thèse de doctorat en mathématiques du Sénégalais. Où vont tous ces objets ou ces gens qu'on n'arrête pas de perdre durant toute une vie?

L'art de chercher sa mère

Je me souviens de ce petit garçon au regard effrayé
qui m'a tiré par la manche pour me chuchoter
à l'oreille : « Avez-vous vu une mère qui a perdu
son petit garçon ? » Cela m'a rappelé la mienne
que j'ai croisée, un jour, dans la rue. Je la rejoins
pour lui demander où elle va comme ça.
Je te cherchais, me fait-elle. Comment
espérais-tu me trouver dans une ville
de plus de deux millions d'habitants ?
Te voilà.

Carnet de guerre : notes prises à chaud

L'époque de la guitare hawaïenne

Il y aura toujours la guerre tant qu'on n'aura pas inventé une technique qui permettra de fuir les responsabilités de la vie quotidienne sans ressentir une once de culpabilité. Je sais qu'une minorité de gens y parviennent aisément, mais le reste de la population est encore englué dans un marécage de valeurs morales et n'arrive donc pas à mettre les voiles sans un pincement au cœur. Sauf pour partir à la guerre. Dans les années 60, on a voulu prescrire l'amour comme antidote à la guerre. « Faites l'amour, pas la guerre » était le manifeste d'une génération à la fois enthousiaste et naïve. Tout ça a disparu en même temps que la guitare hawaïenne. Mais la guerre, elle, n'est pas encore passée de mode.

— « Enthousiaste », je comprends, mais pourquoi as-tu ajouté « naïve » ? me demande cet ami difficile.

— Je trouve que c'est naïf de croire qu'on n'arrivera pas à faire ces deux choses à la fois.

— Quelles choses ?

— L'amour et la guerre… Il y a toujours un bordel pas loin de chaque champ de bataille.

Nuit d'angoisse

Bien que je ne vive pas en Irak, il m'est impossible de sortir de ce labyrinthe. Les Américains proposent à la fois la guerre et la démocratie, sans penser que l'une va difficilement avec l'autre. Dans cette armée américaine, le soldat qui blesse est parfois suivi du médecin qui soigne. Les bombes détruisent Bagdad pendant que les hommes politiques de Washington négocient la reconstruction du pays, bien entendu aux frais du peuple irakien. La démocratie et la dictature dansent ces jours-ci un tango au Moyen-Orient. Les États subissent des pressions énormes, et l'arme ultime, c'est encore l'argent. Des milliards sont ainsi distribués. Bush tente depuis l'explosion des tours de New York de corrompre tout le monde sur son passage. Les gouvernements comme les individus. Pour les individus, c'est moins perceptible. Seulement de temps en temps, une voix se tait ou se fait entendre tout à coup dans un autre sens. La guerre sur tous les fronts. Le problème, c'est que la télé donne la fausse impression que tout se passe sous nos yeux. Ce qu'on ne voit pas n'existe pas. Et quand il nous arrive d'éteindre la télé pour aller manger un morceau, voir une comédie au cinéma, ou simplement pour faire l'amour (je ne parle pas de ceux qui continuent de s'informer sans arrêter de faire l'amour), on a l'impression que la guerre s'arrête quand on se lève du fauteuil pour ne reprendre que quand on rallumera de nouveau la télé. Il faut quelquefois fermer cette télé si on veut réfléchir un peu. Tenter au moins de voir les choses sous un angle différent. Ce n'est pas chaque jour qu'on regarde la guerre sous l'angle d'un poète mort. Je crois que dans ces moments de crise aiguë où tout semble bouger sous nos pas, il est bon de prendre du large. Quand les comptables de la mort n'arrêtent pas de proposer des chiffres et d'évoquer, avec désinvolture, la douleur humaine, entendre un poète raconter son cauchemar personnel peut faire quelque bien. Roussan Camille (1912-1961) est né à Jacmel dans le sud d'Haïti. Il fait partie de cette génération de poètes qui ont vécu comme une « gifle » l'occupation américaine du pays (1915-1934). Ce sont des jeunes gens qui avaient une idée plutôt mondaine de la poésie, il est vrai, à une époque où les poètes en Haïti terminaient leur course plus souvent dans une ambassade comme attaché culturel que dans une prison, comme ce sera le cas pour la génération suivante, celle qui arrivera à maturité au moment où Duvalier occupera le fauteuil présidentiel. Ce fut une époque effervescente où les poètes noirs américains réanimaient Harlem *(Harlem Renaissance)*. Langston Hughes, avec ses doigts magiques, menait le bal du côté américain. Tous les étudiants savaient par cœur le poème *Nedgé* de Roussan Camille, dont les premiers vers (« Tu n'avais pas seize ans, toi qui disais venir du Danakil ») servaient de mot de passe pour fréquenter les clubs littéraires. On les récitait dans la nuit port-au-princienne parfumée d'ilang-ilang. Trop de succès finit par étourdir, et Roussan Camille sombra dans la facilité. Il buvait beaucoup, croyant, comme tous les jeunes gens inquiets de perdre la grâce, que l'alcool pouvait irriguer la poésie. Mais la poésie ne saurait naître de l'alcool puisque c'est elle le véritable alcool. Tout cela devrait finir à l'hôpital. Et c'est là que, durant cette terrible nuit du 16 juin 1948, à Port-au-Prince, ce jeune surdoué fit face à la mort. Le poème qu'il a écrit cette nuit-là, *Nuit d'hôpital,* est l'un des rares poèmes de cette époque à éviter le piège de la poésie décorative. Retrouvons le poète sur ce petit lit d'hôpital, et avec lui les accents de douleur d'une époque. Et peut-être même de la nôtre aussi.

Ô jungle contenue rien que dans l'embrasure :
Ce sablier si fier aux heures de grand soleil
N'est plus qu'une bête d'horreur dans la nuit
et qui galope
pour cependant ne point bouger de mon cauchemar
Notre-Dame des fièvres grande dame des angoisses
Ayez pitié des pensées qui s'affolent dans la nuit.

Le sablier est ce grand arbre tropical qui fait une musique assez gaie quand le vent joue dans ses branches. Et c'est aussi l'arbre du temps et de la mémoire. Le temps qui efface la mémoire. On a l'habitude de dire que celui qui passe sous un sablier oublie son passé.

Et voici que tous les arbres
Dont la parure attendrit la lumière,
Dont la forme ennoblit l'espace
Voici que tous les arbres
Contenus dans l'embrasure
Sont des monstres grouillants
Contre les continents des nuages
En marche vers ma solitude.
Notre-Dame des soucis,
Regardez ceux qui ne dorment pas.

Le poète est cerné de toutes parts par des ennemis qui furent des alliés naturels : les arbres. Il se demande s'il sortira de cette nuit interminable. Tout ce qui faisait son bonheur devient cette nuit source de douleur. Est-ce cela mourir ?

La chanson des enfants qui rêvent au carrefour proche
la mélodie de caresses de feuilles
que la brise élargit et prolonge
ne sont point musique

mais déchirement des entrailles de la nuit.

Notre-Dame des cœurs défaits,

sentez-vous le dernier feu de mon combat ?

La douleur devient insupportable. Et à l'aube, c'est la reddition. Le retour aux images pieuses et naïves de l'enfance.

Sœur Alice, revenez avec la morphine et l'opium.

Avec votre front de compassion

et vos mains de prières.

Je verrai l'Aurore monter de l'océan de vos yeux

où le Christ est aussi doux

que dans les songes bibliques

et tend une main grave

aux vagues des peines humaines.

Notre-Dame des fièvres, grandes dames des angoisses

ayez pitié des pensées qui s'affolent dans la nuit.

Je sens le retour de la poésie, seul art du verbe capable d'exprimer nos sentiments les plus intimes. Moi qui ne suis qu'un lecteur occasionnel de poésie, de plus en plus je recherche la compagnie singulière des poètes. Leur façon de regarder le monde m'émeut. Beaucoup de mes amis, ces jours-ci, se sont remis à la lecture des vers. Est-ce un retour de la poésie, comme après la Seconde Guerre mondiale, quand les dadaïstes, suivis des surréalistes, sautillaient comme de rusés diablotins sur les cendres encore chaudes de l'Europe ? Seule la poésie, qu'on la trouve dans la littérature, la musique ou la peinture, contient le silence nécessaire pour exprimer l'horreur.

La mémoire oublieuse

Se rappelle-t-on que tout ça nous a passionné, il n'y a pas si long-temps déjà ? On était tendu devant la télé à suivre des événe-ments sanglants qui semblaient mettre en péril l'équilibre du monde. Puis le temps a passé, et on a changé de centre d'intérêt. La femme est retournée à la cuisine préparer le repas. Le mari au bureau, tard le soir, pour travailler sur un dossier qui possède de longues jambes et une bouche frémissante. Les choses n'ont pas bougé malgré quarante ans de brûlant féminisme. On continue notre vie de plus en plus étroite, et par les médias on reste informé de tous les drames du monde. Ce qui nous fait changer sans cesse de format. On navigue continuellement entre petite vie personnelle, d'un côté, et guerres effroyables, de l'autre. Nos vilénies quotidiennes ne tiennent pas le coup face à ces monstres responsables de charniers qui défilent constamment sur le petit écran. Cela crée au fil du temps un durable complexe d'inférior-rité et une morale de plus en plus molle (à part un meurtre et un viol, tout nous semble assez mineur). D'un autre côté, je me demande si tout ça a un sens. On s'excite, on regarde des images insoutenables de guerre, des gens meurent, des vies sont brisées, des familles éparpillées, et puis le pouvoir change de camp aux États-Unis (tous les fils sont reliés au Bureau ovale) et on oublie tout. Comme si rien de tout cela n'était jamais arrivé. Effacé en une minute, la minute où un nouveau président démocrate remplace un républicain. Oublié plus rapidement qu'une comé-die musicale qui n'a pas eu de succès à Broadway.

Le plus grand théâtre

À ceux qui aiment le théâtre, que peut-on proposer d'aussi fort que cette pièce où la scène est si vaste qu'elle peut occuper un pays complet ou le monde entier ? Au XXᵉ siècle seulement, ce drame fut joué, à guichets fermés, en Europe (avec une tournée au Japon) durant deux longues saisons : de 1914 à 1918, puis de 1939 à 1945. Une autre fois, il y a quelques siècles, une guerre a tenu l'affiche pendant près de cent ans avec des vedettes aux noms étranges de personnages de cirque : Richard Cœur de Lion et Jean sans Terre. À l'époque, un soldat, vers la fin d'une vie bien remplie d'affrontements, passait ses soirées à soigner ses blessures tandis que sa femme, au coin du feu, reprisait de vieux bas de laine. On pouvait être en guerre durant si longtemps que ça devienne un mode de vie. La guerre était le centre de tout : la cuisine, les fêtes, les rituels religieux, les taxes, la ceinture de chasteté, l'amour, la patrie, l'art, la mort même. La guerre est aussi une passion universelle dont les racines remontent à l'affrontement entre Caïn et Abel. Ses tentacules couvrent toutes les époques et tous les pays. Mais contrairement à une pièce de Shakespeare, les morts ne se relèvent pas à la fin pour se faire applaudir. Et si la morale prend une éclatante gifle avec le droit de tuer, l'amour n'est pas exclu de ce jeu cruel, car des lettres passionnées, écrites par des hommes frustes qui n'avaient jamais murmuré auparavant un seul mot doux à leur compagne, volent du front jusqu'à la maison. À l'affiche encore aujourd'hui, même dans les régions les plus éloignées du monde, le plus fascinant spectacle, celui dont l'argent est le nerf.

La terre et l'argent

Avant toute discussion, avant de savoir qui a tort ou qui a raison, la grande question, c'est à la guerre elle-même qu'il faut la poser. C'est quoi cette histoire ? Pourquoi la moindre violence qui se fait en notre présence nous répugne à ce point, alors que nous acceptons la guerre comme si c'était une fatalité ? Nous sommes cette génération végétarienne qui refuse qu'on tue un poulet dans un film, alors que nous nous assoyons tranquillement devant la télé pour regarder la guerre. Naturellement nous ne sommes pas d'accord, mais que faisons-nous pour dire notre désaccord ? Pas grand-chose. Et quand nous le clamons, on nous répond, par la bouche des experts en géographie, en économie, en histoire et en stratégie militaire, que c'est plus compliqué que nous ne le croyions. En fait ce n'est pas du tout compliqué : c'est simplement quelqu'un qui tue légalement un autre. Un enfant peut comprendre ça. Ce qui est compliqué, ce sont les raisons qu'on se donne pour tuer. Il y a deux grandes raisons qui sont à la source de toute guerre : la terre et l'argent. Les paysans sont attachés à la terre. D'où le nationalisme du sol. L'argent : ce sont ceux qui font du fric en vendant des armes. La guerre est une si bonne affaire qu'il faut entretenir constamment. Souffler sur le feu. C'est bon pour l'État. Un gouvernement en guerre ne connaît pas d'opposition. C'est aussi bon pour les marchands d'armes. C'est surtout bon pour tout système qui se nourrit de la peur de son peuple ou du pétrole de l'ennemi qu'il s'est inventé.

En somme, c'est bon pour tout le monde, sauf pour les petits soldats qui vont crever sans même savoir pourquoi. Le carburant de la guerre, c'est la haine. D'où vient cette haine ? Des mères des pauvres soldats qui ne peuvent diriger leur fiel contre leur propre gouvernement qui a envoyé leur fils (toujours les premiers à tomber) à la mort. Alors elles font siffler cette haine sur la tête de celui qu'on lui a indiqué comme étant son ennemi. Et elles exigent que toutes les autres mères du pays livrent au moins un fils ou une fille au monstre insatiable. Mon fils est mort, ton fils aussi doit mourir — ça s'appelle le patriotisme. Et ça n'a pas de fin. Et ça fait sourire les marchands d'armes en route vers la banque. Et les généraux planqués, et les sénateurs ventrus. Et tous ces vampires qui trinquent dans leur bunker. C'est le peuple qui meurt, et c'est encore la haine du peuple qui nourrit la guerre. Cela fait un moment qu'on n'a pas entendu dire qu'un général était mort à la guerre. Il fut un temps où c'était une honte pour le général de mourir dans son lit. Cela fait un temps qu'on n'a pas entendu dire qu'une vraie vedette était morte à la guerre — pourtant elles n'ont que violence à la bouche, cette violence artificielle des vidéoclips. Cela fait un temps qu'on n'a pas entendu dire qu'un intellectuel connu était mort à la guerre. Ni un fils de la grande bourgeoisie (ou même un fils de ministre, ou un jeune prince). Il y a des corps de métier qui sont épargnés. Qui meurt à la guerre, aujourd'hui comme hier ? Ce sont les fils du peuple. La valetaille. Cette culture, la nôtre, voudrait que nous ne ressentions rien si nous ne sommes pas concernés. Comment le serions-nous quand ceux qui meurent à la guerre n'ont jamais de noms ? Ce sont des soldats ou des civils, d'un côté. Des terroristes, de l'autre côté. On tue plus facilement ceux qu'on ne connaît pas (on n'a donc pas intérêt à savoir qui ils sont). Bien sûr qu'il y a un grand rituel de funérailles avec chaque fois une rangée de cercueils couverts du drapeau national aux pieds des veuves consolées par des ministres pressés de retourner à leur limousine. Ce sont tellement les mêmes gestes du même rituel qui reviennent qu'on a l'impression qu'on nous repasse le même film depuis des décennies, et que tous ceux qu'on voit sur l'écran sont eux-mêmes morts depuis longtemps. On montre la mort, mais on cache les corps morts. Personne n'a jamais vu à quoi ressemblent ces corps qu'on ramène dans de gros porte-avions. Sont-ce vraiment des corps? Si oui, dans quel état sont-ils? Et pourquoi ne les voit-on jamais? On les a envoyés à la boucherie, c'est notre devoir de regarder en face ce qu'en a fait le boucher. On nous montre tant de choses en détail, des choses qui ne nous intéressent pas (nous faisant entrer parfois dans la chambre à coucher des gens sous prétexte de scandales politico-sexuels), alors qu'on évite de montrer ce qu'on voudrait voir. Montrez-nous les corps. On veut les voir. Ils n'appartiennent plus aux veuves, mais à tous ceux au nom de qui ils sont allés là-bas. La guerre dit une seule chose : notre société repose sur une immense fumisterie. Nous n'avons pas fait un seul pas. Rien n'a bougé depuis le néolithique. Et je n'ai pas envie d'entendre vos raisons. Je me demande, comme je me suis toujours demandé, comment on a pu envoyer des gens tuer d'autres gens qu'ils ne connaissent pas tout en continuant à parler de morale, de lois, ou même de Dieu. Comment on a pu nous convaincre d'accepter un pareil paradoxe. On disait qu'il fallait un psychiatre pour ceux qui reviennent de guerre, parce qu'il leur est difficile de comprendre qu'ils n'ont plus le droit de tuer. Ou parce qu'on ne tue pas impunément — les terribles nuits des soldats à leur retour. C'est qu'en tuant on brise l'un des plus puissants tabous qui soient. Et on s'attaque à un droit de nature divine. On invoque les dieux pour retirer des mains des hommes un pareil pouvoir. Mais la plus sinistre plaisanterie, c'est encore de faire la guerre au nom de la paix. Et cette paix s'appelle la paix du cimetière.

La résistance était toujours là

Il m'arrive de me demander à quoi tient ce monde étrange. Car le fil semble parfois si mince. Qu'est-ce qui nous empêche de basculer dans l'horreur absolue ? Quand on sait que tout cela s'accumule et qu'une horreur n'efface pas l'autre. Et la terreur de celui-ci n'annule pas la violence de celui-là. Cela s'additionne. Et l'enfant qui vient de naître hérite de cette surabondance de sauvagerie. À propos d'enfant : autrefois il y avait ce tabou, le tabou de l'enfant. On semblait tous d'accord pour le garder hors de nos querelles. Plus maintenant. Les enfants meurent, des deux côtés, sous les bombes ou les roquettes. Et personne ne semble s'en offusquer. On trouve cela presque normal. Nous sommes devenus définitivement malsains pour l'espèce. Alors pourquoi ne basculons-nous pas dans l'horreur absolue ? Pourquoi y a-t-il encore des zones épargnées ? À quoi tient ce difficile équilibre ? À des lois ? Oh, elles sont toutes bafouées par ceux qui sont placés pour les faire respecter. À des coutumes ? Tout cela peut être balayé, à tout moment, par une plus grosse vague de colère patriotique. À la religion ? Alors là, elle est au cœur de cette tragédie. Et ce n'est pas sur la religion qu'il faut compter pour éteindre ces feux, elle qui nous terrorise déjà avec le feu éternel. La menace de l'enfer est la première manifestation de la terreur dans la vie d'un chrétien. Quant à l'islam, n'en parlons pas. Alors sur qui peut-on compter ? Sur cette vieille résistance humaine contre la terreur archaïque. Nous rappelons qu'un terroriste est un individu ou un État qui exerce une terreur quelconque sur un autre individu ou un autre État. On a tendance à croire que c'est une situation contemporaine, alors qu'il s'agit d'une des plus vieilles habitudes humaines : terroriser l'autre. C'est vrai également que la résistance est aussi vieille que la terreur. Et pour survivre, elle a dû se cacher partout : dans le moindre silence comme dans chaque éclat de rire. Et pousser aussi partout, comme elle peut, comme la mauvaise herbe. Je me souviens qu'enfant j'avais lu que le président américain pouvait, simplement en pressant un bouton rouge, faire sauter la planète. Cela m'avait terriblement angoissé pendant des jours. Finalement, n'y tenant plus, je me suis ouvert à ma grand-mère qui m'a caressé le front un long moment, effaçant cette fièvre, tout en me parlant d'une voix très douce : « C'est possible qu'il ait ce pouvoir, mais il ne pourra jamais l'exercer. » « Et pourquoi, Da ? » « Parce que c'est comme ça. » Je ne sais pas pourquoi, mais j'avais parfaitement compris ce qu'elle voulait dire. Cela n'a rien à voir avec la foi ou l'histoire, mais plutôt avec cette vitalité toute frétillante qui semble surgir à tout moment autour de nous. Avez-vous remarqué cette lueur dans les yeux d'un enfant ? Personne ne peut éteindre cela, d'un seul coup, à tout jamais. Juste en pesant sur un bouton, même rouge. Et ma grand-mère n'avait pas besoin de me faire un cours de biologie, d'ethnologie ou de psychologie. J'avais tout compris. Il y a eu cet exemple concret du dictateur de l'époque qui terrorisait les gens. Il voulait devenir le centre de nos vies. Qu'on l'aime ou le déteste, c'était à lui qu'il fallait penser nuit et jour. Avec cette main qu'elle gardait constamment sur mon front pour effacer les fièvres de l'angoisse, ma grand-mère a pu opérer ce miracle : me soustraire aux griffes du cyclope. Ce que j'ai traduit plus tard par ceci : « Ce n'est pas en détestant le dictateur qu'on le combat le mieux, mais en devenant heureux malgré lui. » Le bonheur est la subversion absolue. Ce bonheur ne doit nullement être confondu avec l'insouciance. Car il a été conquis de haute lutte. J'ignore jusqu'à aujourd'hui tous les sacrifices consentis par ma grand-mère pour que mon enfance soit ainsi épargnée. Par contre, je sais bien ce qui s'est passé plus tard avec ma mère. Après mon séjour à Petit-Goâve, j'ai rejoint ma mère à Port-au-Prince. Je me souviens de mes dernières années en Haïti quand je ferraillais encore dans un hebdomadaire contre le dictateur. Je rencontrais mes amis, tard la nuit, dans des bars interlopes où se retrouvaient aussi des sbires du pouvoir. On discutait littérature, politique, peinture, sport et jeunes filles, autour d'une bouteille de rhum. Atmosphère hautement dangereuse. En rentrant, chaque nuit, vers deux heures du matin, je trouvais ma mère assise sur la galerie, près d'un massif de lauriers, qui m'attendait avec un sourire où perçait l'angoisse. Cette liberté de mouvement à la barbe du dictateur qui nous terrorisait, eh bien elle a été possible, du moins dans mon cas, parce que ma mère était restée aux aguets sur la galerie. Ma liberté dépendait de la vigilance de ma mère et de son amour inconditionnel pour moi. Elle n'avait qu'à dire qu'elle avait peur pour me couper les ailes. Elle ne l'a jamais fait. C'est cette forme de résistance qui empêche le monde de sombrer dans les ténèbres où les puissants veulent le voir. La main de ma grand-mère qui efface les fièvres causées par l'angoisse. Le sourire douloureux de ma mère qui m'accueille du fond de la terrifiante nuit. Les femmes m'ont permis de rejoindre l'aube.

L'art du futile

C'est un appartement parisien assez encombré
de livres, d'objets d'art et de souvenirs de Bagdad.
De la cuisine m'arrivent les effluves
d'une gastronomie millénaire. Inaam Kachachi
est une journaliste irakienne, correspondante à Paris
de plusieurs quotidiens arabes, qui vient de publier
une radiographie de son pays faite par des femmes
(*Paroles d'Irakiennes,* 2003). Assise sur le canapé,
avec ses grands yeux liquides, elle me raconte
que le lendemain de l'opération *Choc et Stupeur,*
quand Bush a jeté 1 500 bombes et missiles
sur Bagdad, elle a pu joindre sa mère
de quatre-vingt-quatre ans qui semblait si désolée
de ne pouvoir retrouver son matériel de maquillage
perdu dans tout ce chambardement. La futilité
est peut-être la plus émouvante forme de courage.

Les révolutions silencieuses

Une montagne de choses minuscules

Je ne sais pas quand on a commencé à croire qu'une révolution se fait toujours avec des armes, des explosions, du sang et qu'elle se déroule généralement sous nos yeux. D'ordinaire, les contemporains ignorent qu'ils sont en train de préparer quelque chose dont on ne sentira l'impact que plus tard, dans dix, vingt ou cinquante ans. Ce qui constitue la trame de notre vie actuelle a été tissé dans le passé. Notre vie ne trouvera sa pleine légitimité que bien longtemps après notre mort. Nous faisons tous quelque chose. Même les plus fainéants. Chaque activité, si minuscule soit-elle, répond à une demande. Si on pouvait s'élever pas trop loin dans le ciel, on verrait la tapisserie complète. Et on comprendrait que ceux qui s'activent et ceux qui refusent de faire le moindre effort obéissent, sans le savoir, à un ordre strict. Si tout le monde s'activait sur un espace aussi restreint, sans aucune poche de résistance, cela provoquerait une surchauffe. Si le passé ne trouve son sens que dans l'avenir, on se demande alors ce qu'est le présent. Une usine qui travaille, à plein régime, à produire de ces choses si minuscules qu'elles sont difficilement repérables à l'œil nu, mais dont la masse finit par changer, à notre insu, notre quotidien. L'image la plus exacte que j'ai de ça remonte encore une fois à l'enfance. Les après-midi passés à observer les fourmis sur la petite galerie, avec ma grand-mère assise pas loin. J'étais fasciné par cette intense activité. Quelque chose m'a toujours gêné avec les fourmis : elles ne font jamais la sieste. Un univers irrespirable. Est-ce pourquoi elles n'ont aucune notion du temps? Elles gardent le même rythme sans faiblir, ce qui fait du temps leur présent éternel.

La pièce de bœuf et la cigarette à la même table

Il y a d'autres logiques, je dirais plutôt d'autres structures, que celles que nous pouvons percevoir. Ces structures profondes nous régissent d'autant plus que nous n'arrivons pas à les distinguer du mouvement naturel de la vie. Et pourtant elles ont un rythme propre. Ce sont des organismes vivants. Leur moindre mouvement provoque des révolutions dans nos manières de penser et d'agir. En général nous percevons ces révolutions quand elles ont terminé leur cycle et qu'une autre déboule. On a peine à comprendre pourquoi brusquement tout le monde se met à bouger sur tel rythme, se passionne pour tel parfum comme si les autres (rythmes et odeurs) n'existaient pas. Même si des années plus tard, comme cela se produit chaque fois, on reste abasourdi devant le fait qu'une ville entière ait pu se passionner à ce point pour le rose bonbon. Pourquoi la minijupe est réapparue si tardivement alors qu'elle avait déjà connu un succès fou dans l'armée de Jules César où soldats et officiers la portaient en cuir et en tissu, et cela sans la moindre gêne ? Plus intrigante fut sa disparition. Et d'autres révolutions, minuscules en apparence, qui ont ébranlé notre manière d'être beaucoup plus que celles qu'on porte aux nues. Souvent, les révolutions sanglantes et éphémères en cachent d'autres plus discrètes mais plus durables. Une vraie révolution montre rarement son visage. Cela prend parfois des siècles pour que les historiens la découvrent sous un fatras de fausses révolutions. Nous ne percevons une révolution que quand il y a des dégâts dans le paysage. Alors qu'il y en a qui se nourrissent de discussions interminables et qui finissent par entraîner des changements sociaux importants (le féminisme). Pire (ou mieux), par nous modifier. Ces révolutions s'adressent directement à l'individu, et non aux classes sociales ou aux États. Je me souviens de la première guerre civile à laquelle j'ai assisté, vers la fin des années 70. Une telle chose ne pouvait se passer, surtout à une pareille ampleur, qu'en Amérique du Nord. Comme toute guerre civile, elle divisait le pays en deux groupes inégaux. La raison de cette guerre, pour les Grecs ce fut Hélène, mais pour nous c'était un carré de bœuf. Ou tout autre morceau de viande. Je dis un carré de bœuf pour faire plus d'effet. C'était bien la guerre entre ceux qui refusaient de manger de la viande et ceux qui en mangeaient à satiété. Trop même, disaient les nutritionnistes. Ceux qui n'en mangeaient pas étaient des herbivores, et ceux qui en mangeaient, des carnivores. Pas différent d'un litige religieux. Sauf que si la religion fleurit dans les pays pauvres, le bœuf brille par son absence — sauf en Inde où la vache est sacrée. On était, ce soir-là, autour d'une table accueillante où trônait une immense pièce de bœuf. À un moment donné, un des convives a murmuré quelque chose à l'oreille de l'hôtesse, qui est sortie pour revenir quelque temps plus tard avec un plat de poisson aux légumes. Ce geste banal a été suivi d'un silence qui résonne encore en moi (je venais d'arriver à Montréal et n'étais pas encore accoutumé au silence nord-américain). Il y a de ces silences qui disent plus qu'un long monologue du troisième acte. Puis quelqu'un a voulu savoir si le poisson n'était pas un animal aussi honorable que le bœuf. Et ce fut la plus violente bagarre idéologique à laquelle il m'a été permis d'assister. Je suppose que la guerre du Vietnam a dû provoquer de pareilles échauffourées mais, étant encore adolescent en Haïti, à l'époque, je ne peux témoigner. Par contre, à Port-au-Prince même, dans des endroits clandestins dont je n'ose jusqu'à aujourd'hui dévoiler l'emplacement à cause de tous ces dictateurs qui reviennent simplement pour corroborer la thèse du retour éternel si chère à Nietzsche, j'ai été témoin de bagarres entre maoïstes et trotskistes, sur des points de détail. Ah, ces sanglants points de détail. Peut-être à cause de la proximité du dictateur qui, par sa présence inamovible, leur rappelle la réalité, j'ai vu ces ennemis irréductibles se découvrir enfin des points communs. Alors que, ce soir-là, les carnivores et les végétariens n'ont pas bougé d'un iota de leurs positions. Une animosité restée toujours courtoise, mais d'une courtoisie qui ne tenait qu'à un fil. S'ils ne s'étaient pas sauté à la gorge, c'est parce qu'il y avait un choix possible. Si vous ne vouliez pas la viande, le poisson arrivait à la seconde. Alors qu'en Haïti ce ne pouvait être que bœuf ou poisson, jamais les deux au même repas. Finalement, le feu a baissé mais pour se rallumer tout de suite après à propos de la cigarette. Un carnivore (les végétariens sont souvent non-fumeurs) a, pour se venger, allumé une cigarette. Ce qui m'étonne, c'est l'enchaînement de ces mouvements d'humeur, comme si on se servait de ces causes pour exprimer un désaccord plus intime. Pendant qu'on était distrait par cette guerre intellectuelle (un couteau mais pas de sang) qui opposait le règne animal au règne végétal, s'en terminait une autre aussi sanglante. Celle qui opposait les fumeurs aux non-fumeurs. Et je dois dire que personne ne l'a vue venir, pas même les compagnies de tabac. On était si habitué à la cigarette qu'on se croyait fait de chair, d'os et de fumée. La fumée était en nous au point que le poète Serge Gainsbourg affirmait que si l'on vit aujourd'hui plus longtemps qu'avant, c'est parce que l'alcool et la fumée conservent la viande. Et là brusquement la guerre était finie avant même de vraiment commencer. Elle était finie quand on a vu l'Italie rendre les armes sans combattre. C'était la fin d'une époque, d'une ère même. Car la cigarette avait survécu à nombre de révolutions. On est passé de l'anarchiste Italie à l'obéissante Italie. Les révolutions se préparent en nous, même celles qui sont contraires à notre nature. Est-ce pourquoi on les reconnaît dès

qu'elles apparaissent ? Elles ne ressemblent pas à ce qu'on attendait. Ce siècle a onze ans aujourd'hui et une nouvelle révolution,
dont on ne sait quelle forme elle prendra, est en train de germer.
Ne cherchez pas dans ce que nous connaissons. Elle s'apprête à
nous étonner. Et si tout d'un coup tout ça tombait ? Tout ça
quoi ? Ce monde virtuel. Internet, Facebook, et consorts. Si on
revenait à l'artisanat (je ne parle pas de macramé, ni de commune) ? Si nous utilisions de nouveau nos mains, cet outil formidable ? Si on les laisse inemployées, elles vont finir par oublier
ce qu'elles savent. Tout un pan du savoir humain se retrouve
dans nos mains. Ce serait déjà une jolie révolution si on pouvait
aller prendre un verre de vin rouge dans un bar du coin, sortir
son livre de la poche de son veston, commander un café noir,
puis lever les yeux vers ce voisin de table qui nous regarde depuis
un moment en silence, et qui n'attend que ce mot de passe pour
s'animer : bonjour.

Le fleuve d'Héraclite

L'une des plus vieilles et des plus puissantes métaphores de tous les temps. Héraclite d'Éphèse imagine le temps comme un fleuve où l'on ne se baigne jamais deux fois dans les mêmes eaux. Vraiment le genre de déduction, simple et évidente, qu'on aurait pu faire par un jour de pluie. Je me sens de plus en plus liquide quand je pense à Héraclite. Et je ne suis pas le seul à se sentir dans cette disposition depuis que notre ami a lancé sa métaphore devant le vaste public des siècles. Ce « je » englobe alors l'ensemble des fans d'Héraclite. Me voilà devant un cours d'eau, ce matin, et je deviens peu à peu songeur en réalisant que ce n'est pas le fleuve qui coule à mes pieds mais le temps. Le temps fluide et libre, sans mémoire, le temps implacable aussi qui emporte tout sur son passage. Sauf que c'est un peu tard car Héraclite a eu l'idée longtemps avant nous, nous précédant même de plus de deux millénaires. L'ego se ratatine. Mais si cette image nous paraît si cristalline aujourd'hui, c'est parce qu'elle nous arrive arrondie par des siècles de discussions passionnées et parfois orageuses. Faut dire que tout est matière à polémique dans ce monde grec fait de philosophes chatouilleux. L'esprit grec, disons l'esprit humain, est ainsi fait qu'il n'accepte pas facilement une opinion qui n'émane pas de lui. Il faut ajouter à cette liste les esprits terre à terre, toujours rétifs à ce qui provient de l'imagination, et qui semble oublier que tout a été pensé, rêvé, imaginé, avant de prendre corps dans notre vie. Je vois d'ici l'Athénien moyen (en fait un esprit sceptique) qui prend l'affaire à la lettre en supposant qu'Héraclite ne faisait qu'annoncer un traité d'hygiène publique où le fleuve jouera un rôle important. Il y perçoit même une incitation de la part d'Héraclite à se baigner dans le fleuve plutôt que dans un bassin où l'eau immobile serait une source riche de maladies. Ce contribuable grec ne voit là rien de moins qu'une révolution dans le domaine de l'hygiène publique qui, il faut dire, a toujours été une préoccupation constante de l'État athénien. Peut-être qu'il y a du vrai dans cette analyse, car ces Athéniens, qui sont souvent poètes et mathématiciens, ressentent toujours les choses sur au moins deux plans : rêve et réalité. Héraclite lui-même a noté, cette mystérieuse déduction qui ne finit pas de me réveiller la nuit, que « l'homme qui dort construit l'univers ». Le verbe *construire* est assez précis pour qu'on ne le prenne pas à la légère. Il aurait pu dire que « l'homme qui dort rêve l'univers ». Les mathématiques ont toujours intéressé les philosophes de cette époque pionnière. On comprend aujourd'hui en analysant leur manière de penser et de rêver que si leur vision du monde a traversé si aisément les siècles, c'est parce qu'ils ne mettent pas tous leurs œufs dans le même panier. La métaphore héraclitienne, depuis cet après-midi ancien, a été citée, analysée, réinterprétée par toutes sortes de gens, et à toutes les époques. Un cinéaste l'a même travestie pour le titre de son film : *La vie est un long fleuve tranquille.* Cela dépend de votre situation car il y en a pour qui cette vie est un tumultueux fleuve de boue et de sang. On sait qu'un fleuve trop tranquille devient vite aussi stagnant qu'un bassin d'eau, et en prenant cette tangente on s'éloigne de la métaphore fluide d'Héraclite. Je suppose que c'est devant un de ces bassins qu'un autre Grec s'est mis à « se méfier de l'eau qui dort », créant ainsi une communauté de paranoïaques. Mais revenons au fleuve d'Héraclite. Je reste encore étonné par la fortune de cette métaphore. On lance une phrase par un banal après-midi d'août, et le soir venu, tout Athènes ne cause que de ça, en oubliant les rumeurs qui circulent à propos de la femme de l'architecte du Parthénon. Je me demande si ceux qui s'extasiaient devant la métaphore d'Héraclite ou déjà la contestaient imaginaient que deux mille ans plus tard on en parlerait encore. Si la mère d'Héraclite était encore vivante (durant cette époque sans aspirine où on se dépêchait de mourir pour échapper à la douleur), j'imagine qu'elle a dû lui secouer la tête, reconnaissant dans cette découverte inutile son grand paresseux de fils. On l'avait envoyé suivre des cours chez un grammairien prestigieux mais très cher ; cependant, son insouciance a fait qu'il n'a pas terminé l'année. À quoi ça peut bien servir une pareille métaphore ? se demande la pragmatique femme. Pour celle qui a toujours fait elle-même sa lessive avant de jeter l'eau savonneuse dans le fleuve, l'idée de se baigner là où elle et ses copines jettent leurs immondices lui semble une énorme incongruité. De plus, comme toutes les femmes de son époque, elle ne savait pas nager. Elle est tout à fait du genre à privilégier l'autre formule, celle qui pousse à « se méfier de l'eau qui dort ». Malgré l'opinion assez tranchante de la mère Héraclite (je doute qu'il y ait eu une autre Mme Héraclite car les intellectuels grecs avaient la réputation de dédaigner les femmes sur ce plan-là aussi), je continue à croire qu'on n'a pas trouvé depuis une meilleure métaphore sur la notion du temps en fuite. Horace voyait dans le sommeil une certaine similitude avec la mort. On doit simplement reconnaître que ces types de l'Antiquité avaient, en plus de leur expertise scientifique, un sens aigu de l'image qui frappe les esprits, de ces images capables de résister au temps. On les imagine à peine disant des banalités. J'entends encore ce sonore « Passe-moi cette grappe de raisins, Platon » lancé par Socrate à ce joyeux banquet en banlieue d'Athènes. Malgré le nombre de banalités dites durant ces banquets toujours bien arrosés, et d'autres banquets dans toutes les banlieues du monde, de Brossard à Ramallah, la phrase d'Héraclite garde toute sa fraîcheur après un parcours de deux mille six cents ans. Pour réussir un tel marathon, j'imagine la formule d'Héraclite (je la rappelle :

« On ne se baigne jamais deux fois dans le même fleuve ») prenant place à bord d'une fusée lancée à une vitesse si fulgurante qu'elle lui permet de traverser les siècles. On peut supposer qu'elle a préféré prendre la route de campagne, trottinant de bouche à oreille, de siècle en siècle, jusqu'à nous. Mais remontons dans le temps (j'adore cette facilité de parole) pour retrouver Héraclite au moment où il voit ce rapport intime entre le fleuve qui coule et le temps qui fuit. Était-il pieds nus ? Avait-il déjà déjeuné ? Était-il seul ou avec un ami qui pourrait lui servir de témoin ? Car sans témoin on pourrait attribuer la phrase à Diogène ou à notre bon Platon qui a déjà assez pillé Socrate. Il ne faut pas perdre de vue que cela pourrait être une banale réflexion à sauce nostalgique du genre : « Regarde ce fleuve, Aristophane, on dirait la vie qui s'en va. » Mais alors pourquoi cette phrase s'est-elle autant incrustée dans notre si poreuse mémoire ? Dans un rêve récurent, je vois Héraclite marchant le long d'une petite rivière boueuse, pas loin de sa maison — s'il a parlé de fleuve, c'est pour donner de l'importance à sa réflexion. Je le vois se promenant avec un ami, un de ces grammairiens d'Athènes qui n'ont pas l'air frais, et Héraclite de glisser, mine de rien : « Et dire qu'on ne se baigne jamais deux fois dans les mêmes eaux. » Le type a dû prendre cela pour une allusion à sa toilette, et Héraclite de passer pour un obsédé de l'hygiène. J'entends ce même grammairien amer lancer dans un amphithéâtre : « Héraclite a beau être philosophe, c'est d'abord un maniaque de la propreté. » Ce qui n'était pas un compliment dans cette Grèce qui faisait peu de cas de la propreté du corps, mais beaucoup de votre capacité à philosopher. Que peut valoir la philosophie d'un homme qui se lave souvent ? Je me demande à quel moment on a commencé à prendre au sérieux son travail intellectuel et à croire qu'il avait parlé en philosophe et non en maniaque de la propreté. Un philosophe qui entendait lancer une durable révolution intellectuelle sur la fuite du temps. Héraclite voulait réveiller ces Athéniens trop endormis, surtout ceux qui avaient pris à la lettre son

autre fameuse phrase : « L'homme qui dort construit l'univers. »
Deux formules venant du même type, quand certains croient
qu'il suffit d'être né dans l'Antiquité pour être un grand penseur,
c'est vraiment rare. Gros plan une dernière fois sur Héraclite et
son fleuve. Pourquoi tenait-il tant à son concept de perpétuel
mouvement ? Voulait-il glisser une opinion sur la situation politique de l'époque ? Laissait-il entendre qu'avec un nouvel
homme au pouvoir nous n'avons aucune garantie que ce ne sera
pas la même situation pour le peuple ? Ou plutôt le contraire, car
si un des deux paramètres change, tout change ? D'où le fameux :
« On ne se baigne jamais deux fois dans les mêmes eaux. »
Conclusion : c'était un sérieux avertissement à un tyran de
l'époque. Nous savons aujourd'hui que les réflexions qui nous
paraissent les plus universelles ont toujours des racines locales.
Mais l'eau du fleuve héraclitien se serait-elle polluée entre-
temps ? C'est dans ce fleuve de la mémoire qu'on jette tous les
débris de la vie : les frustrations inutiles, les mauvais souvenirs,
les angoisses sans raison, les faux sourires et les petits mensonges
sans éclat. On se dit que la face de la philosophie aurait changé si
Héraclite, au lieu de réfléchir cet après-midi-là, avait fait un joli
plongeon dans le fleuve de la vie, et qu'il en était ressorti tout frais
et dispos, car rien ne vaut un bon bain.

L'art de lire la poésie

Voilà une chose dont on ne parle presque jamais
et qui devrait faire partie de notre mode de vie urbain :
la lecture de la poésie. Depuis qu'on a quitté
la campagne pour cette vie accélérée, la lecture
de la poésie est devenue aussi essentielle que l'oxygène.
Les médecins auraient dû prescrire la poésie
comme traitement contre le stress. Si les poètes
semblent si angoissés, c'est pour que leurs lecteurs
puissent mieux respirer. D'abord un conseil :
ça ne se lit pas comme un roman. Chaque poème
est autonome. Prenez deux poèmes par jour :
un le matin et un autre le soir. Trouvez un vers
qui vous plaît et ruminez-le durant
toute la journée jusqu'à ce qu'il s'incruste
dans votre chair.

Un monde à définir

Le subversif dictionnaire

On n'arrive plus à suivre. Ça se renouvelle si vite. On se fait expliquer les choses par des gens qui ont intérêt à nous cacher leur vraie nature. L'une des définitions du mot *travail,* c'est : appareil de torture ou instrument pour ferrer les chevaux. Il y a aussi la douleur des femmes durant l'accouchement. Je n'avais pas fait auparavant de lien entre travail et torture, mais je sentais qu'il y avait anguille sous roche. En évoquant le travail, je ne parle pas ici d'une planque au bureau (je n'ai rien contre les planques, si on en profite pour lire), mais d'un boulot à l'usine. À force d'entendre ce mot ici, j'ai, un jour, cherché dans le dictionnaire la définition de *province* (du latin *pro vincia,* qui signifie « pour les vaincus ») : région où l'on repousse les vaincus. C'est implacable. Si les dictateurs étaient au courant de cet aspect subversif du dictionnaire, au lieu de perdre leur temps à combattre des opposants qui se renouvellent trop vite et ne sont pas toujours efficaces, ils se contenteraient d'aller à la source du problème : le dictionnaire. Car si on prend le temps de nommer une chose, c'est qu'on s'est décidé à l'affronter. Ce dictionnaire qui raconte si placidement les plus secrètes aventures de l'esprit humain est, en fait, le plus dangereux ennemi du pouvoir. Mais si les mots n'ont besoin d'aucune aide pour savoir qui ils sont, la phrase ne peut pas se tenir debout sans la grammaire. Et Montaigne de rappeler que les questions politiques ne sont souvent que des questions de grammaire. D'ailleurs, s'il y a une chose qui crée des distances entre les gens, c'est la langue. Pour s'opposer à son père, l'adolescent s'invente une langue. Chaque année, à l'ouverture des classes, de nouveaux mots pointent leur tête dans la cour de récréation. On s'attaque parfois à la grammaire en changeant les mots de place, ce qui rend fous les professeurs. Et je ne parle même pas du fait qu'une catégorie de gens vivant dans certains quartiers huppés se différencient des autres par le choix des mots, la grammaire et même la musique de la langue qu'on appelle l'accent. Il est plus facile de cacher sa race au téléphone que son origine sociale. L'accent s'entend. On préfère voir un Noir lire les nouvelles au téléjournal que quelqu'un avec un accent que la majorité des gens jugent détestable. Pour entendre les informations, on peut fermer ses yeux, mais pas ses oreilles. Il y a toujours une bataille à propos de la langue, dans un pays. À l'intérieur des frontières, entre les classes sociales, parmi les diffé-rentes tranches d'âge, les genres (la femme a gros à dire à propos de cette grammaire établie par des hommes peu soucieux de sa présence), et quand on aura tout réglé, il faudra se battre pour imposer sa langue face aux autres langues qui ne voudraient pas vous céder une place au bout de la table. Ce moyen de commu-nication est la locomotive qui précède le train de marchandises. Et tout ce qu'on ne veut pas, c'est d'un nouvel acteur. C'est l'exemple le plus probant de domination. On voit qu'un pays est puissant quand sa langue domine. On ne connaît pratiquement aucun cas (il y en a sûrement un) où un pays domine sans cher-cher à imposer sa langue. Ce n'est pas un vain combat que celui de la langue.

Le meurtre à la télé

J'étais en train de regarder la télé en lisant. Tranquillement. C'était assez silencieux puisque j'avais éteint le son. Un documentaire sur les animaux (mon émission favorite à la télé), mais comme les commentaires moralisateurs m'exaspèrent généralement, j'ai résolu le problème en ne regardant que les images. C'est un monde où les gros dévorent les petits sans mauvaise conscience. Cela me repose des nouvelles où je vois exactement la même chose sauf qu'il faut se taper les explications des puissants. Chez les humains, il y a ce rêve d'être mangé enraciné en nous depuis l'enfance qui occupe même les plus puissants. Et ils ont le pouvoir médiatique. Alors quand je vois un tigre dévorer une antilope et s'en aller après en dandinant les fesses, je me dis voilà un monde honnête. Un peu comme quand je me prépare un poulet frit, un bœuf bourguignon ou autre chose sans me demander comment ce morceau de bœuf ou ces cuisses de poulet ont fait pour atterrir dans mon réfrigérateur. J'agis comme le tigre. Je n'en fais pas un éditorial sur la mort. Bon, après ce documentaire sur la cruauté sans explication, j'ouvre le son pour regarder un téléfilm américain. Les Américains sont vraiment les maîtres du récit à la télé, très différent d'un film sur grand écran. Le récit à la télé est construit de sorte qu'on ne soit pas obligé de le regarder du début à la fin pour le comprendre. On prend le train en marche, et après deux minutes on a tout compris : l'enjeu, les motivations des personnages, qui déteste qui au bureau, qui poursuit qui, le motif du meurtre. Pas si facile à faire. Ils maîtrisent cette forme avec la même maestria que le fast-food. Je fais le lien, car la source est identique. Le but n'est pas de faire de l'art, mais de répondre à une demande. C'est une culture qui tient constamment compte de la vie réelle. Dans la vie normale, les gens n'ont pas toujours le temps de manger, ni l'argent nécessaire, d'où le fast-food. Dans la vie normale, les gens ne peuvent pas s'asseoir devant la télé comme au cinéma. Alors ils font des films gigognes où le même récit de meurtre est répété, sous diverses formes, une trentaine de fois en une heure. Toutes les deux ou trois minutes, on recadre l'affaire. La mode, ces jours-ci, n'est plus au récit de procès ; on donne la priorité à la recherche scientifique. Ce ne sont plus nos vieux policiers toujours un flingue à la main, ou nos avocats avec des démonstrations brillantes à la bouche, mais une équipe scientifique, de mèche avec la police ou une branche de la police, qui cherche les traces laissées par le meurtrier sur les lieux du crime. Cela a toujours existé, mais on se contentait du rouge à lèvres laissé sur le verre ou la cigarette, des fameuses empreintes digitales sur les poignées de portes, le revolver ou le volant de la voiture. Aujourd'hui c'est vraiment plus raffiné. De toute façon tout est basé sur cette pseudo-sophistication. Ce qui m'impressionne, c'est qu'ils puissent exploiter autant un si mince filon. J'ai remarqué que la notion du crime a changé quelque peu. On ne s'intéresse plus au meurtre. Cela ne soulève plus les cœurs. On ne voit plus les foules hargneuses à la sortie du tribunal, comme au bon vieux temps des films à procès. On n'entend plus les procureurs marteler que cet homme est un monstre qui a tué froidement cette innocente vieille dame — exit Dostoïevski. On ne nous fait plus ces dissertations sur le thème du bon voisin qui tue. Les gens défilant à la barre pour dire combien il était gentil avec les enfants du quartier. On ne voit plus cette tueuse en série qui achève ses maris (quatre ou cinq à la file) afin de recueillir l'argent des assurances. Maintenant ce n'est plus le crime qui importe, mais bien la science du crime. Et cette science a besoin d'une scène pour montrer son savoir-faire. La scène du crime qu'on a élargie jusqu'au milieu de la rue. On explique tout ça si bien que le téléspectateur évitera à l'avenir de souiller une scène de crime. On a enfin compris de quoi il s'agit. On croyait qu'en refoulant le public derrière le ruban jaune qui délimite le périmètre de la scène du crime la police voulait simplement montrer qu'elle maîtrisait l'affaire. Aujourd'hui, on sait que le moindre détail, invisible à l'œil nu, peut aider à remonter jusqu'au criminel. D'un côté, les méthodes de plus en plus sophistiquées des criminels pour effacer leurs traces et, en face, l'équipe de chercheurs scientifiques au service de la police qui œuvre dans des labos qui coûtent une fortune. C'est étrange, ces labos propres et bien équipés, au lieu de suggérer un monde moderne, me font penser aux caves des alchimistes. On s'intéresse au crime et non au criminel, et on assiste à la disparition du sang. Les crimes sont de plus en plus violents, mais on ne voit plus le criminel en action, sinon dans une forme esthétisante qui n'a plus rien à voir avec la mort artisanale. Évidemment, il y a les photos que la police découvrira sur les murs de la tanière du monstre, vers la fin de l'épisode. Je m'en voudrais de ne pas signaler la disparition progressive du bon vieux revolver. Quand on en voit un, on est tout étonné. Le revolver, comme le téléphone, est devenu un accessoire qui permet de déterminer l'époque d'un film. Aujourd'hui, posséder un revolver vous désigne immédiatement comme un collectionneur et non un tueur sérieux. Un dandy en quelque sorte. C'est comme si vous sortiez une épée au milieu d'une dispute dans un bar de Miami Beach alors que vous êtes encerclé par des voitures de police qui occupent tout le secteur. C'est devenu de plus en plus intellectuel aussi. Tout se passe dans la tête. Dans la tête du policier. Dans la tête du criminel. Dans la tête du téléspectateur. Mais pas dans le corps de la victime. Ce corps, on ne le voit que dix secondes, au tout début. Un peu plus longtemps au milieu car le médecin légiste, ce vieux routier du crime, a repris du service. On voit le cadavre en train de se faire découper par un professionnel soucieux mais à l'humour douteux. Le monde du crime à la télé s'est renouvelé, mais sans trop renier son passé.

Un homme branché

Brusquement un éclair violent. Quand j'étais petit, je croyais que c'était un dieu farceur qui nous photographiait. Cette chaleur était donc grosse d'un orage. L'électricité tout de suite coupée. On se croit toujours seul dans le noir. On se précipite dehors pour découvrir que les autres y étaient déjà. Nous voilà rassuré. Quand on est plusieurs à porter un malheur (dans ce cas un désagrément), il devient plus léger. C'est un orage d'été, et il est sûrement passager. L'orage passé, l'électricité ne revient toujours pas. Il faut trouver la lampe de poche. J'imagine qu'on est en train de faire les mêmes gestes dans toutes les maisons du quartier. Avec aussi le même espoir que la lumière reviendra avant qu'on ne trouve cette satanée lampe (sauf les vieilles dames qui gardent toujours une lampe dans leur poche). Nous voilà de vrais voisins, des gens vivant la même expérience, sinon on se dit bonjour et quelques banalités. Les gens qui sont proches de nous habitent à l'autre bout de la ville. C'est la bonne façon de vivre pour que la ville ne devienne pas un agglomérat de villages. L'électricité n'est toujours pas revenue. Petit à petit, on commence à s'habituer à l'obscurité. Le noir possède toutes les nuances possibles. Des zones grises. Des trous d'ombre. Peurs enfantines que je croyais enfouies dans les replis de mon inconscient. La maison commence à prendre des formes nouvelles. Le rond lumineux de la lampe éclaire des détails que j'avais oubliés. Le silence pointe son nez. Ce silence assez frais qui accompagne la noirceur. Il s'installe maintenant. Un silence si fort qu'il paraît plus touffu que d'habitude. Et c'est là que je commence à comprendre qu'on vit dans une usine. Tout fonctionne à plein régime. Un bruit si constant que notre oreille ne le perçoit plus. Il a fallu cet arrêt des machines pour que je me rende compte de leur présence. Le réfrigérateur, la télé (les télés), les ordinateurs, l'imprimante, le téléphone, le répondeur, la cuisinière, le four à micro-ondes, la machine à laver le linge, la sécheuse, la machine à laver la vaisselle. Et ces petites lumières bleues ou rouges qui viennent de ces gadgets dont on a oublié l'utilité. Des fils partout. La maison est tapissée d'un bruit sourd, moelleux même, qui met nos nerfs à vif. Les sources sont multiples. Tous ces appareils en constante activité. Mais là : aucun bruit. L'usine fonctionne à l'électricité. Je suis ici l'unique machine qui fonctionne sans courant. Pas sûr. Le corps humain est un bon conducteur électrique. Des picotements me parcourent la peau. C'est maintenant que je réalise que je fais partie de cette centrale. D'ailleurs j'en suis la cause. Que faire d'un corps débranché ? Je ne peux pas lire, ni écrire, ni regarder à la télé mes séries américaines, ou écouter la radio. Et pas assez fatigué pour dormir. L'impression d'être une usine en grève. Puis, tranquillement, je commence à me calmer. Je m'assois dans un fauteuil, dans le noir, pour respirer paisiblement. Je finis par arrêter la machine principale : mon cerveau. Un long moment cependant avant de percevoir dans l'obscurité le bloc gris qui me regarde : la télé. Nous la regardons quand elle est allumée, mais éteinte c'est elle qui nous regarde. Le grand œil blême.

Cet objet si moderne

Je sais que quand la télé s'allumera, la guerre reprendra. Ces guerres qui ne se passent qu'à la télé. Les guerres dont on a du mal à croire qu'elles continuent quand nous ne les regardons pas. Les guerres-spectacles où nous assistons à la mort des autres. C'est bizarre : j'étais là dans le noir, et la guerre m'atteignait encore plus fortement. Je me demandais, non pas ce qui se passait au Moyen-Orient ou ailleurs (il y a des guerres en Afrique aussi), mais derrière l'écran éteint. Et les autres guerres, celles qui ne sont pas télévisées. Elles ne sont pas cataloguées comme de notre époque. La télé est un objet moderne qui ne rend compte généralement que des choses qui se déroulent dans un espace propre, urbain et occidental — sauf quand il s'agit de famine ou de guerre. Même pour la guerre, il y a des règles. Les mêmes que pour n'importe quel récit. Pas trop d'atrocités pour garder la vraisemblance. Il faut aussi deux camps. Des gens portant des couleurs différentes. Comme pour les matchs de foot. Ou pour la Seconde Guerre mondiale : les Allemands n'étaient pas habillés comme les Anglais. Beaucoup plus qu'un lieu, il faut un espace. Et cet espace, c'est la modernité. En gros ce qui est rapide, pas chiant et achetable. Le reste est archaïque, démodé, à chier. Des guerres tribales. Aucun intérêt : les documentaires sur les animaux jouent déjà le rôle. J'étais dans l'obscurité, me demandant si ce spectacle ne m'était pas simplement destiné. Tout ça pour moi. Au fond, la télé n'est pas là pour m'informer de ce qui se passe dans le monde, mais plutôt pour informer le monde de ma présence. Si je ne suis plus devant la télé, il n'y aura plus de guerre. Il n'y a pas de guerre sans téléspectateurs. Si je n'ouvre pas la télé quand la lumière reviendra, je pourrai renverser la vapeur. Au lieu de me laisser bombarder d'informations par la télé, j'informerai la télé que je ne la regarde plus. Voici la lumière. On voit les choses différemment. J'allume la télé pour connaître la raison de cette panne d'électricité.

L'art de parler à un inconnu

C'est difficile de converser avec quelqu'un
qui vous connaît autant sans qu'il se mette
à vous abreuver de ces lourds conseils d'ami.
On a l'impression d'être pour lui un vieux livre annoté.
La vie serait bien triste s'il n'y avait pas
de ces rencontres spontanées qui arrivent n'importe
où sans crier gare durant un souper chez des amis.
Sur le quai d'une gare. Au coin de la rue.
Et cela peut débuter par un sourire comme
par un malentendu. On se croit, un bref moment,
adversaires pour se découvrir, pas longtemps après,
une sensibilité toute proche. On se met à causer
alors d'égal à égal. Ce genre de rencontre ne commence
jamais par bonjour. On a plutôt l'impression
d'une conversation qui a débuté bien
avant ce moment-là. On trouve un endroit discret
pour se raconter des choses qu'on a toujours
gardées secrètes pour la famille comme pour les amis.
Puis on se quitte sans se dire au revoir.
Et c'est toujours mieux ainsi.

L'univers des sens

La nostalgie de l'autre

Quand j'avais trois ans, mes cousins plus vieux m'ont obligé à m'asseoir sur une fourmilière. Je hurlais, sans bouger pour autant. Mon oncle raconte que, quand on a fini par me trouver, j'avais les fesses toutes boursouflées. Je le regardais si calmement qu'il a eu peur. Cette expérience fut d'une telle intensité qu'elle a fait reculer chez moi les frontières de la douleur. Il arrive, aujourd'hui, qu'en éprouvant une très forte sensation de souffrance ou de plaisir l'émotion primitive me remonte à l'esprit afin de me permettre de relativiser les choses. Cette douleur me sert de point de repère pour savoir jusqu'où je peux aller. On se demande quand est-ce qu'une sensation se change en expérience. La mémoire sert de toile de fond à nos sens. Et cette mémoire permet aussi de comparer une vieille sensation à une nouvelle, même si entre les deux coule le fleuve du temps. Je me souviens du plaisir vif que j'ai eu en ramassant un morceau de caoutchouc qui traînait par terre. Je me suis mis à trembler, ne sachant pas ce qui m'arrivait. C'était affolant. Mon corps ne répondait plus à aucune directive de mon esprit. Je n'ai connu une expérience similaire que des années plus tard à mon premier orgasme avec une jeune fille bien plus expérimentée que moi. C'était beaucoup plus doux, mais avec la même intensité. Dans le cas de l'électricité, je voulais jeter le fil électrique, mais au lieu de le faire, je le gardais serré dans mon poing. L'orgasme me faisait trembler en même temps que je priais que cela ne s'arrête jamais. Au-delà du plaisir, je sentais qu'il y avait quelque chose d'autre. Enfin, je voulais me fondre dans un autre corps. Quelques mois plus tard, je suis tombé sur un petit livre, le premier de Platon que j'ai lu, *Le Banquet,* et c'est là que j'ai eu une explication de mon désir de me fondre dans le corps et le cœur de l'autre. Platon croit que ne faisions qu'un seul au début. Nous étions cette étrange bête à deux dos, quatre bras et quatre jambes. Nous nous sommes séparés, et depuis nous traînons partout, comme une âme en peine, cette nostalgie de l'autre.

Une histoire du nez

On imagine bien le nez bousculant tout le monde pour s'installer comme un petit roi au beau milieu du visage. Comme ça on ne pourrait pas le manquer. Dire que les poètes ont toujours chanté les yeux, ces deux petites billes enfoncées dans leur cavité, qui leur permettent de regarder l'horizon ou une femme (les yeux d'Elsa). Il y a aussi les oreilles, finement dessinées comme des coquillages, par où s'infiltre en nous le chant du monde. Puis le nez, ce monceau de cartilage et de chair planté au beau milieu du visage. Je ne sais pas si vous avez jeté un coup d'œil au miroir, ce matin, mais tout laisse croire qu'on s'est fait avoir. Je soupçonne que notre allure doit effrayer bien des animaux. On peut être aveugle ou sourd et continuer à vaquer à ses occupations, mais c'est par le nez que s'infiltre en nous le souffle de vie. Ce nez si rudimentaire qu'il ressemble à une idée de dernière minute. Ce n'est pas la seule chose étrange chez cet animal dit raisonnable. Visiblement, l'homme n'était pas conçu pour la station verticale. À le voir à quatre pattes, on comprend mieux le projet. La tête en avant, le cou bref, les épaules larges, et un long dos qui se termine par des fesses rebondies ou plates. Si on était resté à quatre pattes, on n'aurait jamais rêvé de domestiquer le cheval. Et sans cette idée de se faire transporter, on n'aurait pas pensé à la voiture. Et donc on aurait été moins bête. Surtout, avec un nez plus proche de la terre, on aurait connu d'autres odeurs. Mais observons un moment ce visage si insolite. Quelle idée imprudente de placer tout ce qui a de la valeur (quatre des cinq sens) dans un espace aussi restreint et exposé. On a été pensé comme une voiture japonaise. Pas le moindre espace qui ne soit pas utilisé. L'Américain aurait fait autrement. Avec son obsession du confort et son sens de l'espace (il cherche à occuper son vaste territoire), il aurait placé un œil sur chaque fesse et le nez au milieu du dos. Il aurait laissé la bouche en solitaire au milieu du visage. Le Français aurait gardé le nez près de la bouche à cause de la place centrale de la gastronomie dans sa vie; c'est d'ailleurs parfait pour le vin qu'il faut humer avant de boire. L'odorat nous rend accessible l'univers si divers des odeurs. Ces vapeurs qui nous enveloppent sans que nous nous en apercevions. Et qui peuvent enchanter comme détruire une ambiance. L'odorat est, à mon avis, le sens qui a la plus longue mémoire. Et n'écoutez surtout pas Marcel Proust qui tente de réhabiliter le goût avec sa triste « petite madeleine ». Un nez peut conserver, durant toute une vie, la mémoire d'une odeur. Sa situation est bien différente de celle de la vue ou de l'ouïe car il est difficile de censurer les odeurs. On doit admettre que le nez n'a pas eu la vie facile aussi loin qu'on remonte dans l'histoire humaine. Pendant longtemps c'était mal vu de prendre un bain. Nos pores s'ouvrant au moment du lavage, ce qui permettait aux maladies de nous pénétrer. Ce n'est pas par Racine, chez qui l'amour et la jalousie sont des thèmes plus nobles que les odeurs malodorantes, qu'on pourra se renseigner à propos de pareils désagréments. Pourtant, quand on regarde son visage dans certaines peintures, on voit nettement qu'il se retient de respirer à Versailles. Il m'arrive de rêver à ces fortes odeurs d'hier que j'échangerais facilement contre celles d'aujourd'hui. On parle souvent de l'agression du bruit et de celle des couleurs criardes qui assaillent le peuple des classes pauvres — ce qui est totalement faux car dans les classes populaires on passe un temps fou à la douche. Il nous arrive d'être pris tôt le matin dans un ascenseur qui peine à monter avec un problème d'odeurs. Différents parfums se font la guerre.

Avez-vous vécu à côté d'un restaurant de fast-food ? L'odeur s'incruste en vous pendant des années. Elle ne se voit pas, elle s'insinue. On pourrait définir ainsi chaque époque par les odeurs qui s'y manifestent. Chaque être humain aussi. En débarquant en Afrique en 1893 pour un long périple au terme duquel il dénoncera vigoureusement le colonialisme, l'écrivain André Gide est frappé tout de suite par une entêtante odeur de feuilles vertes. Il parle de l'odeur végétale des indigènes. Ce n'est plus la même situation, aujourd'hui que toute la planète pue la même odeur industrielle. Le nez, ayant subi plus qu'aucun autre organe les plus terrifiantes agressions, mérite amplement sa place au milieu du visage.

L'ouïe : le droit au silence

Faut-il croire qu'on a perdu le sens de l'intime dans cette culture du bruit ? On ne retient plus rien pour soi. Comme si on était devenu une machine qui déroule imperturbablement un flot de paroles dans une salle vide. À force de vouloir s'exprimer, on ne se soucie plus de savoir si l'autre est en mesure de nous écouter. D'ailleurs on ne semble plus le faire pour partager une émotion mais pour déverser sur le voisin un chapelet de petits drames sans jamais se demander ce qui se cache derrière le triste sourire de l'autre. Et si c'était une façon élégante de porter sa douleur ? Cette élégance qu'on prend si souvent pour de la candeur, si ce n'est de la bêtise. De plus en plus de gens se demandent comment faire face avec des manières d'une autre époque à ces bulldozers du verbe qui écrasent tout sur leur passage. Le monde semble se diviser entre ceux qui parlent sans cesse et ceux qui ne peuvent qu'écouter. L'un chassant l'autre. À peine arrivé dans un salon, le Prédateur Volubile repère celui qui, d'après lui, possède cette oreille attentive devenue au milieu d'un tel vacarme l'objet de toutes les convoitises. Celui qui écoute en silence est souvent quelqu'un de discret qui se tient à l'écart de la rumeur du monde. Le Prédateur Volubile, c'est son nom, fonce alors sur lui, le coince dans un angle, et aussitôt les présentations faites, lui raconte sa vie dans les plus infimes détails. Il lui parle de ses petits problèmes de santé qui sont nombreux passé un certain âge, de ses drames conjugaux, de ses problèmes de bureau, tout ça débité à une folle vitesse. Et pire, de sa spiritualité. Entre deux confessions, l'Oreille Attentive, c'est ainsi qu'on l'appellera, tente alors de glisser un mot. Rien de vraiment intime, une façon de partager quelque chose avec ce nouvel ami. Mais le Prédateur Volubile s'arrête un bref instant, avant de reprendre son histoire là où elle a été interrompue. Son regard vide dit bien son refus d'écouter. L'Oreille Attentive voudrait se défaire de cette emprise, mais le Prédateur Volubile a bien choisi sa victime. C'est une oreille et sa fonction principale, pour ne pas dire sa seule fonction, c'est d'écouter. De loin, je les observe. On dirait une souris dans les pattes d'un chat. Le chat lui fait croire parfois qu'elle pourrait s'échapper, mais au dernier moment il la rattrape en lui enfonçant ses griffes dans le cou. Je m'approche pour délivrer la pauvre souris, sachant que le Prédateur Volubile n'a peur que d'une chose, qu'on le prenne pour une Oreille Attentive. Je commence à peine à raconter mes problèmes intestinaux que déjà il se faufile dans la foule des invités à la recherche d'une nouvelle oreille. L'Oreille Attentive me demande alors avec une certaine angoisse si c'est écrit sur son front que son destin est d'écouter les petits drames des autres. J'ai bien peur que oui. Comment on le voit? Par cette sérénité sur votre visage qui confirme une paix intérieure. C'est que vous êtes habité par le silence et le Prédateur Volubile est attiré par cet espace vertigineux qu'il entend remplir de ses lamentations. L'Oreille Attentive me confie qu'elle se sent souillée par toute cette parole inutile dont le premier but est d'assécher son espace vital. Et aussi que pour le Prédateur Volubile une Oreille Attentive est interchangeable. Rien ne ressemble plus à une oreille qu'une autre oreille. Il ne la voit tout simplement pas. D'ailleurs le Prédateur Volubile risque de s'approcher d'elle la prochaine fois avec la même cargaison de petits drames insipides, oubliant qu'ils avaient déjà passé trois heures ensemble. Comment en est-on arrivé là dans les rapports humains? À cause de la disparition d'un être rare: le confident. C'est un couple qui s'acceptait. Une Bouche qui avait trouvé l'Oreille rêvée. Et vice versa. L'un parle, l'autre écoute, et les deux le font avec un égal ravissement. Le confident, c'était un ami intime avec qui on parlait sans filtre. Il ne se contentait pas de connaître nos pensées, il finissait par savoir notre vision du monde. Le miracle, c'était de pouvoir se confier en sachant qu'on ne serait pas jugé. Cela demande un long cheminement ensemble. Une attentive observation réciproque. Mais dans cette culture de l'abondance, on a vite vu la possibilité de multiplier les confidents en créant une nouvelle espèce : l'ami instantané. Une fois j'ai abordé le Prédateur Volubile afin d'avoir sa version des faits. Ce qu'il ressentait après une partie de chasse. Est-il rassasié ? Et j'ai découvert avec étonnement qu'il n'est pas conscient du fait que l'autre n'a pas pu glisser un mot dans la conversation. Pour lui l'Oreille Attentive s'est amplement exprimée par son silence parfois lourd, et son visage tour à tour léger ou grave. « Le silence est d'or » est encore une sinistre plaisanterie de cette élite du verbe. La réalité, c'est que certains ont droit à la parole, les autres ne peuvent que garder au fond d'eux-mêmes leurs sentiments variés. Le silence entre eux n'est pas un pont mais un gouffre.

Le triomphe de la vue

Les choses qu'on ne voit pas existent quand même. Même si on ne tient pas compte d'elles, elles existent. On se croit dans une culture du grand, sans se douter que le grand n'est qu'une accumulation de minuscules. Tout peut être réduit jusqu'à un point invisible. Mais l'œil d'aujourd'hui ne perçoit que le spectaculaire, il a été formé ainsi. C'est un œil qui passe beaucoup de temps devant le petit écran à regarder ce qu'on veut bien lui montrer, sous l'angle qu'on veut, éclairé comme on veut. Sans qu'il cherche à savoir qui le bombarde ainsi d'images préméditées. On tue le regard en faisant de nous des voyeurs. Nous passons une grande partie de notre temps assis devant un écran si violemment éclairé qu'il finira par nous rendre aveugles. Mais déjà il a changé notre manière de voir. Les couleurs du petit écran sont si fortes et la lumière est si fluorescente que j'ai eu l'impression dernièrement, en regardant par la fenêtre, que le paysage extérieur était en retard d'un demi-siècle. Quand je regarde à la télé les images en noir et blanc des années 50, je n'arrive pas à croire que le rouge existait dans la nature à cette époque. Ces années rudes ne pouvaient qu'avoir grise mine. J'ai beau savoir que c'est la télé qui n'était pas au point, rien n'y fait. La vie d'alors me semble telle que je la vois dans les images d'archives. Les cultivateurs en train de bêcher étaient toujours endimanchés. Ils avaient constamment le soleil dans les yeux et s'épongeaient même en hiver. C'est parce que, sans un éclairage adéquat, on ne filmait qu'à midi et sous un soleil éclatant. Ce qui fait qu'on ne sait plus aujourd'hui à quoi ressemblait la nuit dans ces années-là. Je regardais dans un livre d'art un tableau de Gauguin qui montre des femmes à l'heure de la sieste dans un paysage des îles du Pacifique. Les couleurs sont si fortes qu'elles m'aveuglent. Heureusement que les courbes des femmes semblent aussi douces que les collines au fond du paysage. Un univers lumineux et sensuel. Je me rappelle ma déception en voyant le même tableau de Gauguin pour la première fois dans un musée. Des couleurs plus ternes que sur la photo. Les personnages paraissent, par contre, plus rudes, et les courbes des femmes, moins douces. Il me reste maintenant à voir le paysage réel pour faire la différence entre la photo, le tableau et la nature. Trois états du regard. Mais voilà que la télé propose une dernière variante où l'œil de la caméra glisse sur les courbes, grossit un détail, fait ressortir une couleur. Résultat : mon œil suit le mouvement de la caméra, et mon regard ne m'appartient plus. La raison de cette déferlante d'images est simple, c'est que le monde d'aujourd'hui est terriblement axé sur les yeux. Les autres sens ne sont que des comparses escortant la vue. Pendant longtemps la musique a été faite uniquement pour l'oreille, il a fallu notre époque du regard pour exiger de voir les musiciens en action. Et c'est ainsi qu'est née la vidéo. La littérature s'adressait en fait à tous les sens. Mais le lecteur d'aujourd'hui demande à voir l'auteur, à le toucher, à l'entendre dire son texte, effaçant de fait cette entente tacite entre l'auteur invisible et le lecteur solitaire. Ils se rencontrent dans les salons du livre. De plus en plus de gens ne trouvent aucun intérêt à un livre dont ils ne connaissent pas l'auteur. Ses manies. Son lieu de travail. Ses influences. Tout doit être mis à nu. Démystifié. Ce qui fait que les auteurs font la tournée des festivals pour se montrer. Un jour, au lieu de lire un livre, on se contentera de voir l'écrivain. Pour être lu, il faut être vu. Mais si on est vu, on sera mal lu, semble penser Réjean Ducharme depuis près de quarante ans. Mais l'appétit de l'œil paraît insatiable. Jamais il n'a été aussi pleinement actif que dans ce siècle qui déborde sur un autre. Le XVIIIᵉ siècle était celui de l'odorat, le sens le plus fin et le plus discret qui a permis l'éclosion d'une société très subtile friande de clair-obscur et de réflexions philosophiques. Le XIXᵉ siècle fut, à mon avis, celui de l'ouïe, un siècle de romantisme bruyant et de sentiments hurlés. Beaucoup de cuivre. Même dans la peinture. Le nôtre est celui de la vue. Tout se passe par les yeux. Époque d'images. Le siècle du cinéma, de la télé, de la vidéo, d'Internet et des Japonais photographiant inlassablement la planète. Le prochain siècle sera-t-il celui du goût? Dans les deux sens de l'expression. Déjà on sent l'épuisement de l'œil. Il est donc temps de passer à un autre sens, moins colonisable et plus proche de la terre. J'attends avec impatience l'ère du goût.

La passion du goût

Des amis sont venus me présenter dernièrement leur fille, Clara,
qui n'a que huit mois. C'était un des plus chauds après-midi de
cet été tardif. Qu'un être aussi minuscule soit en même temps si
actif n'a cessé de m'impressionner. Je ne l'ai pas quittée des yeux,
tentant de comprendre le fonctionnement d'une mécanique si
intrigante — un corps humain neuf. Je n'étais pas le seul dans cet
état de transe. L'une de mes filles s'est entichée de Clara, qu'elle a
gardée dans ses bras une bonne partie du temps. Le reste du
temps, tous les yeux étaient braqués sur la petite flamme en
mouvement. Pas sur Clara précisément, mais sur ce feu intérieur
qui l'anime. Le plus étonnant, c'est sa capacité de récupérer
l'énergie dépensée. Sans crier gare, elle s'arrête en plein élan, se
replie sur elle-même en ignorant superbement ce qui se trame
autour d'elle. Clara, pendant quelques minutes, s'absente du
monde. Et tout s'éteint autour d'elle. La voilà qui se réveille. C'est
l'heure de la chasse. C'est une chasse à l'aveugle. La main file en
un éclair pour s'emparer de l'objet convoité, qui se retrouve dans
sa bouche. Plus rapide que l'œil de sa mère. Un œil amusé qui
n'entend pas jouer les éteignoirs. Elle ne veut surtout pas que sa
fille rate l'âge du goût. Le temps de la bouche vorace. Cette petite
bouche qui semble avoir l'habitude d'objets, de formes et de tex-
tures différentes. Pour prendre la mesure d'un objet, Clara doit
l'avoir dans sa bouche. C'est sa manière de donner une nouvelle
vie à des natures mortes. Ce qui m'a surpris, c'est qu'elle ne se

précipite pas sur l'objet comme on l'aurait cru. Elle le suce longuement. Sa langue contourne l'objet tout en l'imbibant de salive. Elle s'en délecte en gourmet. Je me suis demandé si on n'avait pas été trop vite dans notre choix de ce qui est comestible ou pas dans la nature. À regarder Clara, on aurait pu inclure dans notre gastronomie timorée quelques objets ronds pour nous faire saliver à l'apéritif. La présence de Clara interroge quelques tabous en matière de cuisine. Quand un adulte tient un bébé dans ses bras, c'est une énorme tentation. La douceur de la peau, la souplesse des os et l'odeur de bon pain que ce petit corps dégage, tout cela nous donne faim. L'expression connue qu'on chantonne à son oreille — « Je vais te manger ! » — doit être prise à la lettre. C'est le même regard avide que jette Clara sur l'ours en peluche qu'elle s'apprête à fourrer dans sa bouche. Cela me rappelle cette époque bénie quand Carl von Linné n'avait pas encore mis bon ordre dans ce qui est comestible ou pas. L'œil rond et vif de Clara tient les autres à distance. Son ouïe fine perçoit le danger. Son odorat renifle la proie. Avec une vitesse phénoménale sa main s'empare de l'objet qui se retrouve presque en même temps dans sa bouche. Ce geste devient un reflexe. Elle semble dire : « Tout ce que que je touche est à moi. » Mieux, *est* moi. Son être qui ne tolère aucune frontière. Contrairement au personnage de Ducharme qui dit « Tout m'avale » dans *L'Avalée des avalés,* c'est elle qui avale. Nous avons quitté l'univers artificiel du salon pour sortir dans le jardin. Bien sûr que cette petite touffe de plantes doit lui paraître aussi impénétrable qu'une forêt. La voilà pieds nus. J'éprouve encore des sensations à marcher pieds nus sur l'herbe, la terre ou la brique. Imaginez alors la gamme de sensations qu'éprouve Clara dont la plante des pieds est encore plus douce que le fond de ma gorge. Le froid, le chaud, le mouillé, la boue, l'eau. Je comprends les petits cris aigus qu'elle pousse. Ce sont des sensations si fortes, explosives même, qu'elles accaparent ceux qui les vivent. En posant notre pied sur le sol, on clame notre présence au monde. De l'univers des sens, nous voilà passés à la notion du territoire. Et cela se fait dans la pleine jouissance de la vie. Clara est une machine à plaisir. Vouloir la calmer, c'est comme tenter d'éteindre un incendie avec de la gazoline. Soudain elle se tourne vers une fleur. Je vois la fleur, mais je suis incapable de savoir ce que voit Clara. Quelque chose l'attire. La beauté serait non pas la distance admirative entre une chose et soi-même, mais la vitesse à laquelle on se jette dessus. Une pareille énergie est sûrement irrésistible. Ce serait dommage de vouloir y résister. Il faudra des années d'interdictions, de lois, de règlements pour empêcher un être humain d'agir selon ses passions. La religion tentera la première de ralentir un élan si pur. L'État suivra. Et la société complétera le massacre. Mais chaque fois on espère un miracle. L'un d'entre nous parviendra sain et sauf par-delà les lignes ennemies. Si je comprends bien la leçon de Clara, tout doit finir dans la bouche. Le monde aussi.

Le regard est le premier langage

Chaque enfant que je croise dans la rue, dans le métro, au super-marché ou ailleurs me renvoie à ce premier pays qu'est le ventre. Ce ventre rond comme la terre qui semble à la fois si fragile et si puissant. C'est le dernier endroit où l'on pense frapper une femme. Le ventre maternel est sacré (oui, je sais, je sais, les gens ne se lèvent plus dans l'autobus pour une femme enceinte). Mais c'est encore le centre d'un débat qui fait rage en Occident depuis quelques décennies. Qui est le propriétaire de ce ventre fécond : la femme ou l'État (les dernières discussions féministes ayant réglé le cas de l'homme) ? Cela dépend des besoins de la société. Après un boom démographique, la femme conquiert le droit au repos — mais pas pour longtemps. La bataille reprend dès que l'État estime qu'on manque de bras ou de chair à canon. Les pondeuses alors doivent se remettre au boulot. Une fois l'enfant né, on reprend le vieux débat autour des enjeux tels que le terri-toire, la langue, la colonisation, la conquête et la richesse. Les astres s'alignent alors pour une bonne guerre coloniale. Sans le nouveau-né, il n'y a pas d'histoire. Finalement, le nouveau-né n'est pas différent de l'immigré. Et la première chose qu'on lui demande, c'est d'oublier son pays d'origine. Est-ce pourquoi on efface de son existence les neuf mois qu'il vient de passer dans le ventre de sa mère ? Sa vie commence à son arrivée dans le nou-veau pays. Mais comme tout voyageur, le nouveau-né a envie de raconter ce long périple de neuf mois. Il est encore le seul à posséder des informations précises et vérifiables à propos du mystère de la vie et de la mort. Au lieu de l'interroger là-dessus, la mère s'empresse de lui présenter son univers à elle. On a trop vite conclu à l'ignorance du nouveau-né. Alors que celui-ci possède, caché en lui, ce puissant ordinateur qui lui permet d'apprendre n'importe quelle langue en moins de deux ans : le français, le suédois, le swahili comme le chinois. Au fond, la langue maternelle est sa deuxième langue, car je reste convaincu que le nouveau-né parlait déjà une langue. Commence alors un processus de colonisation. Quand on veut déposséder quelqu'un de son être, on lui impose une nouvelle langue et une religion neuve, tout en lui expliquant incidemment qu'il n'a pas d'histoire. L'État délègue cette tâche ingrate à la mère, qui assure au nouveau-né un enseignement zélé mais sans structure, illogique et trop souvent entrecoupé de baisers mouillés. La langue maternelle est faite d'onomatopées, de bruits étranges, de cris étouffés — à 80 % de néologismes. Complètement incompréhensible. Cette langue coloniale n'a rien à voir avec la langue parlée dans la population. L'enfant devra se débrouiller seul pour l'apprentissage de la langue officielle. On se demande comment une langue qui n'est utilisée que durant les deux premières années de la vie d'un enfant a pu survivre avec une pareille vigueur à travers les siècles. La mère chante plus souvent qu'elle ne parle. C'est davantage par la musique des mots que par leur sens qu'on communique. C'est une musique si envoûtante que l'enfant entendait déjà dans le ventre de sa mère — oh, la caisse de résonance. Est-ce pourquoi l'enfant se met spontanément à pleurer chaque fois que sa mère s'éloigne ? La mère alors se sent obligée de lui donner des explications logiques et audibles. On change subitement de registre et c'est un tel fiasco. La mère : « Maman va acheter la même chose qu'elle a achetée hier pour son bébé. » Et l'enfant se demande qui est maman, car au petit parc où sa mère l'emmène parfois, toutes les femmes s'appellent maman. Si elles sont toutes des mamans, alors on n'est l'enfant de personne. L'enfant s'accroche à la logique pour comprendre quelque chose dans ce monde étrange. Il croit capter un peu mieux les choses à l'arrivée de la baby-sitter, mais celle-ci passe son temps au téléphone avec son petit copain. Déjà que l'idée du téléphone n'est pas facile à saisir, mais l'enfant découvre, avec joie, qu'il n'est pas le centre du monde. C'est la première chose importante qu'il apprend depuis sa naissance, et cela parce qu'on n'a pas cherché à le lui enseigner. En observant attentivement, il parvient à parler cette nouvelle langue qui semble plus structurée, avec un vocabulaire plus varié. En Afrique ou en Amérique du Sud, c'est peut-être la langue de l'entourage, mais en Amérique du Nord, la première langue parlée par un enfant, c'est la langue de la baby-sitter. L'enfant finit par parler et la mère se croit à l'origine d'un tel miracle. Comme dans toute situation de colonisation, on doit faire comprendre au nouveau-né que l'univers dans lequel il vient de débarquer est cohérent. Et sa mère, infaillible. Tout est régi ici par des règles implacables. C'est un monde figé. Au fur et à mesure que le temps passe, l'enfant comprend que tout ça n'est qu'une façade. Et qu'en réalité sa mère n'a aucun pouvoir. L'enfant est donc la propriété de l'État. Si sa mère le frappe, il n'a qu'à appeler la police. Et on le confiera à n'importe qui d'autre. Que représente alors la mère ? Symboliquement beaucoup ; en réalité rien. Et le père, donc ? Son rôle commence à l'adolescence, s'il n'a pas déjà déserté la maison. Dans quel monde illusoire suis-je tombé ? se demande l'enfant qui vient de comprendre qu'il doit se débrouiller seul. Soupçonnant l'incompétence de la mère avec ses gazouillis sans fin (elle baragouine une langue primitive), l'État prend vite les choses en main, du moins en ce qui concerne l'éducation de l'enfant. Mais ce n'est pas mieux. Il parque tout le monde dans une chambre fermée en inventant l'éducation collective, détruisant à jamais l'originalité de l'enfant. L'enfant découvre des profs dont la plupart font semblant d'aimer l'enseignement alors qu'ils sont simplement payés pour le faire. Déjà cette confusion entre l'amour et l'argent. Dès lors le rapport avec l'argent baigne dans le mensonge. L'argent est sale, mais on semble si heureux de le tripoter. Et l'amour n'est toléré en public que s'il est exempt de désir. Pour survivre, l'enfant doit apprendre à décoder rapidement cet univers étrange où ce qu'on nous cache semble plus fascinant que ce qu'on nous apprend. Il y a donc un code secret qui permettrait de passer de l'autre côté du miroir. C'est un mouvement incessant. Des nouveau-nés débarquent nus chaque jour, sans parler la langue locale et ignorant tout des mœurs et coutumes du pays. Tandis que les adultes semblent être là depuis toujours. Ils paraissent si à l'aise dans ce monde qu'ils ont contribué à construire, refusant de voir briser leur jouet par le nouveau venu. Ce n'est pas la première fois que l'humanité se sent en danger à cause de l'appétit monstrueux d'un nouveau-né dont on ne sait de quelle étoile il vient. Déjà Hérode, dans l'Ancien Testament, avait lancé sa troupe à la poursuite du plus subversif d'entre eux. Chaque naissance contient un risque pour l'humanité. On se demande combien de fois par jour on joue notre sort. Faire comprendre que nous sommes les propriétaires d'un monde dont il ne peut être que locataire. Le vieux principe syndical de l'ancienneté. C'est par l'école qu'on pourra lui enfoncer cela dans le cerveau. Il doit savoir que ceux qui l'ont précédé ont consenti d'énormes sacrifices pour que le monde soit ce qu'il est aujourd'hui. Au lieu d'offrir le monde au nouveau-né, on le lui fait payer. L'enfant ne tardera pas à découvrir le pot aux roses : nous sommes tous de passage. Et la conduite de l'adulte est déterminée par la proximité de sa mort. Ce sont donc les règles de sa mort qui régentent ce système. Si on meurt, c'est parce qu'on a menti sur l'essentiel. Et quel est cet essentiel ? L'amour sous toutes ses formes. L'amour est l'acte subversif capable de détruire toute doctrine. Son origine est mystérieuse. Quelqu'un l'a-t-il ramené de là-bas ? Possible, car le nouveau-né comprend immédiatement chaque geste d'amour. L'amour permet de déplacer le regard de son propre nombril vers le visage du Survenant pour comprendre que celui-ci n'est pas un ennemi qu'il faut vider de sa substance (l'intégration). Si on oubliait un moment cette identité folklorique qui ne cherche que la différence avec l'Autre, pour nous intéresser à cet art universel qu'est l'amour qui efface les distinctions en éliminant la notion de propriété privée ? Le bien le plus précieux devient alors la simple présence de l'autre. Le nouveau-né comprend ça spontanément, comme il sait à quoi sert un sein de lait. Et comment se manifeste ce savoir ancien chez l'enfant ? Il sent les choses. Et cela s'appelle : la poésie, la fraîcheur, la spontanéité. Surtout pas les bons mots que les parents répètent fièrement dans les salons. Une poésie plus rugueuse, faite d'un regard qu'on plonge si profondément dans le vôtre que vous vous sentez complètement absorbé. Avalé, possédé, annihilé. D'où vient une telle force ? C'est que l'enfant voit un autre monde que celui dans lequel nous vivons. Un monde où la guerre n'est pas une fatalité. Et où la faim ne s'explique pas uniquement par la politique-fiction. L'enfant voit naturellement un monde sans guerre où l'on mange à sa faim. Est-ce si naïf ? Ou simplement qu'on n'a plus la force de mener de pareils combats ? On se dépêche de lui apprendre à accepter les choses comme elles sont, alors qu'en réalité on devrait lui enseigner à combattre cette injustice qui fait qu'une petite minorité vit comme des pachas tandis que la grande majorité crève. Le projet, c'est d'en faire un nouveau propriétaire prêt à défendre ses acquis face aux prochains locataires. Pour y arriver, il faut d'abord l'empêcher de se construire. Quitte à lui entrer, à coups de marteau, notre vision de la vie. On lui volera ainsi son enfance. Cela n'arrive pas uniquement à l'enfant battu, ou à l'enfant violé. Le massacre se fait ailleurs. L'enfant qui n'a plus le temps de regarder tomber la pluie et qu'on pousse dans un monde artificiel de jouets mécaniques. C'est cette dictature du divertissement qui l'éloigne le plus sûrement du monde grave de l'enfance, ce monde fragile mais indestructible.

L'art de combattre l'ennui

De tous les récits qui ont illuminé mon enfance,
ce sont ceux qui racontent les aventures de pirates
qui m'ont laissé le plus souvent fiévreux. Je passais
des journées entières assis au pied d'un manguier
à suivre ces hommes sans foi ni loi dans la plus
périlleuse des expéditions : la recherche
d'un trésor caché sur une île déserte. Il y avait toujours
deux bandes rivales, et chaque bande avait son chef
qui me faisait vraiment peur. L'un avait
une jambe de bois, et l'autre était borgne.
Mais le plus dangereux de tous était l'aveugle
dont la canne pouvait être meurtrière.
Les deux bandes détenaient, chacune, une moitié
de la carte qui devait indiquer l'endroit exact
où était enfoui le trésor. Je ne sais pas à quel moment,
j'y ai vu une magnifique métaphore
de la littérature. L'un est écrivain. L'autre, lecteur.
La carte complète, c'est le livre. On doit se dire,
chaque fois qu'on tient un livre dans ses mains,
qu'il s'agit là du résultat d'une des plus mystérieuses
batailles dans les régions sauvages et pures

de l'enfance. Là où le rêve tient lieu de réalité.
Je vous invite à fêter l'instant de cette rencontre.
Cette émotion qui fut si souvent notre alliée
pour affronter l'ennui, ce monstre blême qui a poussé
notre ami Cervantès à créer l'immortel chevalier
à la triste figure.

Nous sommes tissés de fables

À voix basse

L'organe érotique par excellence, c'est l'oreille. C'est par la parole, dont le silence est la partie immergée, qu'on parvient à séduire ou à convaincre. Nous passons une bonne partie de notre vie à parler ou à écouter. On peut regarder, marcher, manger, danser ou pleurer sans que cela implique un autre. Parler ou écouter se fait généralement à deux, sauf dans certains cas problématiques. Au moment de l'acte sexuel, on entend parfois : « Parle-moi, parle-moi. » On peut se demander de quel moi il s'agit. Est-ce la personne qu'on connaît ou une autre qui nous fait signe, tapie au fond de l'oreille ? On n'ose pas aller voir de près ce minotaure qui ne parvient à respirer qu'en entendant la voix humaine se faire si basse qu'elle devient musique. Ce n'est pas ce qu'on dit qui compte, mais une certaine modulation qui circule de manière sinusoïdale jusqu'à ce monstre si gourmand de récits. C'est de lui que nous vient depuis l'enfance cette fringale de lecture qui nous prend surtout le soir : la voix de la mère relisant sans cesse la même fable pour l'enfant souriant dans sa baignoire, les feuilletons que l'adolescent dévore sous le drap avec une lampe de poche, jusqu'au polar qu'on lit au milieu de la nuit pour échapper à l'insomnie. La voix intérieure. Je me revois lisant ce fameux passage des sirènes dans *L'Odyssée* et ne comprenant pas la résistance d'Ulysse à ces voix harmonieuses qui l'appellent du fond de la mer. J'ai toujours cru qu'il y avait là une certaine ironie de la part d'Homère qui se désolait de notre surdité volontaire. Là où Alice suit le lapin au fond du terrier, Ulysse se bouche les oreilles. Lewis Carroll a-t-il voulu réchauffer le cœur du vieux poète en montrant que l'on pourrait être plus intrépide que son Ulysse ? Ce manque de goût pour l'aventure (jamais il ne prend d'initiative) a failli faire de *L'Odyssée* un buffet chinois où le personnage principal goûte à tous les plats sans s'arrêter à aucun. Alice plonge, tête baissée, dans une seule aventure aux multiples facettes, certes. Au fond du terrier, je ne m'étonne pas qu'on n'entende aucun son. C'est un livre où l'oreille est absente. Mais où les autres sens sont si présents.

Un cœur palpite entre les pages

Les deux grandes stars du roman furent, depuis le début, l'amour et la mort. Quand de tels ingrédients, à haute intensité chimique, se retrouvent harmonieusement emmêlés dans un livre, on a affaire à un chef-d'œuvre, ce qui n'est pas toujours une bonne nouvelle car le chef-d'œuvre rate parfois le but en le dépassant. Un lecteur transi d'admiration n'est pas dans la bonne disposition pour vivre une relation intime avec l'écrivain. Revenons à nos thèmes si usés mais encore de service (l'amour et la mort). L'amour, généralement, ne concerne pas plus que deux vies ; la mort définit parfois une époque. Des époques plus tragiques que d'autres, traversées par la guerre ou une épidémie dévastatrice, où le spectre de la mort hante le livre comme pour rappeler aux amoureux que la frontière est bien mince entre la vie et la mort. Il me semble, malgré tout, que l'amour, plus souple dans ses manifestations (on peut aimer souvent, mais on ne meurt qu'une fois), reste le composant fondamental du roman. Quand il n'est pas dans le roman, on peut l'imaginer pas trop loin et toujours prêt à se manifester. Son parfum flotte dans l'air. L'amour imprègne si fortement chaque trace écrite que je peux sentir sa présence jusque dans les innocents théorèmes d'Archimède dont le début me paraît assez sensuel pour jeter un lecteur en manque dans les affres du désir. Quand je lis qu'un « corps plongé dans un liquide reçoit une poussée verticale de bas en haut », j'y vois immanquablement un couple en train de faire l'amour dans l'eau. C'est vous dire que tout peut nous ramener à cela. Chaque lettre de l'alphabet contient une charge sensuelle qui trouve son détonateur dans le cerveau du lecteur. Ce naïf lecteur qui ignore à quel danger il s'expose en ouvrant un roman. Il arrive qu'une histoire finisse par exploser en nous des années après sa lecture. Toutes ces histoires d'amour, sous les formes les plus diverses, font de nous des lecteurs toujours assoiffés du filtre amoureux. Le plus beau paysage pour un lecteur, c'est un visage illuminé par la passion. Si l'écrivain, pour faire original, cherche à éviter ces battements intempestifs qui changent trop brutalement le rythme de son récit, l'éditeur, effrayé, réclamera tout de suite « l'histoire d'amour ». Sinon le critique le lui reprochera à mots couverts, et le libraire fera la gueule en voyant la redoutable jeune lectrice replacer dans le rayon, avec une moue, le livre. On pourra se demander pourquoi l'amour s'est installé dans le roman. Est-ce parce qu'il est capable de l'éclairer d'un coup d'aile ? On a vu des romans médiocres prendre leur envol à la première nuque aperçue à la fin d'un chapitre. Aussi loin qu'on remonte dans la généalogie du roman, l'amour a toujours été là. Plus fort que la guerre. Personne n'aurait ouvert le livre d'Homère si ce dernier n'avait pas soigné sa quatrième de couverture : si on va en guerre, c'est pour délivrer une femme. Et naturellement elle est jeune et belle. Beaucoup de livres d'histoire contestent cette version un peu édulcorée de la guerre de Troie, mais Hélène séduit encore les lecteurs. Notons que les historiens reviennent inlassablement pour préciser qu'Hélène ne fut qu'un prétexte. Mais on cherche autre chose dans un roman que la vérité historique. Ce qui a permis au bouquin d'Homère de traverser les siècles, c'est l'idée que des hommes ont affronté la mort pour les beaux yeux d'une femme qu'ils n'avaient jamais vue. C'est cela qui est éternel, et non les conquêtes militaires et la frénésie du pouvoir. L'ivresse arrive vite avec un pareil cocktail : la guerre, le pouvoir, l'amour. Est-ce pourquoi le poète aveugle (et peut-être multiple) a utilisé le même artifice pour le retour ? Sur un petit voilier qui a tout l'air d'un bouchon de liège ballotté par les vents capricieux, Ulysse, dont le sort amuse des dieux pervers qui placent sur son chemin des pièges exquis, ne pense qu'à retrouver son épouse. Si dans le premier récit on affronte la mort pour une femme inconnue, dans le second ce sera pour une femme qu'on connaît trop. Et depuis c'est la ruée vers cet or qui éblouit le lecteur en enrichissant parfois l'écrivain. On ne cherche pas à lire une histoire d'amour, on traque l'amour lui-même dont on espère que le code se cache dans une des nombreuses combinaisons de l'alphabet. Est-ce ce carburant qui circule dans les lettres formant le nom d'Hélène qui a permis au roman d'Homère de traverser le temps? Quand Shakespeare rafistole ce banal fait divers de deux adolescents amoureux qui finissent par se tuer dans un quiproquo mal fagoté, le lecteur sent que cela ne se joue pas là et que quelque chose d'essentiel lui échappe. Cette histoire d'amour ne sert qu'à réactiver l'amour chez celui qui s'expose au petit nuage de vers vénéneux qui constitue l'art de W. S. Ce nuage intoxiquant s'échappe des corps de ces adolescents embellis par la mort. Faut-il alors croire que l'amour et la mort sont les ingrédients qui pourraient donner accès à l'immortalité?

La première lecture

Je me demande si la lecture durant la haute enfance existe dans les pays où il n'y a pas de baignoires. C'est plutôt la région du monde où les enfants du voisinage se rassemblent sous la tonnelle pour écouter une vieille narrer des contes chantés. En Amérique du Nord où il y a une baignoire dans la plupart des familles, le bain du soir est une torture que les enfants font payer à leur mère en exigeant d'elle la lecture. Cela commence au bain pour se terminer au lit. C'est un moment très intime. C'est toujours le même livre. Tapi au fond du lit, l'enfant contrôle les moindres méandres de ce moment sacré. Son pouvoir est, ici, absolu. La mère a beau tenter de lui faire comprendre, discrètement, qu'il y a d'autres livres aussi intéressants que celui-ci, l'enfant reste têtu en exigeant non seulement la même histoire, mais encore qu'elle soit racontée chaque fois de la même manière, avec les mêmes mimiques et les mêmes intonations. On n'est pas encore dans la culture, mais dans quelque chose qui se rapproche de la géologie. C'est à ce moment-là que se forment les sédimentations de sa sensibilité. On se demande pourquoi l'enfant exige toujours la même fable. Parce qu'il ne s'agit pas d'une simple histoire. Cela deviendra une histoire comme les autres quand il comprendra qu'il y en a plus d'une. Pour le moment on lui dit une fable qui commence ainsi : « Il était une fois… » Une seule fois. Il n'y a pas lieu d'en douter. L'enfant croit qu'il n'existe qu'un livre, comme il n'y a qu'une mère. Déjà, bébé, il a eu certaine difficulté à croire qu'il y a deux seins gorgés de lait. Pourquoi, se demande-t-il, le lait du sein gauche ne se transvase-t-il pas dans le sein droit quand ce dernier s'est vidé ? La machine du corps n'est donc pas au point. C'est que l'enfant vit dans un monde de choses uniques qui le poussent à ne plus penser à hier et à ignorer demain. Son attitude face à cette fable que lui raconte sa mère n'est pas différente de celle d'un adulte croyant face à la Bible. Les deux veulent entendre la même histoire et voudraient qu'on n'y touche pas à une virgule. La kabbale. Pour le croyant, comme pour l'enfant, l'univers se résume à cette histoire. Car il trouve tout dans cette fable que lui raconte sa mère après le bain (*Cendrillon* ou une autre) : l'amour, la peur, la jalousie, la tristesse, la traîtrise, la joie, la méchanceté. Et surtout les multiples nuances de la voix de sa mère. On assiste dans cette chambre à l'affrontement de deux puissantes volontés, de deux visions complexes du monde. Si la mère sait ce qu'est un enfant (elle l'a porté neuf mois dans son ventre), elle ignore ce qui se passe dans sa tête. L'enfant, lui, l'observe tandis que son intelligence toute neuve s'active à vive allure. Il analyse d'abord la musique de sa voix : celle entendue alors qu'elle l'hébergeait dans son ventre, et celle entendue après qu'il a été mis à la porte du ventre. Les nuances sont si fines qu'il exige qu'elle lui lise la même fable, ou qu'elle lui chante la chanson qu'elle avait l'habitude de lui chanter quand il n'était pas encore né, afin qu'il détermine la différence entre deux sonorités (celle du dedans et celle du dehors). Avant d'arriver à l'histoire proprement dite, il faut s'arrêter à la couleur des mots. On accorde tellement d'importance au sens des mots qu'on oublie qu'ils ont aussi une couleur. Rimbaud, qui a ses entrées dans l'univers de l'enfance, a deviné la couleur des lettres en regardant défiler ce long ruban multicolore piqué de voyelles chatoyantes qu'est la phrase. C'est ainsi qu'on perçoit la musique d'une phrase sans connaître le sens des mots. Et cette musique n'a souvent aucun rapport avec le sens de la phrase qu'il vaut mieux parfois ignorer. Alors quel est le véritable enjeu de ces inlassables séances de lecture nocturne? C'est que l'enfant se passionne pour un personnage beaucoup plus intéressant que ceux de la fable : sa mère. Le livre est un miroir sans tain placé entre lui et le visage de celle-ci. La mère lit candidement la fable sans savoir que cet ordinateur hautement perfectionné qu'elle a gardé neuf mois dans son ventre est en train d'absorber chacun de ses tics, chacune de ses mimiques, chaque quart de sourire, et la plus allusive émotion qui effleure son visage. Tout est étudié pour comprendre le monde du dehors. C'est pour cela qu'il lui fait reprendre tant de fois la même histoire, afin de bien voir si elle réagira de la même manière au même moment. Et de noter les différences infinitésimales entre les prises. La mère lit la fable pendant que l'enfant l'observe sans perdre aucun geste, si infime soit-il, de ce rituel qu'il devra reprendre plus tard pour son propre enfant. On aimerait bien savoir à quand remonte cette étrange cérémonie où quelqu'un raconte à quelqu'un d'autre une histoire surgie de l'imaginaire d'une troisième personne qu'ils ne connaissent pas. Et pourtant la magie opère. Cela voudrait-il dire que nous ne sommes qu'une seule personne avec un seul récit des origines qu'on nous raconte par fragments? Nous cherchons constamment des traces afin de trouver une logique dans cette aventure humaine.

Kafka à Miami

Le livre est éternel, mais nous sommes mortels. Quand je dis que le livre est éternel, ce n'est pas une opinion sur la qualité de la chose. Certains écrivains rêvent d'être lus cent ans après leur mort. Ce qu'on appelle la postérité. Eh bien, cela dépend de vos lecteurs. Quand on va dans le garage des gens et qu'on voit ce qu'ils collectionnent, on se dit que la postérité, ce n'est pas grand-chose : souvent des romans-photos. Dans cette histoire, c'est la qualité du papier qui compte. Le papier du roman-photo et des magazines féminins, je le dis sans sarcasme parce que ces magazines m'ont beaucoup aidé dans la connaissance des femmes. Avant de m'y intéresser, je n'avais aucune idée de la menstruation ou de la ménopause, et surtout de ce qu'on appelle le rayon de la lingerie légère (c'est conçu pour les femmes mais bon pour les hommes, comme dit la pub). Mais on imagine que c'est peut-être cela (ces romans-photos et ces magazines) que la postérité retiendra de notre époque, et pour la simple raison que la qualité de leur papier leur permettra de rester longtemps en bon état. On les trouvera intacts dans les greniers et les garages de la planète, comme ces corps découverts par les archéologues de l'Arctique, que la glace a conservés pendant des millénaires. D'ailleurs quand les gens bouquinent à Paris sur les bords de la Seine ou à Montréal le long du Saint-Laurent, je remarque que même les hommes feuillettent les vieux magazines qui s'y trouvent. C'est cela qui traverse le temps. Pourquoi alors ne pas dire simplement ce qui nous intéresse et qu'on n'en parle plus ? Je dis cela parce que l'été approche, et dans quelques jours débutera la chasse au livre d'été. Le seul mauvais livre, à ma connaissance, c'est le livre conçu par un éditeur et dont le but est d'être lu durant une saison particulière. Il faut qu'il soit captivant et épais, et on comprend pourquoi. Parce que cette lectrice, sur la plage, n'a pas envie de regarder son mec en train de saliver à zieuter toutes les filles qui passent en se tortillant les reins. Elle n'a pas envie non plus de regarder passer ces filles qui portent des bikinis roses alors que tout ce qu'elle peut faire sur une plage, c'est jouer à l'intellectuelle — c'est ainsi quand on refuse de s'affamer les derniers mois précédant l'été. Mieux vaut s'enfoncer dans un gros roman policier (il y a même une version pour l'été) qui ne vous oblige pas à vous lever la tête. Un bon livre, au contraire, ne cherche pas à vous captiver, il vous fait regarder vers le haut (le ciel sans nuage d'été) tout en plongeant au fond de vous-même. Je vous jure que c'est aussi excitant qu'un thriller. C'est bouleversant de se sentir intelligent. Et c'est ce qui permet de dire merde à un système qui pousse une femme à acheter un billet d'avion, une chambre d'hôtel, des boissons colorées avec une tranche d'ananas et à emprunter une serviette de plage pour aller se faire humilier par toutes ces filles filiformes qui gagnent leur vie avec ce que le bon Dieu leur a donné. Car tout le monde sait qu'on ne va pas à la plage pour lire, ni pour la mer où on ne voit que des enfants qui crient et de gros hommes huilés. Alors c'est pourquoi ? Mais, voyons, pour se montrer. Que se passe-t-il quand ce n'est pas possible ? Rien. Le calme plat. Un goût amer dans la bouche. Et la culture ? On s'instruit. On lit Kafka à Miami. On trouvera sûrement dans quelques siècles des romans-photos avec quelques grains de sable entre les pages.

L'art de se perdre

Il y a se perdre dans l'espace, ça c'est facile, et on finit
toujours par se retrouver à Rome. Il y a aussi se perdre
dans le temps, et, quand on s'en rend compte,
c'est déjà trop tard. Confondre le passé avec le présent
n'est pas la pire des choses. Le problème,
c'est le futur antérieur. La grammaire qui est censée
nous indiquer le bon sentier dans cette forêt
du langage ne nous est pas toujours d'un grand
secours. En fait, on ne se perd que si on sait
où aller et qu'on ne parvient pas à y arriver.
Si nous ne nous préoccupons pas de notre destination,
il n'y a pas lieu alors de nous intéresser au point
de départ. Il reste qu'il est plus dangereux
de se perdre dans le temps que dans l'espace.
Mais à quel moment vous ai-je perdu, vous ?

De la nature du pouvoir

Les hommes en gris à cravate bleue
nous donnent le vertige

On ne les croit pas quand ils parlent. N'importe qui se sent le droit de les insulter en public. On ne fait aucune différence entre celui-ci et un autre confrère qui vient de commettre une malversation à l'autre bout du monde. On les complimente rarement pour une bonne action, mais on ne leur pardonne aucun faux pas. Tous des pourris, entend-on dire à propos d'eux. On semble associer définitivement ce métier à la corruption et au mensonge, et cela depuis la nuit des temps. On se demande ce qui les pousse à se laisser ainsi traîner dans la boue. À entendre certains politiciens, tout s'est décidé en dehors d'eux. Comme s'il s'agissait d'une pièce de théâtre amateur dont on a distribué les rôles sans tenir compte de l'avis ni de la compétence des acteurs. Pour décrire son métier, un ministre m'a confié, une fois, qu'il avait l'impression d'avoir joué à la roulette russe sans discontinuer pendant quatre ans. Pourtant on les retrouve chaque jour dans les quotidiens et dans les conversations de café. Ils sont, quoi qu'on dise, plus présents dans l'esprit des gens que les stars du rock, les champions sportifs et les actrices d'Hollywood. Le politicien à la télé est souvent vu comme le gendarme des spectacles de marionnettes dans les jardins publics. C'est un personnage ridicule qu'on espère voir tomber dans de grossiers pièges. C'est toujours le même refrain : l'argent et le sexe. Corruption et perversion. Mais quand le citoyen croise le même politicien dans la rue, il le congratule, le flatte, se met de son côté pour fustiger ses adversaires qui ne pensent qu'à le faire couler. Pourquoi deux comportements aussi contradictoires ? C'est là qu'on comprend que le pouvoir se situe à un endroit inaccessible. Ce sont ses représentants qu'on blâme, mais la ferveur à son égard reste intacte.

Le vertige du pouvoir

Le pouvoir, l'une des fortes passions humaines les plus fortes, provoque de tout temps une constante interrogation. On se demande à quoi tient cette inquiétante volonté de diriger les autres. Je ne parle pas uniquement du pouvoir politique, mais aussi de ses différentes métamorphoses. On veut se fixer au-dessus de la mêlée. Et hors du temps, car tout pouvoir entend durer. D'un autre côté, il faudrait analyser aussi ceux qui confient leurs droits à une poignée d'individus. Un grand nombre de gens se laissent mener presque aveuglément par un tout petit groupe. En revanche, ce petit groupe risque, à tout moment, d'être emporté comme un fétu de paille par la moindre exaspération populaire. L'alternance du pouvoir. Voilà cet instrument assez primitif qu'il nous a pris des siècles à peaufiner et dont nous sommes tant fiers. Qu'est-ce qui retient alors le grand nombre d'exercer lui-même ce pouvoir, ou plus simplement de s'occuper de ses affaires ? Oh, la belle anarchie ! s'exclame-t-on ici et là. Je signale qu'on n'a pas encore sérieusement essayé. Le rapport du pouvoir avec le temps semble assez tumultueux. Le temps, ce cheval fou qu'on n'arrive toujours pas à dompter. On voudrait rester le plus longtemps possible au pouvoir. Mais une fois arrivé là-haut, le temps va plus vite. Et nous vieillissons aussi plus rapidement. Il n'y a que les dictateurs que le pouvoir fait rajeunir. Toujours se méfier d'un homme au pouvoir qui ne vieillit pas. C'est qu'il se ménage. Ceux qui sont au pouvoir dans les pays démocratiques où on leur demande constamment de rendre des comptes envient ces vieux dictateurs qui ne quittent le palais que pour une dernière promenade au cimetière. Si, dans le tiers-monde, c'est un seul homme qui refuse d'abandonner le fauteuil présidentiel, en Amérique du Nord, c'est toute une génération qui ne veut pas céder la place à la suivante. Les visages changent au sommet ici, mais juste en dessous c'est la même classe qui garde le pouvoir. Tout se fait proprement, pas comme dans les sanglantes dictatures. Dans le tiers-monde, c'est la force qui donne sa légitimité au pouvoir. En Occident, ce sont les institutions qui garantissent le pouvoir à une classe donnée. Bon, de temps en temps, le monstre se réveille et avale ceux qui se trouvent dans son entourage. On se demande pourquoi une telle imprudence. C'est qu'on se sent vite familier avec le pouvoir. On s'installe à son aise. Et on arrive tout de suite à ce sentiment d'impunité. Les rares qui ne baissent pas la garde sont ceux qui nourrissent une ambition encore plus grande que de prendre la tête de l'État : ils veulent passer à l'histoire. Alors ils font attention. Un parcours propre avec de grandes réalisations, même si pour y parvenir il faut affamer le peuple. Et piétiner les institutions culturelles qui fournissent ses plus solides contestataires à la rue. Pour le reste, les hommes politiques sans envergure, comme on dit, tentent de s'accrocher au fauteuil par tous les moyens avec pour seule devise : pas de vagues. On ne tire que sur une cible visible, soyons invisible alors, se dit le vieux crocodile. Ce serait naïf de penser que le pouvoir n'est qu'un banal marécage à crocodiles. Il y a aussi des gens, peu nombreux certes, qui croient encore dans le service public. On les repère facilement par cette façon de concevoir les choses au-delà de leur personne. Et de présenter des projets dont la durée dépasse leur espérance de vie. Le problème, c'est qu'on a l'impression que le peuple (oui, il existe) se laisse facilement séduire par ces voyous qui dansent si bien la java de la corruption. Ce peuple qui aime se sentir moralement supérieur à ses représentants. D'où ce mépris constamment affiché du quidam pour l'homme politique. Ce qui révèle un dangereux sentiment d'impuissance qui finit par provoquer l'effet contraire. Car, on le sait, l'homme méprisé n'éprouve plus aucune honte à devenir méprisable.

Le roman du pouvoir

C'est l'obsession de l'écrivain sud-américain. Chacun essaie de dessiner selon sa sensibilité ce dictateur mythique. Pour l'écrivain de cette région du monde, le dictateur est un personnage éminemment romanesque, le seul d'ailleurs capable de le faire accéder à l'universel. Le grand roman est donc un portrait en pied de ce monstre venu des profondeurs du rêve qui s'est malheureusement imposé à la réalité des peuples. Le Guatémaltèque Miguel Ángel Asturias a eu le Nobel en 1967, principalement pour ce premier portrait d'un réalisme halluciné (*Monsieur le Président,* 1946). Le Colombien Gabriel García Márquez a passé des années à ciseler ce complexe échafaudage rhétorique (justement trop verbal) qu'est *L'Automne du patriarche.* Le Paraguayen Roa Bastos y est allé de son *Moi, le Suprême.* Le Mexicain Juan Rulfo, lui, a installé son laboratoire dans un village dévasté qui est en fait un cimetière, et où continue à régner par-delà la mort, sur un peuple de femmes et d'enfants (toutes les femmes sont ses maîtresses et tous les enfants sont de lui), cet étrange personnage qu'est Pedro Páramo. Et le Péruvien Mario Vargas Llosa, qui semblait rechigner à entreprendre une telle corvée, a finalement remis sa copie. *La Fête au Bouc,* ce portrait en forme de thriller surréaliste de Rafael Leónidas Trujillo (le dictateur de la République dominicaine, ce pays qui partage l'île avec Haïti), l'a remis en selle pour le Nobel qu'il aura en 2010, soit dix ans après la sortie du roman. Pour Haïti, c'est l'Anglais Graham Greene qui s'est chargé, avec ce brutal roman qu'est *Les Comédiens,* d'exposer l'univers parallèle de François Duvalier dit Papa Doc. C'est un roman bien fait, mais à mon avis, le gourou de la secte des tueurs aux lunettes noires (Graham Greene remarque que c'est pour qu'on ne voie pas leur regard triste qu'ils portent des lunettes noires) méritait un portrait moins cartésien. Cette fascination vient surtout du fait que l'écrivain sud-américain semble persuadé que le dictateur est un véritable concentré des qualités et des défauts de son peuple. Sinon, croit-il, les gens ne se reconnaîtraient pas autant en lui. Le dictateur ne se contente pas uniquement de semer la terreur, il occupe une importante place dans l'imaginaire populaire. Les élites peuvent bien conspirer, seul le peuple pourrait le chasser du pouvoir. Et le peuple ne se décide que s'il sent ce dictateur incapable d'harmoniser sa part de lumière avec sa part des ténèbres. Il faut qu'il soit capable aussi de passer, dans un seul mouvement, du réalisme le plus cru au mysticisme le plus profond. Le vrai dictateur doit savoir jouer des cordes sensibles du peuple comme Mozart du piano. On doit pouvoir le distinguer d'un homme fort, comme on distingue, d'un simple coup d'œil, un artiste de grand talent d'un génie. Il inspire, de ce fait, une sorte d'horreur sacrée mêlée de respect. Pour beaucoup d'écrivains sud-américains, c'est du bon fumier capable de faire pousser un chef-d'œuvre.

L'art de s'effacer

Il était debout près du cimetière, juste en face du stade
où se jouait un match de football. Long, maigre
dans un costume gris anthracite, sous un soleil
de plomb. Il fumait calmement. Je ne l'ai pas remarqué
tout de suite. Son ombre s'étirait jusqu'à toucher
la mienne. Je me suis retourné pour le saluer.
Le voilà qui blêmit. Le voyant au bord
de l'évanouissement, je me suis approché de lui.
Il m'a regardé un long moment sans rien dire.
« Qu'avez-vous ? » Nouveau silence. Finalement :
« C'est la première fois qu'on s'adresse à moi
depuis dix ans. Je m'étais fait invisible pour échapper
au monstre. » « Quel monstre ? » « Le dictateur.
Je ne voulais pas qu'il se rende compte de ma présence.
Comme il a des espions partout, il fallait
que personne ne me voie. Pour cela, je porte
le même costume, me tiens au même endroit,
fume la même marque de cigarettes,
et ne parle à personne . . . Comment
m'avez-vous repéré ? Ai-je fait une erreur ? »
« Vous n'avez fait aucune erreur, monsieur.

Je ne vis pas ici. Je suis rentré parce que
le dictateur vient de prendre l'exil. » Il s'était
si bien effacé qu'il n'avait pas su la nouvelle
qui secouait la planète entière depuis une semaine.

Un lecteur dans sa baignoire

L'écrivain chez lui

On parle beaucoup, ces jours-ci, de technologie nouvelle à propos du livre. Et si peu de ce qui fait qu'on a envie de lire ou pas. On devrait attacher un peu moins d'importance à l'objet et un peu plus à ce qui se passe quand on le tient dans ses mains. La lecture est un acte mystérieux car ce n'est pas normal que je puisse si facilement convoquer Virgile chez moi un mardi matin. Je parle bien de Virgile, le gars de l'Antiquité. Beaucoup de gens doutent qu'on puisse parler aux morts alors qu'ils vivent entourés de livres. Et toute bibliothèque est un cimetière peuplé de morts qui pensent. Il m'est arrivé d'aller rendre visite à Virgile, chez lui, je veux dire dans son siècle. Je l'avais dérangé dans son tête-à-tête hebdomadaire avec Dante, mais il s'est révélé chaleureux après le départ de ce dernier (ces deux-là se surveillent jusqu'aux portes de l'enfer). Je ne vous conseille pas d'aller voir Horace qui déteste les emmerdeurs, et il l'a écrit dans une amusante chronique où il expose pour toujours le portrait-robot du morpion. Ni Céline non plus qui jappe et mord. Mais si jamais vous êtes dans le coin du Moyen Âge, passez dire bonjour de ma part à notre Villon. François Villon est le frère de tous ceux qui, malgré le fait qu'ils soient « de pauvre et de petite extrace », rêvent de laisser derrière eux une trace plus profonde que celle du prince, ou du dictateur. C'est Borges qui m'a appris à traiter ainsi les écrivains, sans prêter attention au fait qu'ils soient nés il y a vingt siècles ou vingt ans. Le bon livre, qu'il soit de Virgile ou de Dante ou du dernier jeune romancier de vingt ans, renaît à chaque lecture.

Rilke dans sa nuit

Je me réveille, au milieu de la nuit, avec une fringale de lecture. Les livres sur ma petite table de chevet ne me disent pas grand-chose. Je les ai tous trop lus. Je vais en chercher de nouveaux dans la bibliothèque. J'aime lire au milieu de la nuit avec cette impression d'être le seul rescapé après la tempête du jour. Je choisis tranquillement quelques livres, dans cette étroite chambre qui sent la poussière et le papier, que j'amène dans la salle de bains. La nuit arrondit les angles et ramollit les corps. On se déplace alors en tanguant, comme si on se trouvait sur le pont d'un bateau. Je fais couler l'eau (deux tiers d'eau froide pour un tiers d'eau chaude) avant de me glisser dedans. J'étale les livres, par terre, sur une serviette. Puis je prends dans les livres rangés sur la petite étagère (là où se trouvent uniquement des livres que je relis) ces *Lettres à un jeune poète* de Rainer Maria Rilke que je n'avais pas repris depuis un moment. Il y a des livres qu'il faut avoir lu à dix-sept ans pour bien les goûter — *Bonjour tristesse* de Sagan, *Adolphe* de Benjamin Constant ou les romans de Hermann Hesse. Je n'aime pas trop non plus la moustache tombante et le regard de chien battu qu'affiche Rilke sur la couverture de ce mince recueil de lettres. Il est d'une tristesse à vous frigorifier même en été. Pas un marrant, ce Rilke. L'époque est déjà dure, on n'est pas obligé de montrer sa douleur avec une telle ostentation. Et puis l'idée d'un vieux poète donnant des conseils à un jeune homme un peu perdu n'est pas particulièrement excitante pour un lecteur de cinquante-cinq ans. C'est à mes yeux un procédé douteux qui semble accorder trop d'importance à l'expérience, surtout quand on sait que cette expérience n'empêchera pas l'Europe de se jeter dans une effroyable guerre dans moins de dix ans. On sait aussi, sur un plan plus intime, que l'expérience ne nous empêche pas de souffrir, de faire des bêtises ou même de mourir. Je préfère l'attitude de Cocteau qui voit un maître en un Radiguet encore inconnu et beaucoup plus jeune que lui. Me méfiant du progrès, je n'aime pas trop l'idée qu'on pourrait s'améliorer avec le temps. Bon, dès la première lettre, j'ai tout de suite compris qu'il s'agissait d'une vraie correspondance entre Rilke, un poète confirmé (quelle étrange expression!), et le jeune Franz Xaver Kappus qui lui soumet spontanément ses premiers poèmes. Rilke lui répond sur un ton assez juste. Les lettres de Rilke au jeune homme, éparpillées entre 1903 et 1908, sont d'une lucidité qui n'oublie pas la tendresse. Rilke saute d'une ville à une autre, à la manière d'un Valery Larbaud, mais à la différence qu'il n'arrête pas de gémir. Il a le cafard à Rome et est souffrant et fatigué à Paris. Le 23 avril 1903, il est près de Pise et il conseille à son jeune correspondant la lecture de Jens Peter Jacobsen, ce poète danois qu'il tient en très haute estime. Je ne cherche pas à vérifier cette opinion car je fais confiance au goût très sûr de Rilke. D'ailleurs je doute qu'on trouve encore de ses livres en librairie. Pour bien comprendre quelqu'un, c'est mieux de lire, par-dessus son épaule, les livres qu'il lit. On ne connaîtra pas un écrivain tant qu'on n'aura pas accès à sa bibliothèque, sa vraie patrie. Le problème, c'est qu'un poète secret comme Rilke s'entiche généralement d'artistes aussi discrets que lui. Des poètes qui, déjà à leur époque, vivaient entourés de mystère. Mais suivons Rilke dans son parcours en zigzag. Le 16 juillet, on le retrouve à Brême où il signale à son jeune correspondant qu'il a séjourné à Paris, il y a une dizaine de jours. Malgré son air lymphatique, cet homme a la bougeotte. Quand on pense qu'il faut un an de réflexions à un Hermann Hesse avant d'entreprendre le moindre déplacement. Ce qui étonne (en fait cela n'étonne nullement) chez ces globe-trotters, c'est que leurs pieds ne touchent jamais terre. Ils semblent si loin de cette réalité boueuse, celle où l'on parle de pain, de lait, ou de loyer à payer. L'argent est absent de l'univers de Rilke. Pas la maladie qui excite l'imagination. On souffre dans cette correspondance, car on sait que l'expérience s'acquiert par la douleur. Le corps vieillit vite, et on radote parfois. Sa lettre de Brême (il y séjourne tout près), toute criblée de conseils et de réflexions philosophiques, me semble, par moments, pesante. Les jeunes savent si peu de choses qu'il faut se faire pédagogue pour leur inculquer quelques notions de base qui font partie de l'arsenal d'un lecteur moyennement cultivé. Voilà qu'il déchire le voile qui cache la vérité des choses de ce monde, disons de son monde, en abordant un problème qui l'empale. Comme s'il rechignait à aborder ce problème, il écrit : « Le sexe est chose grave, certes. Mais grave est tout ce qui nous a été imposé, presque tout ce qui est sérieux est grave, or tout est sérieux. » Il y a là un gros poisson qui frétille au bout de sa ligne. Ne sachant pas quoi en faire, il le rejette immédiatement à l'eau. « Le sexe est grave, mais tout ce qui est sérieux est grave. » Par cette demi-confession on comprend tout de suite que le sexe l'habitait. Toute cette délicatesse dont il fait preuve à chaque instant n'est que le reflet d'une infinie tristesse face à cette tragédie intime. Le fait de ne pouvoir concilier son éducation raffinée avec cette énergie sauvage qui lui court dans les veines. Une vraie drogue qui le laisse parfois pantelant sur le plancher des chambres d'hôtels luxueux. Toutes ces petites maladies avec lesquelles Rilke ne cesse de nous bassiner, c'était pour éviter de nommer la vraie, celle qui provoque « la petite mort ». Faut-il comprendre ainsi ce peu de « réalité » qui existe dans sa correspondance ? On attend son « carnet noir », comme celui où Tolstoï a transcrit ses fantasmes. Cette courtoisie ne sert qu'à faire taire la bête blessée qui hurle en lui. L'Europe d'avant la Première Guerre produit une culture si raffinée qu'elle finit par rendre impuissant. Cela ne viendrait-il pas du fait qu'on voudrait tout contrôler ? Et en échange de cette absence d'émotion, on vous offre le confort. Tout cela va basculer quelques années plus tard dans une Première Guerre mondiale qui permet à ces sociétés de se déchaîner. Pour l'instant tout semble sous contrôle. Les banques prospèrent, les rues sont sûres, la vertu des femmes est bien protégée, la police empêche les débordements des populations que la famine affole. J'entends encore Rilke murmurer ce mantra au jeune poète qu'il tente d'instruire : « Le sexe est chose grave, certes. Mais grave est tout ce qui nous a été imposé ». Et je regarde de nouveau sa photo et comprends cette fois son regard triste. En fait les lettres de Rilke ne parlent pas de poésie, ni de sagesse, et c'est là toute leur force, elles signalent un grave danger. Les institutions qu'on a créées pour nous permettre de vivre ensemble nous ont en fait déshumanisés. Effrayé lui-même par ce discours désabusé, Rilke tente de s'étourdir avec une longue dissertation sur la nature, le désir, la beauté des choses — un écran de fumée censé nous empêcher de percevoir cette lourde réalité avec ses hurlements intérieurs. Même sous une tonne de poncifs, le cri de Rilke nous parvient. D'ailleurs il revient sur le sujet près d'un an plus tard, sur un ton plus posé mais non moins désespéré, en notant que « les exigences qu'impose à notre évolution le difficile travail d'amour ne sont pas à la mesure d'une vie et les néophytes que nous sommes sont incapables d'y faire face ». On observe un léger déplacement, on ne parle plus de sexe mais d'amour, et l'effort qu'il exige est si grand qu'il devient « le difficile travail d'amour ». Cesare Pavese, qui ressemble à Rilke sur certains points, parle, lui, près d'un demi-siècle plus tard, du « métier de vivre ». Voir en l'amour un travail (*travail* a la même origine que *douleur*) et en la vie un métier, on comprend qu'un tel siècle ait pu provoquer deux guerres mondiales. Et le sexe que l'Église présente comme une pomme empoisonnée est au cœur de l'affaire. Je m'apprêtais à plonger dans le reste de cette curieuse correspondance qui dit tant à mots couverts, quand il y a eu cette panne d'électricité. Sans aucun avertissement, le noir s'impose. Et toutes ces petites lumières qui s'éteignent en même temps (avec un décalage de dixièmes de seconde) dans la maison. Et le bruit des machines électriques que je n'entendais d'ailleurs plus qui s'évanouit, comme absorbé par la nuit. Je suis allé à la fenêtre pour voir la rue dans l'obscurité la plus totale, et les maisons voisines aussi éteintes. Je me croyais au cœur de la nature, de cette nature dont me parlait Rilke, pour subitement découvrir que je n'étais, moi-même, qu'une ampoule électrique qu'on pouvait allumer ou éteindre à volonté. Comme Rilke qui découvre qu'il n'est pas ce poète souverain mais un homme privé de sa dimension la plus naturelle, sa sexualité. Et c'est là qu'il me touche le plus profondément.

Cette extrême tension chez Tanizaki

J'ai beau chercher mais je n'arrive pas à me rappeler quand Tani-zaki est entré dans ma vie de lecteur. Il l'a fait de manière si discrète. Tanizaki, dans la vie, est plutôt timide. En cela il est le contraire de cet écrivain si hardi qui a écrit ces deux laconiques chefs-d'œuvre : *Journal d'un vieux fou* et *La Confession impudique*. Pendant longtemps ma préférence allait à *La Confession impudique* qui décrit les rapports sexuellement pervers dans un couple traditionnel. Aujourd'hui je relis le *Journal d'un vieux fou* avec plus de plaisir qu'avant. Il me paraît plus torturé, plus humain aussi, sans toutefois perdre de cette audace qui fait la modernité de Tanizaki. Avant de rencontrer Tanizaki, j'ai eu ma période Mishima. Mishima qui a fait de sa vie une fiction pour mourir comme un personnage de manga. Puis ce fut Kawabata et son regard glacial sur les êtres qui me donne parfois froid dans le dos. Mishima et Kawabata se sont suicidés. Dans le mince livre de correspondance publié après leur mort, on voit un jeune Mishima cherchant l'affection du maître qu'était déjà à l'époque l'auteur de *Pays de neige*. Je les ai perdus de vue dès que j'ai eu en main le *Journal d'un vieux fou*. Ce roman est en fait un journal tenu par un vieil homme tout perclus de maladies durant l'été de ses soixante-dix-sept ans. Le narrateur n'a aucune ambition littéraire (c'est toujours troublant de voir quelqu'un écrire avec une pareille insouciance un chef-d'œuvre). Il note simplement ses observations, comme ses réflexions, durant ces mois de grande chaleur. Il est complètement obsédé par sa belle-fille qui vit avec son fils sous son toit. Sa femme, inquiète, veille. Le fils, lui, est absorbé par son travail et ne semble rien voir de ce qui se trame autour de lui. En effet tout ce monde prend vie chaque fois qu'il s'absente. Et, comme il fallait s'y attendre, la jeune femme couche avec un de ses cousins qui travaille à la télé. Croyez-moi, ce n'est pas un vaudeville. Tanizaki prend le sexe trop au sérieux pour en rire. Une forte tension règne dans cette maison somme toute bourgeoise. Le vieil homme dispose d'assez d'argent pour satisfaire les fantaisies de sa belle-fille en échange de quelques privautés. Comme toujours dans ces huis clos poisseux, la morale en prend pour son rhume. L'écrivain est assez habile pour laisser certaines choses en suspens. Le vieil homme suit attentivement la courbe de sa santé qui ne cesse de décliner. Les fortes émotions ne lui sont pas recommandées. Le médecin est souvent appelé l'après-midi. La crise se passe durant l'heure de la sieste. C'est le moment où la jeune femme prend sa douche, ce qui provoque généralement une montée du désir chez le vieillard. Constant affrontement, dont le narrateur rapporte lucidement les péripéties, entre l'âge et le désir où l'un dépend de l'autre pour sa survie. Bon, je crois que c'est le moment de montrer ce narrateur qui se voit laid, ridé et définitivement impuissant. Connaissant son sens de la modernité, qui s'exprime par cette rapidité à introduire les éléments de la vie contemporaine dans ses récits, on peut parier que si cette histoire se passait aujourd'hui, il aurait introduit le viagra dans son roman. Malgré cette impuissance acceptée, la folie sexuelle n'est pas épargnée au vieil homme qui n'arrête pas de prendre froid à courir le théâtre et les soupers en ville pour rester dans le sillage de sa belle-fille. C'est un amateur éclairé du kabuki et de la gastronomie. On le voit dans ce Tokyo étincelant de culture en quête d'une bonne pièce et d'un bon restaurant. On sent malgré tout qu'il se passe quelque chose de plus sombre derrière cette frénésie. Un désir s'infiltre dans ses veines, enflammant son corps, comme son esprit, au point de mettre sa vie en danger. Sa tension monte dangereusement quand la jeune femme lui permet d'embrasser son genou — et sans la langue dont le froid et la douceur la dégoûtent. Cette petite privauté lui coûte une fortune. Alors qu'il refuse à sa fille un peu d'argent pour qu'elle puisse se loger dans un appartement plus décent avec son mari et son enfant, il paie une coûteuse bague à sa belle-fille. La santé, une fortune dilapidée ; l'humiliation de devoir se contenter de si peu ; pourtant cet homme n'a jamais été aussi heureux de sa vie. S'il n'a pas perdu la tête, ni le sens de l'argent (on n'a pas peur de parler d'argent chez Tanizaki), c'est parce qu'il a tout de suite compris que cette histoire qui lui fait frôler la mort est la dernière branche à laquelle s'accrocher pour ne pas se noyer dans cet océan d'ennui qu'est la vieillesse. Rien n'est plus démuni qu'un vieil homme sans argent. L'argent lui permet de sortir parfois de sa nuit. Ce dernier combat n'est donc pas ridicule. Car il lutte contre une loi non écrite qui pousse trop tôt les vieux à se garer. Au début, on a l'impression d'une reprise de *La Femme et le Pantin*. D'être en présence d'un de ces vieillards qui n'arrivent pas à se contrôler, ou pire qui croient que le grand âge leur permet tout. Mais le *Journal* montre un homme cultivé, raffiné, lucide et décidé. C'est lui qui contrôle les choses et non cette jeune femme qui se donne des airs expérimentés. Tout se négocie. La vie a un prix surtout quand la mort vous talonne. Le soir, les vieux époux conversent à propos de l'endroit où placer leur tombe. Le vieil homme ne veut plus être enterré à Tokyo dans ce cimetière déjà surpeuplé où l'on n'hésitera pas à vous déloger, il préfère Kyoto, plus calme. On sent que toute cette nouvelle urbanité (un Tokyo illuminé et surpeuplé) commence à peser même à ceux qui la voulaient tant. Mais pour l'instant, Tokyo, à la veille du boom des années 70, est en ébullition. Les salles de théâtre sont bondées le soir. Au cinéma un nouveau jeune dieu, Alain Delon, tétanise toutes les Emma Bovary japonaises. Dans cette ambiance effervescente, Tanizaki a su redonner sa dignité à la vieillesse en lui faisant reconquérir un vaste terrain qu'elle avait perdu avec le temps : le simple désir de l'autre. La vieillesse ne fait pas de nous des êtres abstraits et la sagesse est une vieille lune de philosophe. Nous restons vivants jusqu'à la toute fin. C'est ce qu'on lit dans le *Journal d'un vieux fou* de Tanizaki.

Pedro Páramo de Juan Rulfo

Pedro Páramo de l'écrivain Juan Rulfo est un des livres qui m'ont le plus profondément marqué dans cette vie où la lecture a une part si importante. Si avec *Cent ans de solitude* le Colombien García Márquez nous invite à pénétrer dans un monde étrange et magique, celui du village de Macondo, l'impression est tout autre avec *Pedro Páramo* de Juan Rulfo puisque cette fois c'est le village de Comala qui nous pénètre en nous glaçant le sang. Je me souviens qu'après ma lecture de ce mince (145 pages) mais si dense roman je suis resté un long moment silencieux. Ce n'est pas chaque jour que je me retrouve face à un pareil univers. Le village de Comala se referme derrière quiconque en franchit l'entrée, et il n'y a plus aucune possibilité de s'échapper. La mort étant la seule façon de quitter Comala ; la mère du narrateur étant l'unique exception à cette implacable règle. En 1955, deux ans après la publication d'un recueil de nouvelles qui était passé inaperçu, un photographe mexicain de trente-huit ans publie un bref roman qui connaît un succès immédiat auprès du public comme de la critique. À peine paru, le roman était hissé au rang de classique de la littérature mexicaine. Son auteur mourut trente et un ans plus tard sans avoir pu écrire un nouveau livre. C'est que Juan Rulfo ne portait qu'un seul livre. *Pedro Páramo* s'est abreuvé du surréalisme d'André Breton que Rulfo a croisé d'ailleurs à Paris. D'autre part, ce roman annonce « le réalisme magique » dont le Cubain Alejo Carpentier dessinera les contours, ce réalisme magique qui aura une influence décisive sur la littérature sud-américaine. Carlos Fuentes et Julio Cortázar se rangèrent immédiatement derrière ce Juan Rulfo dont l'art à la fois discret et acéré se démarque sensiblement des romans carnavalesques de l'époque. Borges, si distant d'ordinaire avec la littérature locale, repéra des accents de tragédie grecque dans ce drame rural. Mais enfin, de quoi s'agit-il? C'est l'histoire d'un fils élevé par sa mère, loin du village natal de cette dernière. La mère, en mourant, lui fait jurer de retourner au village pour retrouver son père et lui faire payer cher cette vie de misère qui l'a transformée en une femme amère. Dans la mémoire de la mère, comme c'est souvent le cas quand la nostalgie se mêle de la partie, ce village de Comala est un endroit paradisiaque. Le roman débute à l'arrivée du fils au village : « Je suis venu à Comala parce qu'on m'a dit qu'ici vivait mon père, un certain Pedro Páramo. » L'exil avec la mère, le retour vers le père. J'ai connu l'inverse : l'exil avec le père, le retour vers la mère. Les livres que nous aimons portent d'une manière ou d'une autre des traces de notre histoire. Juan Preciado arrive donc sur les lieux pour découvrir un misérable village dans une région complètement déboisée. Désertique. La chaleur y est si intense que les morts emportent avec eux une couverture parce qu'il fera sûrement moins chaud en enfer. On croise des silhouettes fantomatiques dans ce village poussiéreux que la vie semble avoir abandonné. Petit à petit, grâce aux amies d'enfance de sa mère, le narrateur devine plus qu'il ne comprend le théâtre d'ombres qui se déroule sous ses yeux. Je dis tout de suite que le but de ce livre n'est pas de faire peur en enchaînant des scènes d'horreur. L'horreur est ailleurs, dans la vie des femmes de ce village dont l'énergie a été aspirée par un tyran local. Justement ce Pedro Páramo dont il est le fils et qui semble être le père, le mari ou l'amant de la plupart des femmes qu'il croise sur son chemin. C'est que Pedro Páramo règne en maître absolu sur les âmes. Il achète la conscience des hommes et viole les femmes qui se refusent à lui.

Il a enfin le pouvoir mais il sent la mort car il lui manque l'amour. Il brûle pour une femme dont la raison vacille. Quant au narrateur, Juan Preciado, il étouffe dans ce marécage de secrets gluants. Juan Rulfo obstinément note tout ce qui se chuchote dans la nuit de Comala. Tous ces cris étouffés trouvent l'oreille d'un poète attentif dont la force est qu'il refuse d'interpréter cette douleur. Les voix se chevauchent. Celles des morts croisant celles des vivants. À Comala, il n'y a plus de frontière entre la mort et la vie. Pour arriver à un pareil résultat, le tyran a éliminé tout espoir. La seule femme qui a pu s'échapper de cette terre brûlée par la cruauté d'un tueur insatiable, c'est la mère du narrateur, mais elle mourra là-bas, le visage tourné vers le village natal, le cœur rempli d'amertume, comme si elle n'avait jamais quitté Comala. C'est qu'on ne quitte pas Comala. C'est un destin collectif. Aucune sortie individuelle n'est possible. À un certain moment, j'ai cru que cette fable qui suit la structure erratique du cauchemar, dans ses répétitions et ses mouvements circulaires, n'était qu'une esquisse du Mexique d'alors. Ce serait un portrait juste de cette époque dure, ce Mexique des propriétaires terriens qui affament les paysans, provoquant la colère d'un Pancho Villa. Mais ce serait réduire la portée de ce poème noir en lui donnant un quelconque but social. Rulfo vise plus haut. Il cible le cœur des hommes, sachant que la peur est un sentiment commun. Ce pari a fait de ce mince roman une œuvre à portée universelle qui me fait penser au *Gouverneurs de la rosée* de Roumain. Mais si *Gouverneurs de la rosée* est le roman du jour et de l'espoir, *Pedro Páramo* est le livre de la nuit et du désespoir.

Salinger ou l'obsession du présent

La mort de Jerome David Salinger, le 27 janvier 2010, m'a touché plus que je ne m'y attendais. Un homme que peu de gens ont connu, ou même croisé, parce qu'il professait une méfiance viscérale à l'égard de ses contemporains. Il vivait en ermite dans le Vermont, depuis des décennies, ce qui excitait les journalistes tout en irritant ses confrères, comme Norman Mailer qui le qualifiait d'adolescent attardé. Je ne sais pas pourquoi son désir de garder une certaine distance avec « le milieu littéraire » a pu provoquer une avalanche de commentaires au fil des décennies. La solitude de Salinger, on en a causé. Il me semble que cela fait partie du droit inaliénable de l'individu. Salinger ne voulait pas devenir un animal de foire, simplement parce qu'il a écrit quelques bouquins. On se souvient de sa terrible colère quand on a voulu le photographier dans un parking de supermarché. La bouche tordue par la fureur et ce regard de « sonnette bloquée » qui l'apparente à Antonin Artaud. J'ai rarement vu un homme aussi déterminé à défendre son intimité. En faisait-il trop ? La rumeur le faisait passer pour un caractériel. S'il a vécu en solitaire, il restait solidaire de cette pauvre condition humaine en refusant de devenir un totem que les touristes viendraient photographier, par cars entiers, dans le Vermont. Cet aspirant moine zen s'est dès le début (on a de rares images de lui) méfié de la photographie comme du cinéma. Il refusa toutes les demandes pour porter à l'écran *L'Attrape-cœurs* en grognant : « Holden n'approuverait pas. » Ce Holden n'est autre que Holden Caulfield, le seul adolescent de la littérature contemporaine américaine à pouvoir rivaliser de charme avec le Huckleberry Finn de Mark Twain. Mais le public voulait connaître Salinger qu'il confondait, bien sûr, avec Holden Caulfield. Des journalistes rôdaient sans cesse autour de sa tanière. Les photographes le traquaient comme s'il était un de ces papillons rares qui font la joie des collectionneurs. Des biographes le traînaient au tribunal (ou est-ce le contraire?) pour qu'il se laisse ouvrir le ventre. Une brillante jeune journaliste finit par le séduire afin de livrer en pâture au public une part de cet homme si secret. La meute est lâchée. On se demande, interloqué, comment, dans cette Amérique si avide de strass et de gloriole, on peut refuser avec tant d'obstination cette célébrité dont rêvent tous les autres. En d'autres termes, pourquoi refuse-t-il d'appartenir à la foule anonyme, ce dieu aux bras innombrables? On voit là que le bras de fer entre l'individu et le collectif ne date pas d'hier. Salinger ne parvient pas à faire le lien entre cet homme qui achète des légumes au supermarché de cette petite ville du Vermont et l'auteur de *L'Attrape-cœurs*. Pour lui, ce sont deux individus différents, ce qui n'est pas l'avis du public qui croit que l'écrivain n'est pas moins fictif qu'un personnage de roman. L'homme Salinger continue de se tenir éloigné de ce bruit. Il n'écrit pas pour qu'on puisse l'admirer. On n'est pas obligé, d'après lui, de connaître un auteur pour le lire. Ce qui importe, c'est l'énergie qui passe du livre au lecteur. Le livre n'étant qu'une graine que l'auteur a enfouie dans le cœur du lecteur en espérant qu'elle pourra s'y épanouir comme une fleur cancéreuse. Ce « nénuphar », c'est *L'Attrape-cœurs*, l'œuvre qui a si vite trouvé le cœur du lecteur qu'elle a empoisonné la vie de son auteur. Sans vouloir insinuer que Holden Caulfield soit un autoportrait, je crois qu'aucun biographe ne nous apprendra plus sur Salinger que ce qu'on trouve dans *L'Attrape-cœurs*. Salinger imagine la vie de Holden comme un enchaînement de rêves éveillés, comme le fit Lewis Carroll en nous racontant les aventures au pays des merveilles de la délicieuse Alice. Je conseille de lire *L'Attrape-cœurs* à New York. Ce livre est un pur produit de cette ville, comme Central Park ou le Rockefeller Center. Il est à New York ce que *Paris est une fête* de Hemingway est à Paris. Il faudrait attendre *Manhattan,* le film de Woody Allen, pour retrouver une telle magie dans la description de cette ville. Quiconque a lu *L'Attrape-cœurs* se demande comment un écrivain a pu être aussi romantique, ou même naïf, pour imaginer New York de cette manière. Une description si différente du New York mafieux de Coppola ou du New York racial de Spike Lee. Ce qui est étonnant, c'est que leur New York semble aussi irréel que celui d'Allen. Les écrivains ont tendance à exagérer pour passer la rampe. Ce qui fait la force du roman de Salinger, c'est cette émotion qui ne nous quitte pas durant toute la lecture. La voix de Caulfield sonne juste dès la première phrase. Malgré le fait qu'il s'agisse des états d'âme d'un jeune bourgeois de Manhattan, on tend l'oreille à ses angoisses et à ses nombreuses questions. Qui se soucie encore de savoir où vont les canards de Central Park en hiver ? Holden Caulfield me donne l'impression, en traversant la ville, de suivre un chemin secret. On le voit déambuler, surtout en taxi, dans cette ville qui a l'habitude d'occuper la première place dans les romans et les films où elle apparaît. New York est une superstar. Sauf dans *L'Attrape-cœurs* où c'est un adolescent qu'on suit dans son errance. Ce livre pourrait n'être qu'une suite de cartes postales si l'on ne devinait pas l'angoisse de Holden Caulfield. Cette angoisse qui le rend si sensible à son entourage, malgré le fait qu'il a l'impression de regarder la vie derrière une vitre, et cela depuis la mort de son jeune frère. Pour notre bonheur, Salinger suit Caulfield à la trace, ne le lâchant pas une seconde, comme s'il craignait qu'il ne fasse une bêtise. Ce qui rend Salinger si singulier, c'est ce rapport difficile qu'il maintient avec le milieu littéraire. Il n'a pas l'air de prêter attention à tous ces bonimenteurs qui peuplent les festivals littéraires et les endroits où il faut être.

Est-ce pourquoi ce livre a déclenché des haines si tenaces de la part des écrivains de sa génération ? Leurs gros romans gorgés de rebondissements n'arrivent pas à mettre K.-O. ce mince bouquin où il ne se passe pratiquement rien. À chaque relecture, je retrouve la même émotion : une certaine angoisse s'enroule autour de mon cœur, comme une plante grimpante, que seul le charme de Holden Caulfield parvient à desserrer. C'est plutôt l'écriture subtile et précise de Salinger qui a créé chez le lecteur cet état de somnolence qui lui fait croire qu'il a rêvé cette histoire. Publié en 1951, il y a donc soixante ans, *L'Attrape-cœurs* garde aujourd'hui encore toute sa fraîcheur. On a l'impression de lire le manuscrit d'un vieux copain qu'on a perdu de vue et qui aimerait avoir notre avis sur son roman qu'il a tapé, l'été dernier, sur une Smith Corona portative dans le chalet de son père. On est tout heureux d'être le premier à le lire. Et on lui écrit, tout juste après l'avoir terminé, pour lui dire qu'on aime beaucoup et qu'il devrait chercher à le faire publier, tout en pensant qu'aucun éditeur n'accepterait un roman où il se passe si peu de choses.

Les Liaisons dangereuses : une machine de guerre

L'effet fut si foudroyant que je me rappelle encore cette première lecture des *Liaisons dangereuses* de Choderlos de Laclos. J'ai souvent relu ce livre, et chaque fois, j'ai ressenti la même brûlure. *Foudre* et *brûlure* sont des termes qui disent très justement mon rapport avec le roman de Laclos. Mon sentiment reste à ce jour ambivalent : je ne sais pas s'il faut admirer ou détester ce livre — ce qui est sûr, c'est qu'on ne peut pas l'aimer. Laclos laisse entendre que son livre a pour but moral de dénoncer le cynisme d'une société terriblement mondaine et, par ce fait, décadente. En réalité ces *Liaisons dangereuses* ont échappé complètement à Laclos, comme à ses contemporains. L'éditeur remarque que ce livre a fait la mauvaise réputation de son siècle (tout écrivain rêve d'un pareil éloge). Pas uniquement de son siècle, j'ajouterai, car cette incroyable machine de guerre continue à faire des ravages parmi les lecteurs, trois siècles plus tard. Il y a tant de perfidies dans chaque lettre qu'on doute que l'auteur n'y trouve aucun plaisir. Beaucoup de gens, après la lecture des *Liaisons dange-reuses,* ont cru que pour être intelligent il fallait être cruel. Mais ce serait trop facile que de regarder *Les Liaisons dangereuses* sous le seul angle moral. Tout problème moral finit par s'émousser avec le temps, tandis que le roman de Laclos garde intacte sa force, comme s'il venait tout juste d'arriver en librairie. Pourtant on le lit depuis le mois de mars 1782, à peine sept ans avant la Révolution. Pour savoir de quoi il retourne, il faut ouvrir, une à une, les 175 lettres que s'échangent ces aristocrates désœuvrés. Pour une fois, on n'est pas uniquement à Paris. Mais si l'action se passe en province, elle est pensée à Paris. Au centre du paysage se trouve ce couple maudit formé par la marquise de Merteuil et le vicomte de Valmont — on a du mal à savoir qui a le premier rôle. Autour d'eux s'agglutinent un certain nombre de comparses qui servent d'appâts, de proies faciles ou de complices involontaires. Ces deux féroces séducteurs mondains qui furent amants, il n'y a pas si longtemps, viennent de se déclarer la guerre. Une guerre de salon presque aussi impitoyable que les guerres de tranchées. Par moments on a l'impression d'assister à une partie d'échecs, à d'autres moments les protagonistes s'entre-déchirent comme des chiens enragés. La barbarie n'est jamais loin de la culture la plus raffinée. Pour l'instant les hostilités viennent à peine de commencer. Chacun cherche à impressionner l'autre en réussissant, dans un temps record, une conquête impossible. Valmont, chez sa tante à la campagne, jette son dévolu sur un morceau de choix : la présidente de Tourvel. Cette femme possède toutes les vertus requises pour être un trophée. Elle est chaste, humble, charitable et fidèle. La marquise de Merteuil, sentant que Valmont s'apprête à lever un morceau de choix, s'évertue à minimiser l'affaire. Valmont défend sa proie. Merteuil se prend au jeu. Valmont compte faire un doublé : gagner à la fois le cœur de la présidente de Tourvel et l'admiration de sa vieille rivale. On doute que ce livre aurait résisté au temps s'il ne s'agissait que d'une partie de chasse amoureuse. En lisant ces lettres, on se retrouve immédiatement à l'intérieur d'une époque avec une aristocratie aveugle et insensible qui n'avait aucune idée de ce qui se préparait dans les classes populaires. On n'est pas chez les encyclopédistes occupés furieusement à mettre en place la mythologie du siècle des Lumières en nous entretenant de science et de philosophie. Laclos, lui, nous décrit le côté sombre de ce lumineux XVIIIe siècle qui place si haut la raison. Regardez un peu le menu de l'année 1782, celle de la parution des *Liaisons dangereuses* : Kant publie *Critique de la raison pure* ; Condorcet ses *Réflexions sur l'esclavage des nègres* ; Rousseau fait paraître *Les Rêveries d'un promeneur solitaire* ; et Mozart crée *Idoménée*. Pas un mauvais cru. Stendhal naît l'année suivante, et Diderot meurt deux ans plus tard. Ça va, ça vient. Puis Laclos apparaît. Un écrivain de talent dans une époque si riche en génies que le talent ne suffit pas à vous garantir une place. C'est sûr que Laclos n'aurait eu aucune chance face à de pareils monstres littéraires (Voltaire, Diderot, Rousseau, Crébillon fils) s'il n'avait, à sa manière, revigoré l'art du récit en le confondant avec l'art de la guerre. *Les Liaisons dangereuses,* c'est le roman d'un stratège. Laclos ne fait qu'appliquer les règles de la guerre pour décrire son siège amoureux. Si le siège de la présidente de Tourvel par le vicomte de Valmont nous paraît un peu lent aujourd'hui, n'allons pas croire que c'est l'époque qui était lente ; c'est Laclos qui a compris qu'il fallait ralentir le rythme afin de garder le lecteur sous hypnose. Un pêcheur qui vient de ferrer un poisson n'a pas à se dépêcher. Il n'a qu'à laisser le poisson s'épuiser au bout de la ligne. Laclos use de cette technique avec le lecteur. Quant à l'époque, elle était plutôt trépidante. Rappelez-vous le début de *Jacques le Fataliste* de Diderot — aucun écrivain n'a atteint pareille vitesse depuis. Voltaire a mené son *Candide* à bonne allure aussi. Laclos entend ralentir le rythme. À propos de la présidente de Tourvel, Valmont écrira à la marquise de Merteuil qu'il entend lui « faire expirer sa vertu dans une lente agonie ». La correspondance où madame de Sévigné a excellé se passait d'ordinaire entre deux personnes qui échangent leurs opinions comme leurs sentiments sur le monde qui les entoure. Laclos innove en faisant voir son époque sous des angles divers, et cela en plongeant dans l'action centrale une bonne douzaine de personnes. Il fait de nous des voyeurs en nous laissant prendre connaissance des lettres intimes dont seul leur destinataire devrait prendre connaissance. Face à l'amour, ce sentiment qui provoque souvent des désordres sociaux, Laclos semble prôner le plaisir lucide. L'acte sexuel ne sert qu'à conclure une lente démonstration. Valmont dit à propos d'un jeune amant fougueux qu'il « perd son temps à faire l'amour ». Tout est sec. C'est une fin de siècle qui accorde une importance démesurée à l'esprit. Mais ce n'est pas toujours vrai si on lit attentivement les lettres. On y décèle une histoire secrète, celle des cœurs embrasés. Ce qui se passe entre Valmont et la marquise de Merteuil, c'est bien une passion dont les protagonistes sont à la fois si orgueilleux et pudiques qu'ils n'osent pas accepter le fait. L'amour est subversif parce qu'il n'a pas besoin de l'intelligence pour fonctionner. Pour se venger d'un sentiment si autonome, l'esprit entreprend de ridiculiser toute émotion. Mais il doit y avoir une raison qui justifie une pareille fureur. La moindre parcelle d'émotion peut coloniser tout un système. Est-ce pourquoi les encyclopédistes se sont tenus si loin de tout sentiment? Sauf Rousseau. C'est pourtant cette émotion (l'amour qui soude, malgré les apparences, la marquise au vicomte), échappée à la vigilance du stratège Laclos, qui éclaire la route qu'empruntent *Les Liaisons dangereuses* dans ce voyage à travers les siècles.

Boulgakov, l'insoumis

Je me rappelle exactement de ma première lecture du roman de Boulgakov *Le Maître et Marguerite*. C'était durant l'hiver de 1979. Si je commence de la même manière toutes ces évocations de lecture, c'est que je ne retiens, pour cette série, que les livres qui m'habitent au point de ne pas avoir besoin de les relire pour me souvenir du récit dans ses moindres détails, et même du temps qu'il faisait au moment de la lecture. Boulgakov est le moins connu des grands écrivains russes de l'époque stalinienne. Pourtant Mikhaïl Boulgakov, né en 1891, est l'exact contemporain d'Ossip Mandelstam, né comme lui en 1891, de Vladimir Maïakovski, né en 1893, et de Boris Pasternak, né en 1890. On remarque qu'ils ont tous eu un destin tragique. Mandelstam a fini ses jours dans les camps pour avoir insulté Staline dans un poème. Maïakovski s'est suicidé après avoir déchanté du communisme. Pasternak n'a pas pu quitter Moscou pour aller chercher son prix Nobel de littérature pour son roman *Le Docteur Jivago*, et bien sûr, le régime lui a fait des tracasseries à lui saboter le moral. Quant à Boulgakov, après avoir connu un succès éclatant avec sa pièce *Les Jours des Tourbine*, il a été rayé de la liste des écrivains par le pouvoir stalinien. Du jour au lendemain sa maison était désertée. Il a fait une terrible dépression nerveuse, frôlant même la folie. Mais jamais il n'a perdu son humour et cette indomptable énergie qui lui ont permis de mener à bien son rêve : terminer le roman qu'il corrigeait encore sur son lit de mort. Boulgakov a travaillé douze ans sur *Le Maître et Marguerite*. Quand on voit dans quelles conditions il a écrit ce livre : les nerfs en lambeaux, sans un sou, et constamment sous les attaques des écrivains officiels jaloux, d'une certaine façon, de son indépendance d'esprit. Car si Boulgakov ne pouvait avoir une vie publique, s'il s'était confiné chez lui, il reste qu'on ne pouvait attenter à sa personne physique car l'écrivain était sous la protection de Staline qui l'admirait, à sa manière confuse et fruste. Staline ne se voulait pas l'assassin de Boulgakov tout en l'empêchant de faire briller publiquement son talent. Donc sa situation était la pire : il ne mangeait pas toujours à sa faim et vivait dans l'angoisse. Parce que censuré, il était un écrivain libre. Les écrivains subventionnés par l'État stalinien n'ont pas survécu à Staline. Ce sont ceux que Staline a persécutés qui sont encore parmi nous : Essenine, Mandelstam, Pasternak, Maïakovski et Boulgakov. Le roman qui rend compte le mieux de cette époque oppressive, c'est *Le Maître et Marguerite*. Juste avant d'évoquer le roman de Boulgakov, j'aimerais raconter dans quelles conditions je l'ai lu. Je découvrais l'hiver et je travaillais à l'usine : deux situations insoutenables pour un jeune intellectuel insouciant du tiers-monde. Un samedi à la librairie Québec-Amérique j'ai remarqué le roman de Boulgakov. Le titre *(Le Maître et Marguerite)* me rappelait les romans de gare, vaguement sadomaso. Ou pire, le mysticisme à deux sous. De plus, fraîchement sorti d'Haïti, le mot *maître* me révulsait. Je me suis renseigné auprès du libraire, qui m'a parlé de littérature fantastique, un genre qui ne me disait rien. L'avais-je acheté ? Je ne saurais le dire. Peut-être que je l'ai eu plus tard en cadeau. En tout cas je l'ai ouvert un matin gris et froid. Une longue introduction racontant la vie tragique de Boulgakov et son combat épique pour écrire son roman. Ce qui m'a touché vraiment, c'est la façon dont Boulgakov a fait face à ses drames. Je m'attendais à des lamentations russes. Et un jour où j'étais plus déprimé que d'habitude, j'ai commencé à le lire, et je n'ai pas cessé de rire.

C'est le roman le plus drôle que j'ai lu de ma vie — avec *Portnoy et son complexe* de Philip Roth. Je n'ose raconter ce livre tant le sujet peut faire fuir un éventuel lecteur. Disons, pour faire vite, que c'est le diable qui débarque à Moscou. Il est habillé de manière légèrement excentrique. Il a certainement des pouvoirs. Si je comprends bien, il est là pour pulvériser l'énorme montagne de mensonges sur laquelle repose la société russe. Le diable est accompagné d'un assistant rondouillard et d'un chat qui marche sur ses pattes de derrière. Tout ce petit groupe laisse sur son passage un sillage de rires et de larmes. Le diable entend prouver que les Russes n'ont pas changé, qu'ils sont toujours avides de biens, avares, corrompus, généreux parfois, enfin qu'ils sont des êtres humains sur lesquels le marxisme, ou toute autre idéologie, n'a aucune prise. Ne croyez pas que Boulgakov fait une démonstration mathématique de ce que nous savons déjà à propos du communisme. C'est plutôt un roman picaresque, écrit dans un style alerte, sans les noirceurs psychologiques de Dostoïevski ni les lourdeurs descriptives de Tolstoï. C'est, dans un certain sens, le premier romancier de la modernité russe. Ce Moscovite ne perd pas son temps à décrire les paysages de la campagne enneigée russe. Tout va vite et les dialogues sont souvent cinglants. Mais à travers cet imbroglio on finit par comprendre qu'il se passe autre chose. Il s'agit du duel que se livrent le diable, celui qui a connu Ponce Pilate, celui qui a assisté à la crucifixion du Christ, et son rival du moment : Joseph Staline. Ce n'est pas souvent qu'on croise le diable du bon côté. On tue des innocents mais ce sont plutôt des dommages collatéraux. Le diable entend démonter le système stalinien. La raison est simple et prévisible : le diable ne tolère pas de rival sur terre. L'attitude ambiguë (faire du mal à ceux qui font du mal) du diable, dans cette affaire, me rappelle cette méditation de Goethe, tirée de *Faust*, et que Boulgakov a d'ailleurs placée en exergue du livre : « Qui es-tu donc à la fin ? Je suis une partie de cette force qui, éternellement, veut le mal, et qui, éternellement, accomplit le bien. » Car finalement le diable ne s'est attaqué qu'aux pires suppôts de Staline. Quant à Marguerite, elle est dans le livre comme dans la maison de Boulgakov : la lumière de sa vie. Entre le diable et Staline, c'est l'écrivain qui aura le dernier mot puisque c'est lui qui racontera l'histoire du Maître et de Marguerite.

Gombrowicz : le besoin de liberté

Je relis ces jours-ci le *Journal* de Witold Gombrowicz, cet écrivain polonais que je soupçonne d'être l'un des esprits les plus singuliers de notre temps. Sa liberté tient au fait qu'il affronte quotidiennement ses deux plus vieux démons : lui-même et le monde. Dans son *Journal*, il s'ouvre constamment le ventre pour montrer ses entrailles, étalant ainsi au grand jour ses moindres faiblesses. Quant au monde : il le regarde droit dans les yeux en lui disant sa façon de penser. Tout cela dans une mise en scène percutante où Gombrowicz ne s'adresse qu'à Gombrowicz. C'est un journal personnel publié en feuilleton dans une revue littéraire de la diaspora polonaise, dont le ton si libre fait penser à ces journaux secrets destinés à éclater au visage du lecteur cinquante ans après la mort de l'écrivain. On ne parle pas ici de secrets d'alcôve, mais de sa pensée la plus secrète. Il clame en public ce qu'on ne chuchote que dans l'intimité. Comment fait-il ? Il dissèque le personnage de Gombrowicz comme si c'était un insecte. Il ne se tourne vers les autres qu'après en avoir terminé avec lui-même. Les autres, ce sont tous ceux qu'il croise sur son chemin : des écrivains exilés, des collègues de la banque où il travaille (à Buenos Aires), de séduisantes jeunes bourgeoises qui suivent ses cours de philosophie, de jeunes hommes qui tournent autour de lui fascinés par sa liberté de ton et cette distance dédaigneuse envers les autres qui laisse percer parfois une étonnante spontanéité. D'où vient ce mystérieux monsieur Gombrowicz ? Il est né près de Varsovie en 1904, dans une famille de la petite noblesse terrienne. Sa vie durant, il fut subjugué par l'aisance des grandes familles de l'aristocratie polonaise. En fait, toute sa morgue est due au fait qu'il est un provincial honteux — la Pologne étant vue par certains comme une province. Et sa force, c'est qu'il inscrit cette honte au cœur de son œuvre. Les vrais artistes n'hésitent jamais à montrer au grand jour ce que d'autres cachent au plus profond de leur âme. On remarque que plus ils se livrent, plus le mystère s'épaissit. On dirait qu'ils disparaissent dans le trou noir de leur douleur qui se change alors en souffrance universelle. C'est cette connaissance de la douleur qui leur facilite le chemin vers le cœur du lecteur. Gombrowicz écrit en 1937 son grand roman, *Ferdydurke,* qui passe complètement inaperçu dans cette société polonaise aux idées assez étriquées. Ce n'est pas par hasard que l'inachèvement soit un des thèmes fondamentaux de son œuvre et que son premier recueil de nouvelles ait pour titre *Mémoire du temps de l'immaturité* (1933). La critique s'était moquée de son « immaturité », ce qui n'avait pas manqué de blesser cet orgueilleux jeune homme. Mais *Ferdydurke,* c'est autre chose. Tout en ironies, autodérisions, humour noir pour ne pas dire humour polonais dans l'esprit d'un Jarry, mauvaises plaisanteries, calembours. Toujours le même thème que les nouvelles, mais le champ est plus vaste. Et c'est plus fouillé. Grave mais pas sérieux. La gravité de ceux qui se moquent de tout. Un côté enfantin. Un objet bizarre, *Ferdydurke.* C'est cucul. Pas vraiment de la culture, un cran en dessous, de la cuculture. Le mot est de lui, et il fera fureur, mais des décennies plus tard. À son retour en Europe après l'exil en Argentine (la Seconde Guerre mondiale l'a surpris là-bas). *Cuculture.* Jarry, l'autre Polonais, nous a donné *merdre.* Tout ça est un pied de nez à l'esprit de sérieux, qu'il appelle l'esprit de Versailles. Il a ses combats (contre le Louvre, contre Versailles), ce qui pour un intellectuel parisien démontre son esprit bien provincial. Les provinciaux font toujours dans le grandiose. Ils ne savent pas que Paris a tout vu. Tout ça a déjà été fait, mais en même temps ce n'est pas que de la naïveté. C'est bien qu'il y ait quelqu'un qui trouve le Louvre affreux, tous ces lourds cadres trop sculptés qui occupent un plus large espace que les tableaux eux-mêmes. Bon, il est à Paris comme on voit, et on le sent trépidant même s'il cherche à le cacher. Il plaisante, à sa manière obscure, et ses plaisanteries sont toujours mal reçues, un peu parce qu'elles visent à mettre au jour l'hypocrisie des invités autour de la table. On n'est pas là pour cela, ni pour les grandes discussions sur Sartre dont il clame avoir été existentialiste avant lui. Possible, mais on s'en fout. Malgré tout certains remarquent sa capacité à démasquer les imposteurs. Il a cette habileté pour repérer le tartuffe dans une pièce. Au lieu de s'adresser au cœur, il préfère sonder les reins. Le cœur n'est qu'une pompe, tandis que les reins sont un filtre si riche en informations. Gombrowicz, comme un enfant, voit les gens comme des machines qu'il peut démonter à loisir. En surface, son œuvre est assez classique, mais si on colle son oreille sur la page, on entend un babil enfantin, éclatant et joyeux, comme une musique de fanfare. Les mots sortent de sa bouche enrobés de salive tandis que ses yeux pétillent comme des boules de Noël surchauffées. Le monde n'existe que parce que lui, Gombrowicz, le regarde. Il ouvre ainsi son *Journal*. « Lundi : moi. Mardi : moi. Mercredi : moi. Jeudi : moi. » Ce n'est que vendredi qu'il consent à s'intéresser aux autres. Ce n'est pas du narcissisme (Narcisse cache mieux son jeu), c'est, à ses yeux, la simple réalité des faits. Il nous met constamment en face de ce fait brutal : les gens se préfèrent aux autres. Est-ce pourquoi il agace tant ses compatriotes qui vont jusqu'à le soupçonner de manquer de fibre patriotique ? Possible, mais ce n'est pas de cela qu'il s'agit, son analyse est plus philosophique que sociale. Son intimité est plus difficile à cerner que ça. Il évite le folklore comme la peste. Il est autant patriote que les autres, sauf qu'il voit la chose différemment. C'est en dénigrant la Pologne qu'il lui prouve son amour. Il s'y intéresse, et c'est ce qui compte à ses yeux. Il refuse de bêler des poncifs et des clichés avec le troupeau des crétins patriotes. Il entend faire entrer la Pologne, malgré elle, dans la modernité. Il tente de sauver ce pays de cette identité lourde d'histoires sombres qui l'asphyxie. Il n'existe à ses yeux que deux astres dans le ciel : la Pologne et lui. Lui, le comte Witold Gombrowicz qui s'est inventé un titre de noblesse. Il prend la bêtise de ses compatriotes à son compte. D'où son moi hypertrophié. Mais sa vision n'est pas morale, ni surtout psychologique. C'est un enfant monstre qui reste dans le noir, malgré sa grande frayeur de l'obscurité. Et c'est de là qu'il observe le monde. Plus tard, il capte l'attention des gens, dans les cafés de Berlin comme dans les salons parisiens. En 1939, on invite quelques personnalités polonaises à faire un tour de bateau jusqu'en Amérique latine. La guerre éclate et Gombrowicz reste pris à Buenos Aires, où il passe vingt-quatre ans. Pendant des années, les intellectuels argentins l'ont snobé, bien qu'il soit plus snob qu'eux tous réunis. La foule a toujours raison de l'individu. Il leur dit qu'il est un écrivain connu en Pologne (les Argentins ne reconnaissent que Paris en matière de culture), que son roman *Ferdydurke* est un classique de la littérature polonaise. On le traite de mégalomane. Il finit par laisser tomber pour se réfugier dans ses réflexions moroses. Pour lui, la seule façon de ne pas vieillir, c'est d'éviter l'esprit de sérieux — sans devenir con pour autant. D'où cette notion d'infériorité qu'il affine en plongeant de plus en plus dans la crasse des bas quartiers de Buenos Aires. Il faut rester un inférieur (c'est l'autre point important). Celui qui apprend sera toujours plus jeune que celui qui enseigne. L'inférieur est plus souple, plus léger et en même temps plus résistant. Plus cultivé aussi car il doit connaître sa culture tout en maîtrisant celle du colon. Mais dès qu'on quitte cette posture d'infériorité, on se retrouve immédiatement nu. Sans chaînes, on devient moins révolté. D'ailleurs c'est l'humilié qui prend la mesure du maître, et non le contraire. Va-t-on perdre notre identité si on passe à l'étage au-dessus, c'est-à-dire d'inférieur à supérieur ? Il y a des choses qui nous intéressent chez Gombrowicz.

Hemingway, la brute au cœur fragile

Je ne sais pas d'où me vient cette furieuse envie de revisiter Hemingway, comme si tout ce qui se passe ces derniers jours (je parle du patriotisme américain pendant la guerre d'Irak) avait un rapport avec lui. Me remontent tout de suite à la mémoire les étonnantes déclarations qu'il a faites au moment de quitter Cuba en juillet 1960, quand Castro commençait à lorgner du côté de la Russie. Hemingway, tout en faisant ses bagages (trente-deux grandes caisses), ne put s'empêcher de grommeler : « Je suis avant tout américain et on humilie mon pays. » Déjà cette alarmante arrogance : Cuba choisit son destin et les États-Unis se sentent tout simplement humiliés. Mais ce qui m'intrigue chez Hemingway, c'est ce mélange de masculin et de féminin, souhaitable chez la plupart d'entre nous, mais explosif dans une nature comme la sienne. Il est le jour ce boxeur fort en gueule qui boit sec, et la nuit une timide couturière tricotant les mots. Résultat : cette incroyable tension nerveuse dominée par la honte qui devait se terminer par une forte détonation (un fusil de chasse Boss à deux coups) le 21 juillet 1961. Mary Welsh, sa dernière femme, raconte : « Je suis descendue. J'ai vu un amas de robe de chambre et de sang, le fusil gisant au milieu d'un tas de chair en lambeaux dans le vestibule à l'entrée du salon. » L'impression de plus en plus insistante que Hemingway est la parfaite métaphore de l'Amérique. Cette Amérique que guette une pareille explosion. Quand une telle force de destruction n'a plus personne en face d'elle, elle finit par retourner l'arme contre elle. Fitzgerald, qui adorait Hemingway, eut une fois l'illumination de ce double portrait : « Hemingway et moi, on a tous les deux échoué de la même manière : lui, par la mégalomanie ; moi, par la mélancolie. » On se demande alors pourquoi on ne lit presque plus Fitzgerald, ce fabuleux témoin des années folles, et toujours Hemingway. L'œil pourtant exercé de Fitzgerald n'a pas perçu la mélancolie de Hemingway, cette brute au cœur fragile. D'où l'étrange complexité de l'auteur de *Paris est une fête*. Je relis encore avec une certaine délectation *La Fêlure* de Fitzgerald, bien conscient que ce goût un peu sucré finit par agacer à la fin. Le sentimentalisme exacerbé de Fitzgerald devait le trahir. C'est pourtant cette inquiétude, palpable dans la moindre nouvelle de Hemingway, qui nous le rend si fraternel. Fitzgerald s'éloigne chaque jour un peu plus de nous, comme aspiré par une époque de fêtes factices que nous ne comprenons plus, tandis que Hemingway reste malgré tout notre contemporain. Le fait est que, malgré les nombreux uppercuts reçus au plexus au cours d'une carrière chaotique qui devait se terminer par cette éclaboussure de sang, Hemingway demeure l'écrivain américain le plus commenté dans le monde, et celui qui exerce la plus forte influence sur les jeunes écrivains. Et l'une des raisons d'un tel succès est qu'il a tenté désespérément de sortir la littérature du champ intellectuel. La métaphore du boxeur va comme un gant à Hemingway. Il a voulu toute sa vie hisser la littérature au rang d'un art viril, comme la boxe ou la tauromachie. En effet, Hemingway a pris la scène littéraire pour un ring de boxe, affrontant, en vrai cow-boy (le Marlborough Man des lettres américaines), tous ceux qui pouvaient prétendre au titre de champion. Il les allongea tout de suite d'un sec coup droit. D'abord Sherwood Anderson, son premier mentor, ensuite ce pauvre Fitzgerald qui ne vit pas venir ce terrible crochet. Hemingway continue, imperturbable, son jeu de massacre : de Gertrude Stein à Dos Passos en passant par Steinbeck, ne baissant les bras que devant l'inamovible Faulkner. Bien que Hemingway ait des dispositions pour la boxe, il sait que son véritable chemin, c'est l'écriture. Le problème, c'est que ce métier ne lui semble pas assez viril. Le voilà donc qui passe une grande partie de son temps à prouver qu'il est encore un homme malgré tout. C'est ainsi qu'il partit faire le coup de feu en Italie et en Espagne, chasser l'éléphant en Afrique ou pêcher le marlin dans le golfe du Mexique. Il faut tout de suite lever un doute : Hemingway, à l'encontre de Mishima, qui lui ressemblait tant sous certains aspects, n'était pas fasciste. Il a prouvé qu'on peut être obsédé par sa virilité, amateur de sports violents, pêcheur d'espadon et chasseur de tigre, enfin toute la panoplie de l'honnête homme de droite, sans pour autant devenir nazi. Il se tenait toujours du côté des sans-voix et des démunis, remuant ciel et terre pour une participation plus active des citoyens américains à la guerre civile espagnole. Comme Malraux, son rival français, il avait lutté aux côté des antifranquistes. Ces deux hommes ont écrit les meilleurs romans sur cette guerre : Malraux avec *L'Espoir*, et Hemingway avec *Pour qui sonne le glas* (moins bon que celui de Malraux). Bien sûr qu'il y a un pessimisme certain chez Hemingway, mais il ne débouche pas sur le désespoir. La preuve, *Pour qui sonne le glas*, malgré ses dialogues secs qui partent comme des coups de feu, finit en épopée lyrique. Pour aller travailler dans les cafés de Paris, Hemingway n'emportait presque rien : « Un cahier à couverture bleue, deux crayons (un canif faisait trop de dégâts), des tables à plateaux de marbre, beaucoup de sueur et un mouchoir pour vous éponger, et de la chance, voilà tout ce qu'il vous fallait. » On l'imagine bien à La Closerie des Lilas en train de noircir des dizaines de feuillets tout en empilant les soucoupes. Mais ne nous laissons surtout pas abuser par cette écriture apparemment fluide, Hemingway travaillait énormément sa page. Son rêve semblait à la fois limpide et inaccessible, comme tout ce qui concerne Hemingway. Il note dans son calepin : « Ce qu'il faut, c'est écrire une seule phrase la plus vraie que tu connaisses. » Et ce conseil s'adressait beaucoup plus à lui-même qu'à un hypothétique jeune écrivain. D'autre part, ce n'était pas un paresseux non plus, il travaillait lentement, raturant sans cesse, avançant comme un bœuf de labour. Son angoisse de la page semblait sincère. Sa technique est de créer un espace entre deux phrases (surtout dans ses nouvelles, car ses romans sont plus conventionnels). Et c'est dans ce trou, espère-t-il, que le lecteur peut loger son poids de rêve. Vers la fin, le travail devenant de plus en plus difficile (l'abus d'alcool entraînant la perte de concentration), alors il s'est mis à faire le pitre. Il avait toujours eu des dispositions pour attirer l'attention sur lui, mais autrefois l'écriture l'occupait trop pour qu'il ait le temps d'aller tirer la langue dans les salons bourgeois. Bon, il faut bien parler des femmes, s'agissant d'un Hemingway marié quatre fois. Certains croient que c'est là le défaut de la cuirasse : l'impuissance sexuelle. Pour beaucoup de lecteurs attentifs, la clé de l'énigme se niche au cœur de son meilleur roman, *Le soleil se lève aussi*. Le narrateur a été blessé au sexe. Toute cette exposition de la virilité devait sans doute cacher quelque chose. Elle explique deux des thèmes majeurs de Hemingway, comme de tout être humain : la sexualité et la mort. Pour le sexe, voici son explication : « Les chasseurs ne peuvent pas se payer le luxe de la sentimentalité. Les animaux s'accouplent sans émotions trop délicates. Pas de doucereux soupirs à l'acte sexuel ! Au diable les subtilités de salon ! Les hommes mangent les femmes, les femmes mangent les hommes. » Il a vu juste quant à cet aspect cannibale des rapports humains, mais comment se fait-il que personne ne lui ait expliqué (en lui refilant simplement un exemplaire du *Kama Sutra*) qu'il était possible de faire l'amour autrement ? La différence fondamentale entre l'homme et la grande majorité des animaux, c'est que nous n'avons pas un temps de rut, ce qui nous pousse à inventer des jeux plus complexes et pervers que le pauvre Hemingway ne put l'imaginer. Au fond, Hemingway confond la virilité avec ce puritanisme protestant qui exige un minimum de contact avec le corps. L'homme qui fait l'amour autrement qu'à la hussarde nous paraît aujourd'hui plus complexe et moderne. Il ne s'installe pas uniquement dans un jeu de mise à mort. Mais Hemingway s'explique aussi à propos de la mort en se servant de nouveau de la métaphore de la chasse : « Même si je ne crois pas à la psychanalyse, je passe un temps formidable à tuer des animaux et des poissons afin de ne pas me tuer moi-même. Quand un homme est en révolte contre la mort, il prend plaisir à s'emparer de l'un des attributs des dieux, le pouvoir de la donner. » Et quand on ne peut plus aller à la chasse, il reste toujours un dernier gros gibier à la maison : soi-même. Pour des générations de jeunes Américains, Hemingway est l'archétype de l'écrivain américain. Cet éloge du courage parle à leur jeunesse. Hemingway est une valeur aussi sûre que Joe DiMaggio ou Marilyn Monroe. Et pour ces jeunes gens la prose d'Hemingway ne saurait mentir ; elle exprime profondément leur sensibilité. Le problème, c'est qu'on ne sait plus par où commencer tant le mythe est mité. Au fond rien n'est américain chez cet homme. La plupart de ses grands romans, à part les nouvelles du début, se situent ailleurs qu'aux États-Unis : *L'Adieu aux armes*, en Italie ; *Pour qui sonne le glas*, en Espagne ; *Le soleil se lève aussi*, en France et en Espagne ; *Paris est une fête*, en France ; *Mort dans l'après-midi*, en Espagne ; *Le Vieil Homme et la Mer*, à Cuba, etc. De plus, la dette d'Hemingway envers « la vieille Europe » reste incalculable. L'Europe lui a apporté le vin (son Margaux adoré), le sens du courage (les guerres d'Espagne et d'Italie), les nuances qui sous-tendent sa prose faussement rectiligne (le monologue intérieur), des maîtres décisifs (James Joyce, Ezra Pound) et aussi une certaine grâce qui manquait diablement à ce gauche provincial du Middle West. Son style sortira d'ailleurs de ce mélange de gaucherie et de roublardise. Si Hemingway est le moins américain des écrivains de son pays, il est peut-être le moins macho de sa génération aussi. On peut s'en rendre compte facilement avec ses portraits de femmes, qui sont d'une sensibilité frémissante. Il est aussi le plus franc-jeu puisqu'en définitive il a présenté son ventre nu face aux cornes du taureau. Ce diable d'homme nous aurait donc trompés sur toute la ligne. Dernier malentendu : on l'a cru paranoïaque, repérant des agents du FBI partout, jusque dans sa chambre d'hôpital, alors qu'il disait vrai. C'est ce qu'on a appris dernièrement de l'homme qui le connaît mieux que personne, son biographe et ami intime, A. E. Hotchner. Après avoir épluché « le dossier Hemingway » dans les archives du FBI, Hotchner s'est longuement excusé dans le *New York Times* d'avoir douté de cet ami dont il fut si proche durant les quatorze terribles dernières années de sa vie. « Aujourd'hui, je m'en veux : il avait raison. Et c'est moi qui avais tort », lâche-t-il au bord des larmes. Mais c'est Malraux, d'une certaine façon, qui va écrire son épitaphe : « Le temps détruit, le hasard brise, mais c'est nous qui choisissons. » Papa aurait acquiescé.

Jacques-Stephen Alexis :
un jeune homme éblouissant

J'avais oublié Jacques-Stephen Alexis avec le temps, mais en le reprenant dernièrement, j'ai tout de suite compris qu'il n'avait jamais cessé de cheminer en moi. Né en Haïti en 1922, Alexis est mort à trente-neuf ans en tentant de renverser par les armes, avec quelques amis, le dictateur François Duvalier. Ce qui est triste, c'est que j'avais oublié combien ce jeune homme crépitant de talent et d'audace avait compté pour moi. Quand on veut devenir écrivain en Haïti et qu'on est né, comme moi, au début des années 50, on ne peut que se heurter à ces deux figures incontournables : Jacques Roumain et Jacques-Stephen Alexis. Roumain ne semble avoir besoin de personne. Tout écrivain qui voudrait situer son roman dans la paysannerie haïtienne ne trouvera qu'un champ brûlé par le classique de Roumain : *Gouverneurs de la rosée.* On comprend alors pourquoi Alexis a préféré placer son premier roman, *Compère Général Soleil,* dans la grande ville. Alexis admirait Roumain et j'étais fasciné par Alexis. À la mort de Jacques Roumain en 1944, un jeune homme de vingt-deux ans du nom de Jacques-Stephen Alexis envoya au quotidien *Le Nouvelliste* un long article qui débutait ainsi : « Les peuples sont arbres. Ils fleurissent à la belle saison. Et d'efflorescence en floraison la lignée humaine s'accomplit. » Chacun comprit ce jour-là qu'une nouvelle graine venait de germer. Mon rapport avec Alexis est assez étrange. S'il m'intéresse autant, c'est d'abord parce qu'il a écrit et fait des choses que je lui envie encore. Prenons l'attaque de son premier roman : « La nuit respirait fortement. » Je donnerais cher pour l'avoir écrit. Ce qu'il dit du fleuve Artibonite — « L'Artibonite, ce grand gaillard aux bras puissants est fils des montagnes » — montre qu'Alexis est un homme au cœur vaste. Il est époustouflant quand il oublie l'idéologie pour simplement tenter de rendre l'émotion qu'il ressent. Mon roman préféré d'Alexis, c'est *L'Espace d'un cillement.* Tout le livre se passe dans un clin d'œil. Autant Roumain est limpide, autant Alexis est bariolé. Il écrit comme ces prostituées qui portent tous leurs bijoux sur elles. On cherche longtemps l'émotion sous la luxuriance des adjectifs. Mais ça tombe bien pour *L'Espace d'un cillement* qui se passe dans un bordel. J'ai longtemps rêvé d'avoir l'imagination flamboyante d'Alexis et le style sobre de Roumain. J'aime surtout le jeune homme fougueux qui ne semble avoir peur de personne. Il faut l'être pour écrire cette lettre à François Duvalier, le 2 juin 1960. Observez l'insolence de la première phrase : « Dans quelque pays civilisé qu'il me plairait de vivre, je crois pouvoir dire que je serais accueilli à bras ouverts : ce n'est un secret pour personne. » On n'aurait pas pensé à parler ainsi même dans nos rêves. D'abord parce que c'est Duvalier, ensuite parce qu'une telle confiance en soi frise la candeur. Il n'a pas fini : « Mais mes morts dorment dans cette terre ; ce sol rouge du sang de générations d'hommes qui portent mon nom ; je descends par deux fois, en lignée directe, de l'homme qui fonda cette patrie... » On se croirait dans Dumas, mais écoutez la conclusion : « Toutefois, monsieur le président, je tiens à savoir si oui ou non on me refuse le droit de vivre dans mon pays, comme je l'entends. Je suis sûr qu'après cette lettre j'aurai le moyen de m'en faire une idée. » Il se trouvait encore à Port-au-Prince quand la lettre est parvenue à Duvalier. Obligé de quitter Haïti, il reviendra l'année suivante, en avril 1961, pour le face à face fatal avec le dictateur. Arrêté, torturé, puis assassiné. On ne peut être qu'impressionné par un tel courage. Mais revenons un peu en arrière afin de mieux comprendre un pareil geste. Le voilà qui fonde avec quelques amis, en 1959, sous le nez de Duvalier, un parti communiste. On sent sa frénésie quand on pense qu'il a publié chez Gallimard quatre livres majeurs durant les cinq dernières années de sa vie : *Compère Général Soleil,* 1955 ; *Les Arbres musiciens,* 1957 ; *L'Espace d'un cillement,* 1959 ; et *Romancero aux étoiles,* 1960. Et qu'il en a d'autres dans ses tiroirs. Haïti jubile de tenir enfin son grand écrivain. Mais Alexis place quelque chose d'autre au-dessus de la littérature : le bonheur du prolétariat. Il se veut un homme d'action. Il passe ses soirées à discuter de réalisme social avec Aragon avant de se rendre à Moscou. Il dialogue âprement avec Hô Chi Minh. Il court voir Mao afin que Pékin se réconcilie avec Moscou. Il n'a aucune idée de sa taille ni de son poids politique. Mais quand on a côtoyé de si puissants hommes d'action, il faut montrer, une fois au moins, ce qu'on a dans le ventre. C'est alors que Che Guevara, rencontré à Cuba, lui fait cadeau de sa mitraillette. Comme il ne disposait pas des moyens lui permettant de délivrer son peuple, tout ce qu'il lui restait à offrir, pour ne pas perdre la face, c'est sa vie. Mon héros tombera dans quelques mois, comme le personnage de son premier roman, l'ouvrier Hilarion Hilarius. Il lui était interdit de vivre en Haïti, on ne pouvait l'empêcher d'y mourir. Ce qui reste malgré tout de ce jeune homme éblouissant, c'est la plus rayonnante trajectoire dans le monde des lettres contemporaines haïtiennes.

Bashō, le poète vagabond

Bashō, c'est mon poète. J'ai un faible pour les gens qui ne restent pas en place. C'est chez une amie, en banlieue de Montréal, que je suis tombé sur son carnet de voyage : *La Route étroite vers les districts du Nord*. Bashō est né en 1644 à Tsoge, un village proche d'Uéno. C'est incroyable le nombre de grands poètes qui viennent d'un minuscule village. Je crois de plus en plus qu'il y a un lien entre la terre et la poésie. Et que la tranquille disparition de la vie paysanne aura un impact sur notre sensibilité. Quelqu'un qui a pu planter un arbre dans son enfance et qui l'a regardé pousser au cours de sa vie n'a pas la même notion du temps et de l'espace qu'un autre né au cœur d'une ville pleine d'urgences et de bruits et pour qui les vaches sont des voitures. Et s'ils s'intéressent à la poésie, on imagine que leur approche sera différente. Mais nous avons besoin de ces deux manières. Cela fait un moment qu'on n'a pas vu arriver sur la scène un grand poète paysan, comme Issa. En un siècle, le Japon a produit cinq grands poètes : Bashō (1644-1694), Issa (1763-1827), Buson (1716-1783), Shiki (1866-1902), si l'on compte Taïgi (1709-1771), qui me laisse un peu froid. Sauf son poème sur l'été.

> Averse d'été
> Un son brusque et fort
> Au-dessus de la forêt.

Revenons à Bashō. Le voilà en train de préparer son voyage le plus risqué : cinq mois à pied sur des chemins difficiles. Il s'entoure de quelques disciples, mais voyage léger. Du matériel pour écrire, car c'est un voyage poétique. Il espère noter ce qu'il voit, ce qu'il sent, ce qu'il entend. Après une longue période immobile sous un bananier (*Bashō* veut dire *bananier*), le poète prend la route. Il sent que c'est son dernier grand voyage. Il note, d'entrée de jeu, avec une pointe de tristesse : « Les jours et les mois s'égrènent, passants fugaces. Les années qui surviennent et s'en vont voyagent elles aussi. Notre vie même est un voyage. » Ce n'est pas loin du meilleur Montaigne. Son grand livre *(La Route étroite vers les districts du Nord)* est un mélange de prose et de poésie. La prose sert simplement de cadre au poème. J'ai remarqué cette technique chez Bukowski et Kerouac, qui écrivent souvent en prose tout en se définissant comme poètes. C'est encore plus audacieux chez Bashō. Le voilà enfin en chemin. On visite des temples bouddhistes. Il note les coutumes, comme celle « de ne pas manger le poisson konoshiro dont l'odeur rappelle la chair humaine brûlée ». Vers la fin du mois de mai, il est déjà au mont Nikko où il fait ses dévotions. Il est accompagné de Sora, un jeune homme sensible. Sora se charge des corvées, en échange le maître jette un coup d'œil sur ses poèmes. Près de Kurobane, Bashō va visiter un vieil ami, le bronze Butcho, son maître de méditation qu'il n'a pas vu depuis longtemps. Pour cela, il faut traverser les marais. Surpris par la pluie, le petit groupe dort dans une chaumière abandonnée avant de reprendre la route, à l'aube. Bashō n'est pas un survolté comme ces poètes de la *beat generation*. Aucune précipitation. On s'arrête souvent en chemin. Comme cette fois, dans le vallon d'Obanazawa, chez cet homme si attentionné — Seifo.

Fraîcheur d'été.
Prenant mes aises ici.
Faire la sieste.

Cela fait longtemps que je n'ai pas vu le mot *sieste* dans un poème occidental. Pour Bashō, il faut ralentir le rythme sans baisser l'intensité. Mais il sait reconnaître la gravité en observant la vie qui se déroule dans un univers si minuscule qu'il intéresse peu de gens.

> Rien ne dit
> dans le chant de la cigale
> qu'elle est près de sa fin.

Il ne se contente pas d'observer la cigale, il s'efforce de comprendre ce qu'elle ressent à ce moment ultime, et parvient même à nous faire ressentir son courage. Ce n'est pas étonnant qu'une telle sensibilité ait pu franchir avec cette grâce les siècles pour atterrir dans notre époque et les espaces et se retrouver dans ma salle de bains. Rien ne peut arrêter un poète dans sa course.

Borges au fil des jours

Mais depuis quelques années Borges ne me sert plus d'excitant pour réfléchir (je le connais trop). Si je le garde près de moi, c'est comme un talisman pour me protéger de la bêtise envahissante. Il est à mon avis un de ces objets indispensables, comme le téléphone ou l'ampoule électrique, qui mériterait de se retrouver dans toutes les maisons. On devrait donner à une encyclopédie le nom de cet érudit qui n'a pas cessé de fréquenter l'*Encyclopædia Universalis,* et sans jamais prendre les manies affligeantes du causeur de salon. S'il aimait tant la conversation, c'était parce qu'il privilégiait le dialogue par rapport au monologue intérieur. En fait, étant aveugle, cela lui pesait de manger seul. De plus, ces conversations au restaurant où il ne distinguait les gens que par leur parfum et leur voix lui permettaient de se rappeler les nombreux fragments de poèmes, les chansons populaires argentines (les milongas qu'il préférait aux tangos), les sagas islandaises qui ne cessaient de l'étonner par leur capacité de dire tant en si peu de mots, sans compter les milliers d'anecdotes à propos de ses écrivains favoris qui encombraient sa mémoire. Tout cela raconté avec cette grande courtoisie qui donnait à son invité l'impression d'être son égal. En ce sens, même s'ils aimaient aussi passionnément l'un que l'autre le voyage dans le temps par l'entremise de la mémoire, Borges était différent de Malraux qui, lui, ne semblait pas s'apercevoir de la présence de son vis-à-vis. Malraux, avec ses nombreux tics du visage et ses gestes saccadés des bras, donnait l'impression de se noyer dans son érudition, alors que Borges ressemblait à un enfant ébloui par tous ces trésors qu'il pouvait trouver dans le grenier de la maison familiale. Malgré sa grande connaissance des subtilités de l'âme humaine, Borges n'a jamais pris ce ton moralisateur qui a ruiné une bonne partie de la littérature. Pour toutes ces raisons et d'autres plus intimes, je n'hésiterai pas à consulter cette encyclopédie Borges qui ne tarderait pas à être connue dans le grand public comme *Le Borges*. Mais qui est donc cet homme qui reste pour moi le seul écrivain contemporain à saveur antique ? Il est né à Buenos Aires en 1899, et selon la petite chronologie établie par Rodriguez Monegal : à l'âge de six ans, il déclare à son père qu'il veut être écrivain, et ce dernier l'y encourage ; à sept ans, il écrit en anglais un résumé de la mythologie grecque ; à huit ans, son premier conte, *La Visière fatale,* inspiré d'un épisode du *Quichotte*; et à neuf ans, il traduit de l'anglais à l'espagnol *Le Prince heureux* d'Oscar Wilde, qui sera publié dans le grand quotidien de Buenos Aires. Ce n'est pourtant pas ce côté jeune prodige (cela m'aurait agacé) qui a retenu mon attention, mais la photo du vieux poète aux yeux crevés par la culture. Borges a commencé par cet art poétique qui accordait une trop grande importance à l'image — une sorte d'allégeance à la métaphore. Suit une époque où se mêlent provincialisme, nationalisme et mauvaise conscience d'un petit-bourgeois qui croit encore que seule la culture populaire est légitime. Il concocte alors la biographie d'une vedette des faubourgs : Macedonio Fernández, un vieil ami de la famille. De retour d'Europe, il replonge dans le Buenos Aires de son enfance, et son émotion lui fait retrouver cet art d'écrire presque naïf qui rappelle les dessins d'enfants.

> Les rues de Buenos Aires
> Sont déjà passées dans ma chair.
> Non pas les rues énergiques

Agitées de hâte et de trafic
Mais bien la douce rue du faubourg
Attendrie d'arbres et de couchers de soleil.

On doit imaginer deux enfants jouant dans un joli jardin intérieur : Borges et sa sœur adorée Norah, qui deviendra peintre. Plus d'un demi-siècle plus tard, Borges raconte qu'un jour, las de ces jeux innocents avec sa sœur dans le jardin, il entra dans cette pièce, toujours obscure et fraîche, qui servait de bibliothèque à son père. Il écrira, encore ému : « Mon père avait une grande bibliothèque. On me permettait de lire n'importe quel livre, même ceux qui sont interdits aux enfants. » Mais était-il un enfant puisqu'il était à la culture ce que fut Mozart à la musique ou Rimbaud à la poésie, une vieille âme ? C'est là qu'il découvrit *Les Mille et Une Nuits* dans la traduction gorgée de fantaisies d'Antoine Galland, et dans celle plus salace du capitaine Francis Burton. Il y eut aussi la découverte d'un autre livre capital dans la formation de sa sensibilité, ce *Don Quichotte* qu'il a lu dans l'ancienne édition Garnier. C'était une édition assez médiocre, mais Borges resta fidèle toute sa vie à cette première impression de lecture. Entre une sincère émotion et un artifice éblouissant, il choisit toujours l'émotion. Pour lui, le vrai *Quichotte* reste celui de la première lecture. La bibliothèque de son père, remplie de livres classiques et d'essais sur la psychologie (son père enseignait la psychologie à l'université de Buenos Aires), n'était pas différente de celle de tout Argentin cultivé de cette époque. Pour Borges, la lecture est une conversation avec l'auteur, et cela même si ce dernier est mort depuis des siècles. Plus longtemps il est mort, plus libre sera la conversation. Si lire c'est faire la connaissance de quelqu'un, relire c'est revoir un ami. Cette constante fréquentation des meilleurs esprits a développé chez l'enfant un goût si sûr que tout jeune on le consultait déjà pour juger de la qualité d'une œuvre. Pour lui, ce n'était qu'un jeu, un jeu infini, car le livre prend une couleur différente à chaque nouvelle lecture. Si le livre change, il en est de même pour le lecteur qui ne cesse de lire le même livre en engrangeant, à chaque nouvelle lecture, des expériences inédites sous la lampe studieuse. On sent une joie immédiate s'emparer de Borges dès qu'il évoque ses auteurs favoris : Chesterton, De Quincey, Dante, Cervantès, Keats, Whitman, Quevedo, Fitzgerald, Schopenhauer, Pascal ou Lugones. Cette énergie, enfantine à force de candeur (l'intelligence à un certain point frôle la naïveté), combinée avec une mémoire fabuleuse, et ce sens aigu de l'analyse font de lui le lecteur parfait. Pour Borges, le lecteur parfait est d'abord un lecteur heureux. À son propos on parlera d'érudition merveilleuse. Une bonne partie de son œuvre se déroule dans l'univers de la bibliothèque qui lui semble l'endroit le plus paisible qui soit. L'un des plus célèbres textes de Borges, « La Bibliothèque de Babel », débute ainsi : « L'univers que d'autres nomment la bibliothèque… » Ce qui lui fait croire que tous les livres ont été écrits par un auteur anonyme. Depuis son accident, sa vue s'est mise à baisser et le jaune fut la dernière couleur qu'il parvenait à reconnaître. Il raconte sa nuit avec un flegme britannique : « La célébrité comme la cécité m'est venue un peu tard. » En réalité, il cherche à cacher sa tristesse à sa mère dont le mari (Borges tient de son père sa désarmante modestie et cette incapacité à parler à plus d'une personne à la fois) est mort aveugle. D'où peut-être cette fascination pour les grands aveugles de la littérature : Milton, Homère. La seule haine qu'on lui connaît va au dictateur Perón dont la vulgarité l'indispose, car pour Borges la démagogie reste la seule faute inexpiable. Il fut révoqué, sans raison officielle, de son poste (il était directeur d'une petite bibliothèque de banlieue) avant d'être nommé inspecteur des volailles au marché. La gifle publique. Après la chute de Perón, le nouveau gouvernement le nomma directeur de la Bibliothèque nationale. Il écrivit un poème *(Le Don)* qui parle de l'aveugle destin qui lui accorda presque en même temps les livres et la nuit. Cette bibliothèque regorge aussi de chats et de fantômes, car il a vite appris qu'il ne fut pas le premier aveugle à occuper ce fauteuil. Deux autres l'ont précédé, dont son mentor Groussac. Pourtant, quand Rodriguez Monegal le visita, le critique fut véritablement impressionné par sa connaissance précise des lieux. Il note : « Dans l'obscurité de la bibliothèque, Borges se fraye son chemin avec la délicate précision d'un funambule. Voici enfin que le monde dans lequel je suis momentanément inséré n'est pas réel : c'est un monde de mots, de signes, de symboles. C'est la Bibliothèque de Babel. C'est un rêve de Borges. » Pour finir, le vieux poète s'est cristallisé pour rejoindre les éléments dans cet étrange autoportrait où l'on retrouve toutes ses obsessions : « Le temps est un fleuve qui m'emporte mais je suis le fleuve ; c'est un tigre qui me déchire mais je suis le tigre. C'est un feu qui me consume mais je suis le feu. Le monde, malheureusement, est réel ; moi, malheureusement, je suis Borges. » Est-il possible de ne pas succomber au charme d'un pareil esprit ?

L'art du double portrait

Baldwin et Bukowski. Bras dessus, bras dessous.
L'un, noir ; l'autre, blanc. L'un, de Harlem ; l'autre,
de Los Angeles. L'un, passionné de gospel ;
l'autre, de Mahler. L'un, homo ; l'autre, alcoolo.
L'un, dégagé ; l'autre, engagé. L'un avec un gros bide
rempli de bière qui le protège du monde ; l'autre
avec de grands yeux globuleux qu'il ouvre
sur cette Amérique ivre d'elle-même.
Tous deux courageux, lucides et solitaires.
Deux écrivains exceptionnels et c'est pour
cette seule raison que je les cite ici. Sinon je me fous
totalement de leurs états d'âme et petits drames.

La conversation, cet art en voie de disparition

Le jeu assis

Quand j'étais enfant et que j'avais toujours des fourmis dans les jambes, je ne comprenais pas ce jeu qui exigeait de s'asseoir en groupe, dans un endroit clos, pour parler pendant des heures. J'ai appris que c'était l'amusement préféré des adultes, bien que ce ne soit pas toujours bien vu dans certaines cultures ou dans certaines classes sociales. Dans les sociétés jansénistes, où on voue un culte au silence et à la modestie, la conversation est rejetée comme s'il s'agissait d'une ruse du diable. Au Québec, où on s'est longtemps méfié du goût de briller, on a eu des mots très durs mais jolis à l'oreille (« Ils s'enfargent dans les fleurs du tapis ») pour les mondains qui refusent d'aller droit au but. Si on ne devait parler que pour dire « les vraies choses aux vraies gens », on risquerait de se taire longtemps. Et on aurait tort, car ces jeux de société permettent de raffiner la langue. D'autres cultures ont hissé la conversation au niveau d'un art majeur. On se souvient des premières pages du *Neveu de Rameau* (mes préférées dans l'œuvre de Diderot), si éclatantes de vitalité qu'on a l'impression de voir les idées courir sur la page comme si c'était du vif-argent. C'est ici qu'on peut goûter le style de Diderot, surtout dans cette phrase dont Voltaire lui-même, cet ami-ennemi, disait qu'elle était la mieux balancée de la langue française. Relisons-la : « Paris est l'endroit du monde, et le café de la Régence est l'endroit de Paris, où l'on joue le mieux à ce jeu. » Ce jeu, ce sont les échecs. C'est ce goût du bien dire qui donne tant envie de parler, même quand on n'a rien à dire, espérant ainsi faire avec l'esprit une fête de la parole. Et cela malgré ce toujours grave Montaigne qui semble préférer « le bien penser au bien dire ». Toujours à opposer les choses. Il a fallu un Sud-Américain pour faire éclater cet ennuyeux mode binaire, et c'est Neruda dans ce vers qui ressemble au refrain d'une vieille chanson gitane : « Entre vivre et mourir, je préfère la guitare. » Ce seul vers procure un tel élan vers la vie que j'ai envie de sortir pour aller danser et boire toute la nuit.

Des jeunes filles dans le métro de Paris

Plus tard, dans le métro, ce matin. Debout à côté de moi (à seize ans, on ne s'assoit pas), deux adolescentes parisiennes. Quelle vivacité ! Quelle chaleur dans l'expression ! Elles causent de mathématiques, de philosophie et de garçons. Me voilà fasciné, ému, ébloui. Dans cette tranche d'âge là, la France n'a peur de personne. Dans une joute intellectuelle internationale, les adolescents français l'emportent haut la main. C'est après que cela se gâte, à cause du fossé qui existe entre l'esprit et la matière, entre la philosophie et la vie. Duhamel traduit cela mieux que moi : « En France, dit-il, on mûrit très vite de l'intellectuel, mais très tard du caractère. » Mais pourquoi ? À cause de l'extrême prédominance de l'esprit dans ce pays. L'étude des formes et des idées peut facilement occuper, ici, toute une vie. Il y a aussi ce cloisonnement étanche entre les classes sociales. Les ouvriers restent entre eux. Les intellectuels font de même, et cela même si, à chaque génération, un certain groupe d'intellectuels organisent des excursions dans les usines avant de publier de solides études sur la question. La classe politique s'émeut, mais les choses restent telles quelles. En ce moment, ces jeunes filles semblent heureuses, et elles me paraissent aussi très équilibrées. La philosophie, les maths, mais aussi les garçons. On arrive toujours trop tard dans une société, nous dit-on. La conversation est un art en voie de disparition. C'est faux car je viens tout juste de voir passer une demi-douzaine de jeunes filles complètement perdues dans une joyeuse discussion. Les répliques se chevauchent sans cesse, provoquant des cascades de rires et de larmes, ce qui donne l'impression qu'elles s'expriment dans une langue étrangère. Tout le charme vient du fait qu'elles ne cherchent pas à briller. Rien d'autre n'existe pour elles, emportées qu'elles sont par un fleuve de mots nourri par six rivières aux sonorités si chantantes. Tout cela diffère de ce qu'on entend par une conversation réussie dans le précieux petit livre de Chantal Thomas (*L'Esprit de conversation*). Les règles, pour ces vieux messieurs bourrés de nostalgie, semblent incontournables. On y voit des gens, assis ou debout dans un salon à l'éclairage tamisé, qui évitent de parler trop vite, de se couper la parole, de parler d'eux-mêmes, de trop cancaner, de trop s'exciter ou de rire à tout propos. C'est le contraire qui se déroule sous mes yeux. Ces jeunes filles du printemps marchent vite, parlent vite, se coupent constamment la parole, rient sans cesse et cassent du sucre sur le dos des absentes. Mais il y a là une telle énergie, une telle joie d'être, que la vie semble soudain plus agréable même pour ceux qui les regardent. Je passe le reste de l'après-midi avec, dans la tête, les éclats de rire de ces jeunes filles si lumineuses. Poursuivant ma lecture du livre de Thomas, je tombe sur un passage où l'abbé Morellet raconte qu'après une longue conversation un peu guindée, à cause de règles trop strictes, dans un salon des environs, il se retrouvait « plus d'une fois, passé minuit, dans le jardin des Tuileries avec Diderot et d'autres amis, heureux de pouvoir dégoiser à plaisir, crier à ciel ouvert… » N'est-ce pas ce que faisaient tout à l'heure ces jeunes filles ? Sans que j'en aie fait la demande, le serveur m'apporte un café brûlant. Paris possède peut-être les serveurs les plus acariâtres de la profession, mais personne ne connaît ce métier mieux qu'eux. Dans ce quartier, on ne conçoit pas un café sans lecteurs. La nuit arrive. Je me lève pour rentrer à l'hôtel. À la vitrine d'une des nombreuses librairies de cette rue interminable, je vois le livre de Hemingway dans sa nouvelle édition augmentée. Ce titre, *Paris est une fête,* me semble l'un des plus beaux. Je continue ma promenade. Le soir tombe doucement. La ville rougit comme une jeune fille. Hemingway sourit. Paris me fête.

Tiens, Alice vient de traverser le miroir

J'ai lu les aventures de la petite Alice, assez tard, vers la fin de l'adolescence. Ce qui fait que je ne l'ai jamais prise pour une histoire qu'on sert aux enfants afin d'exciter leur imagination déjà fébrile. *Alice au pays des merveilles* reste pour moi la seule tentative réussie de description d'un rêve du point de vue d'une rêveuse encore endormie. Comme si cette fable n'avait pas été écrite par un professeur de mathématiques, vivant à Londres, du nom de Lewis Carroll, mais par une petite fille étourdie mais tenace qui décrit sur place, sans faillir, comme toute reporter aguerrie, ce qui se passe de l'autre côté du miroir. Je passais mes après-midi, couché sur le plancher du salon, en face du grand miroir que ma grand-mère avait ramené avec elle en déménageant de Petit-Goâve à Port-au-Prince, à essayer de deviner les règles étranges de ce monde absurde qui ressemble tant au nôtre. Un monde où une reine exige sans raison de trancher la tête de ses sujets, et où un lapin consulte sans cesse sa montre afin de ne pas rater un rendez-vous imaginaire. Durant ce séjour qui a duré une minute, une heure ou un siècle, mon seul regret fut de n'avoir jamais croisé là-bas la délicieuse petite Alice dont on dit que la seule fantaisie a changé l'humeur de son époque. Ce n'était pas cela que je cherchais à comprendre dans l'histoire de Lewis Carroll, plutôt ce qui se passait dans la tête d'une petite fille, juste avant qu'elle ne devienne pubère. J'avais tout de suite capté que c'était là le fond de l'histoire : les remous qui agitent le corps et l'esprit d'une préadolescente au moment du grand tournant. Affolée, elle tentait par ses propres moyens d'y saisir quelque chose. Comme cette société victorienne faisait le silence total sur tout ce qui reliait à la sexualité féminine, la petite Alice cherchait dans le rêve les raisons de cette tempête qui faisait rage autour d'elle. Son corps étant devenu une horloge déréglée qui sonnait à tout instant, sans aucune logique (le lapin obsédé par sa montre). Elle avait perdu le sens des heures dans une Angleterre où la vie était si terriblement structurée. C'était un crime de rater le thé de cinq heures. Elle avait aussi perdu tout contrôle sur ses humeurs, ses sentiments et même ses pensées les plus intimes. Elle se sentait hors d'elle-même. Comme si quelqu'un d'autre, une personne qui lui ressemblait physiquement à s'y méprendre, était parvenu à la déloger de son propre terrier. Elle est allée chercher du secours dans ce monde qui ressemblait au sien sans être tout à fait pareil. L'image reflétée par le miroir n'est pas identique puisqu'elle est renversée. Elle a fait le saut par un chaud après-midi où elle s'angoissait plus que d'habitude. J'ai tout de suite compris que c'était elle tous ces personnages aux comportements si étranges qui s'agitaient dans cette histoire qui n'avait ni queue ni tête. Elle était devenue aussi nerveuse que le lapin, aussi implacable que la reine, ou circonspecte que le chat. Pire ou mieux : elle était le lapin, la reine, le chat, et même le paysage. Elle avait pu pénétrer à l'intérieur d'elle-même pour tenter de régler de nouveau l'horloge. Je ne sais pas pourquoi j'ai compris cette histoire de cette manière. Je ne connaissais pas Freud à l'époque, pas plus aujourd'hui d'ailleurs, et prenais les choses qu'on me racontait au pied de la lettre. C'est comme si mon esprit tout à coup soupçonnait que les mots sont de minuscules personnages qui cherchent à nous guider vers ce chemin secret qui nous permettra de passer de l'autre côté des choses. Nous connaissons l'endroit, on nous montre l'envers. Pour avoir une idée complète de ce qu'est notre vie, il nous faut les deux côtés de l'affaire. Car tout un monde grouille derrière cette page. Ou ce miroir.

L'art d'être ivre avec élégance

L'écrivain Malcolm Lowry, un soir qu'il était soûl,
enfin il l'était un peu chaque soir, alors disons un soir
qu'il était plus soûl que d'habitude, s'est assis
dans un champ en murmurant : « Si c'est vrai
que la terre tourne, alors j'attends ma maison ici. »

L'été n'est pas une banlieue de l'année

Un homme du Nord

Je viens d'un pays d'été éternel. Et depuis plus de trois décennies, je vis dans un pays dont le poète Gilles Vigneault dit que « ce n'est pas un pays, c'est l'hiver ». J'ai donc quitté l'été pour l'hiver. Mais c'est à Montréal que j'ai ressenti l'été pour la première fois. Pour connaître l'été, il faut avoir traversé l'hiver, ne cessai-je de répéter. Et pourtant, c'est dans la chaleur de Miami que j'ai eu la plus forte nostalgie du froid. Un jour qu'il faisait plus chaud que d'habitude, j'ai senti un désir effréné de la glace. L'appel du froid. Le glaçon, comme un saumon, est remonté jusque dans ce coin obscur de ma mémoire pour me rappeler que j'étais aussi un homme du Nord. Mais être un homme du Nord, ce n'est pas seulement être capable de supporter de très basses températures, c'est surtout en être obsédé au point de ne jamais perdre de vue l'hiver. Même en été. Quand on parle de bon ou de mauvais été, on ne le fait pas par rapport à l'été lui-même, on se demande simplement si on a emmagasiné assez de chaleur pour affronter le prochain hiver. On parle de l'hiver autant qu'un Français parle de gastronomie ou de vin, c'est tout dire. Quand on me demande, comme on le fait avec tous ceux qui ne sont pas nés ici, ce qui m'a le plus frappé en arrivant à Montréal, je réponds que ce n'est pas l'hiver mais tout ce qui l'entoure. Ce qu'il faut savoir à propos du froid. Les jeux d'hiver (ski, hockey, raquette). Les films dont l'histoire se passe en hiver *(Kamouraska)*. La météo qu'on entend plusieurs fois par jour sans jamais éprouver la moindre lassitude. Les interminables discussions, debout dans la cuisine avec un verre de vin à la main, à propos de la coupe Stanley, de l'indépendance du Québec et de la survie du français en Amérique du Nord. Le fait que l'humeur d'une ville entière dépende de quelques degrés de plus. Ce qui fait penser qu'il est plus facile de ne pas remarquer un éléphant dans un couloir que de passer à côté de l'hiver. Un homme du Nord, c'est celui qui s'étonne chaque année du retour de l'hiver. On n'a qu'à voir avec quelle excitation la première tempête de neige est, chaque année, accueillie par les gens (les adultes autant que les enfants) comme par les médias. Elle fait la une des quotidiens. Et au moins trois reportages dans le journal télévisé du soir. On s'énerve au point qu'un touriste pourrait se demander si c'est la première fois qu'il neige dans ce pays.

L'appétit du plaisir

Notre corps ne vit pas toujours dans la même saison que notre esprit. Le corps et son insatiable appétit de plaisir en été. Notre esprit si sombre et tortueux en hiver. L'impression qu'il y a deux êtres en nous : un Dr Jekyll ensoleillé et généreux, et un Mr Hyde tatillon et avaricieux. Mais pour bien connaître ces deux personnages, il faut vivre ici toute l'année. Le touriste d'hiver (oui, cela existe, et il est souvent français) ne connaît que notre côté nordique et lunaire que le touriste d'été ignore. Car il ne voit autour de lui que des fous de jazz, de rires intempestifs et de festivals loufoques. Le touriste qui a vu la fleur au balcon ne peut savoir ce qui se passe quand la glace bleue s'y installe. Quand ces demi-dieux nordiques si prompts au carnaval des corps s'apprêtent à plonger, la tête la première, dans le lac de la dépression nerveuse et des folies identitaires. Ce qui est étonnant, c'est la rapidité avec laquelle on change de scène. On remplace cette glace, en une nuit, par des millions de kilomètres de gazon. Et des fleurs. On change de garde-robe. On interdit aux journaux de publier quoi que ce soit qui rappelle la grande noirceur annuelle. Toute allusion à l'hiver doit être effacée de notre mémoire. On ne mange plus ce qu'on mangeait en hiver, on n'écoute plus la musique qu'on écoutait en hiver. On ne danse plus la danse qu'on dansait en hiver. Certains zélés vont jusqu'à déménager de leur quartier pour marquer le changement de saison, s'installant souvent près d'un marché de fruits et légumes en plein air. C'est un véritable théâtre où l'été a le rôle principal. On dirait ce film d'Hitchcock : *Les Oiseaux*. Cela commence par la première petite vieille qui dépose sur son balcon un pot de fleurs. Ce geste touchant comme une prière à la nature. Et on imagine cette résistante qui a gardé dans son salon tout l'hiver une fragile fleur, espoir d'une saison à venir. D'une renaissance possible. Dix balcons se mettent à fleurir à la suite. Puis cent. Et le temps d'une nuit, l'été qu'on a caché dans nos maisons se montre au grand jour. Bien avant le véritable été. L'hiver refusant de quitter les lieux en faisant d'incessants va-et-vient. Mais toutes ces fleurs finissent par l'induire en erreur — et le redoutable colocataire consent à partir pour de bon. L'être humain a fait le pont entre les saisons. Il y a trois vraies saisons dans ce pays : l'hiver, la petite vieille (que certains appellent le printemps) et l'été. On imagine le drame si la petite vieille n'avait pas osé défier la nature avec cette fragile fleur d'été sur laquelle elle a veillé tout l'hiver. Elle sera suivie, il faut le dire, assez rapidement d'ailleurs, par cet homme viril qui file, avec un crayon derrière l'oreille (là où une jeune fille placerait une fleur), dans les magasins où l'on vend des planches, des marteaux et des clous. Au moment même où le maire lance dans la ville une nuée de cols-bleus affectés à la réparation des rues. On se demande pourquoi un tel remue-ménage, comme si l'été naissait de l'activité qui le précédait. C'est la volonté des habitants qui fait surgir brusquement de sous la glace une ville verte. Dès que le chapiteau est là, on joue du jazz. J'interroge toujours cette passion pour le jazz du Montréalais. Est-ce parce que le jazz ne me dit pas grand-chose ? Je reste plutôt intrigué par toute cette manœuvre. Si les tréteaux sont là, c'est dire qu'on prépare une pièce. Alors la question : pour qui joue-t-on la pièce ? Je n'ose croire que ce soit pour nous-mêmes puisque nous y participons tous. Pour le visiteur d'été si différent du visiteur d'hiver ? Peut-être, mais ce serait une erreur car les gens qui viennent ici en hiver dédaignent l'été. Ils rêvent d'ours polaires, de blancheur infinie, de grands espaces et de nuits glaciales. Ils sont déçus quand la météo n'annonce pas – 40. Ils passent à peine une nuit à Montréal à boire un coup avec des amis, comme si la ville n'était qu'un aéroport, avant de filer chez les baleines, les ours, les Indiens, le Grand Nord. Le visiteur d'été, lui, pense que l'hiver continue encore quand on quitte le centre-ville. Des policiers d'ailleurs l'empêchent de quitter la zone d'été. Cette zone où les restaurants sont chinois, indiens, caribéens, marocains, vietnamiens, japonais, et où l'on entend toutes les langues sans que cela fasse trop folklore. On a aussi l'impression que la police ratisse les maisons du nord de la ville pour pousser les jeunes immigrants à aller faire de la figuration au centre-ville. Les gens qui n'ont pas eu le temps de bien bronzer durant les deux premiers jours de plein soleil sont priés de rester chez eux. Leur théâtre joue à guichets fermés en hiver. Tout cela pour faire croire à ce visiteur saisonnier que l'été dure toute l'année ici. J'ai rencontré des Américains noirs aux États-Unis qui m'ont dit n'avoir jamais vu de gens aussi heureux de nager dans le jazz qu'à Montréal. Vous avez réussi, m'ont-ils dit, là où nous, les Noirs américains, avons échoué. Une culture minoritaire qui, le temps d'une saison, avale la culture majoritaire. Hélas, les Noirs de Montréal ne sont pas associés au Festival de jazz. C'est vrai qu'il faudrait, un jour, se questionner sur le choix de cette musique, le jazz, et l'appui unanime et enthousiaste qu'elle reçoit de la population. On conteste tout au Québec : les chefs de partis, la conscription, la reine, le vaccin contre la grippe, l'équipe de hockey quand elle perd, etc. On conteste même le fait de contester. Sauf le jazz. Faut dire qu'on ne l'écoute que durant le festival, pas après ni avant. On ne l'écoute pas, on se vautre dans l'ambiance décontractée qu'il a générée. Alors pourquoi un tel succès ? Le jazz n'est pas pour le Québécois une musique mais une métaphore de l'été. Il contribue à l'ensoleillement de la ville, devenant aussi essentiel qu'une voiture rouge décapotable pour cet homme de soixante-deux ans au crâne rasé, et parfois aussi insupportable qu'une canicule. Ces grandes chaleurs qui incommodent tout le monde mais sans quoi l'été n'est pas l'été. Si on fait tout ce théâtre, j'imagine, c'est à cause de l'énergie accumulée durant tout l'hiver qu'on balance dans les rues. Toutes ces frustrations stockées durant les longues nuits polaires finissent par surgir comme une fleur au bout des doigts de la petite vieille.

Le triomphe du corps

On accorde beaucoup d'importance à l'intelligence, qui nous joue parfois des tours. L'esprit est si vanté de nos jours qu'on préfère un esprit acide à l'absence d'esprit tout court. Tout le monde voudrait en avoir, et l'insulte suprême, c'est de douter de la capacité de réflexion de l'autre. C'est un jeu excitant où la volonté tente de régner en maître. Notre monde est de plus en plus un univers de l'intellect. Un esprit qui ne garantit pas forcément une délicatesse du cœur. La seule intelligence qui vaille la peine, c'est celle qui nous permet de nous mettre à la place de l'autre — de ressentir ce qu'il ressent sous la douleur et l'humiliation. Il arrive qu'un esprit quitte un corps pour aller séjourner dans un autre corps. C'est une communion assez rare car le plus souvent l'esprit entend plutôt posséder l'autre. On s'étonne encore que l'esprit, cette flamme vacillante du cerveau, ait pu coloniser une telle masse de chair, d'os et de sang : le corps humain. Qu'il l'occupe le jour en le poussant à réaliser des choses auxquelles celui-ci n'aurait jamais pensé. Et la nuit en refusant de se reposer jusqu'à produire ces myriades d'idées noires qui mènent droit au cauchemar. Je n'entends pas dire, ici, que tout le mal de notre société vient de l'esprit (il y en a qui seraient trop contents), mais je crois qu'il faut se méfier d'un esprit trop vorace qui nous ferait oublier la simple joie que peut procurer une intelligence primesautière qui ne soit pas tournée vers la volonté de dominer. L'hiver est la saison préférée de l'esprit. Mais le corps prend sa revanche en été. En se déshabillant, le corps annule l'esprit. Car aucun esprit n'arrive à faire face à ce corps palpitant de vie qui vient de traverser un désert de glace. J'ose croire que l'été au nord est plus excitant qu'au sud car c'est un été qui a connu l'hiver. Un corps en sueur que l'été habite. Nous vivons à ce moment-là en pleine féerie : le vert des arbres, le sourire gratuit d'un inconnu que vous croisez, la musique des conversations sur les terrasses des cafés, le vin qui rosit les joues des étudiantes qui préparent déjà le bal de fin d'année, un jeune homme qui passe torse nu sur son vélo, tout cela donne l'impression que la guerre est finie. Le général Hiver s'est retiré sous sa tente. Le corps reprend alors pleinement ses droits. Et l'été invite l'esprit à la sieste. L'été, cette banlieue de l'année. On a compris qu'un esprit qui refuse de se reposer en été sera l'hiver suivant un danger public. Il fera de notre vie un drame perpétuel. À bout de souffle, il deviendra facilement intolérant. Car personne ne peut supporter une pareille tension douze mois l'an. Nous devons lâcher prise sans perdre de vue pour autant que l'injustice et la misère ne s'accordent, elles, aucune relâche. Gardons en tête, pour une fois, les vrais drames qui ne connaissent pas de saison, en nous accordant une trêve pour les faux problèmes. Ne devenons pas cet animal solitaire qui se réchauffe en hiver de fureurs artificielles et qui refuse en été de quitter le vieux fauteuil d'où il observait la vie sur le petit écran. Rien de plus anachronique qu'un esprit d'hiver dans un corps d'été. Mais le corps n'est pas bête. Il a stocké un nombre incalculable d'informations à propos de son bien-être. Comme un chien, il retrouve facilement le chemin du bonheur physique. On n'a qu'à voir ces grappes humaines dans les rues dès que la chaleur se fait sentir. Cette forêt de jambes descendant vers le sud. Vers le jazz. Vers ce farniente sur les parvis ensoleillés des édifices publics, vers les pique-niques dans les parcs, sur l'herbe verte, près de l'eau. Si, en hiver, le couple désire se retrouver sous les draps dans une intimité absolue mais bruyante, en été, ce même couple préfère rejoindre la tribu. Ce mouvement incessant de jupes bariolées et de cyclistes affolés forme un spectacle pour le plaisir de ceux qui ne parviennent pas à quitter leur balcon. Cette foule qui ne fait que marcher dans la rue uniquement guidée par le soleil, c'est le triomphe du corps et le repos de l'esprit.

L'art de compter les hivers
en buvant du saké

On passe une bonne partie de son temps à compter
les jours, les mois et les années d'une vie.
Ou à attendre, avec impatience, sa saison préférée.
L'été, sitôt passé, on attend le prochain été
en évitant de vivre. Dire qu'on croit encore échapper
à l'hiver en pensant à l'été. Tout se passe sans un cri.
Comme cette feuille d'érable rouge qui flotte
encore dans l'air, retardant le plus longtemps
possible le moment d'effleurer la terre.

Le bout du monde n'est jamais trop loin

Ce livre qu'on ne peut lire qu'en rêve

De tous mes livres, celui que ma mère garde au fond de la vieille armoire où tout ce qu'elle a de précieux converge un jour ou l'autre, c'est une traduction de *L'Odeur du café* en coréen. Ce livre raconte mon enfance à Petit-Goâve, dans cette ville où elle a passé, avec ses sœurs, une bonne partie de sa vie de jeune femme rêveuse et sage à la surface mais bouillonnante à l'intérieur. Cela l'impressionne énormément de retrouver tous ces lieux de sa jeunesse dans une langue qu'elle ne parvient pas à déchiffrer. On a essayé en vain de retracer son nom dans cette forêt de signes qui me font penser beaucoup plus à des dessins qu'à l'alphabet grec tel qu'on le connaît. En fait les lettres de notre alphabet ne sont pas moins étranges pour quiconque n'y est pas familier depuis l'enfance. Je ne l'ai jamais vue rire de si bon cœur que pendant ces tête-à-tête où nous tentions d'imaginer ce qu'un Coréen pourrait comprendre de notre vie à Petit-Goâve. On était assis sur la galerie, près des massifs de lauriers roses (elle à somnoler, moi à lire *Le Nouvelliste*), quand elle s'est brusquement réveillée pour me raconter en détail son séjour en Corée. Malgré le fait qu'on vivait depuis un moment dans une petite ville avec un nom de fruit coréen, elle avait encore la sensation d'être à Petit-Goâve. Elle parlait couramment la langue du pays, avait adopté les coutumes locales, et semblait connaître à fond la gastronomie asiatique alors qu'elle n'aimait que la cuisine tropicale. Elle m'a certifié, avec force rires gênés et mimiques coréennes, qu'elle saisissait tout ce qu'on lui disait. L'étonnant, c'est que tout s'est déroulé en moins de dix minutes. Je la regarde, si frêle, partir chercher le livre, convaincue, cette fois, de pouvoir enfin le déchiffrer. Ne la voyant pas revenir, je me suis assoupi à mon tour.

Hôtel Oloffson, la chambre de Jimmy Buffet

LE QUARTIER — C'est étonnant qu'un endroit soit si près de vous tout en donnant l'impression d'être aussi inaccessible qu'une île perdue au milieu du Pacifique. Les classes sociales sont plus difficiles à franchir que les océans. J'habitais, à l'époque, le quartier de Bas-peu-de-chose, pas loin du stade Sylvio Cator. On était aussi à cinq minutes du cinéma Montparnasse et pour m'y rendre je devais traverser le marché Salomon. Mon parcours n'a pas varié pendant toute mon adolescence : vendredi soir au Montparnasse où j'ai vu les premiers films de Sidney Poitier et aussi ces larmoyants films mexicains qu'on ne regardait même plus au Mexique. Ma mère ne m'accompagnait que pour des films avec une petite ambition sociale comme *La Porteuse de pain* ou *Le Prince esclave* — ces films faisaient pleurer une salle entière de mères de famille. Tante Raymonde, plus audacieuse, raffolait des films qui mettaient en scène la magnifique Amalia Mendoza (elle était sublime dans *Le Rebelle*) ou ces actrices françaises qui n'hésitaient pas à se montrer en jarretelles. Ma préférence allait à ceux, de cape et d'épée, qui se déroulaient dans le milieu de l'aristocratie. Les bals, les soupers aux chandelles, les duels : cet univers, pourtant si différent du mien, finissait par imbiber mes rêves. Mais le samedi après-midi, sous un soleil insoutenable, je passais de ces marquis en jupette et portant tous la même fine moustache aux hommes en short et aux muscles saillants du stade Sylvio Cator. Tout cela sur fond de dictature tropicale — Papa Doc était au pouvoir depuis 1957. En fait, pour le reste de la planète, Haïti se situait au bout du monde. Ce monde que contrôlait un Ubu portant un petit melon noir et des lunettes teintées pour cacher ses états d'âme. On le voyait toujours entouré de ces fauves à visage humain prêts à sauter à la gorge de tous ceux qui traversaient leur champ de vision. Mon terrain de jeu. C'est là que se déroulait mon adolescence. On devait se cantonner dans ce périmètre où, au moindre accrochage avec les sbires du gouvernement, les voisins se dépêchaient d'avertir nos parents. Pour finir, il me fallait accompagner ma mère à la messe du dimanche. On prenait la rue Capois malgré le détour que cela imposait, car ma mère cherchait toujours à éviter deux de ses créanciers, parmi les plus pressants, qui vivaient dans ces petites rues ombragées donnant sur la place Jérémie. On finissait par déboucher en face de l'hôtel Oloffson — ce vieil hôtel en bois caché derrière un bouquet d'arbres feuillus. Je lui jetais des regards de biais de peur qu'il ne s'évapore. Cette sensation que nous étions dans deux mondes parallèles. Qui était dans la réalité ? Je ne saurais le dire. J'ai compris plus tard l'étrange séduction que peut exercer un tel édifice suranné sur un jeune esprit romantique. Je passais plus de temps à lire qu'à vivre. Lire, c'était, à mes yeux, accéder à un niveau de vie supérieur. J'avais l'impression que si un jour je franchissais la barrière de l'Oloffson, il me serait impossible de revenir sur mes pas.

LE TEMPS IMMOBILE — Petit-Goâve, 1963. J'avais dix ans. Je vivais encore avec ma grand-mère. Ma mère et ma sœur étant à Port-au-Prince. Petit-Goâve était assez petit pour que je connaisse tout le monde. Mon voisin, Passilus, recevait le quotidien *Le Nouvelliste*. Le journal était édité à Port-au-Prince mais distribué dans les villes importantes de province où un nombre restreint de notables s'y abonnaient. Passilus recevait le journal avec un retard qui pouvait aller d'une semaine à un mois. Était-ce dû au légendaire mépris de Port-au-Prince pour la province (« Nous ne sommes que des ploucs à leurs yeux », affirmait sans ambages le coiffeur Saintvil Mayard) ou à la fainéantise du jeune homme chargé de livrer le journal ? Toujours est-il que les événements avaient eu le temps de se faner, ou de nouveaux événements venaient contredire ceux du mois précédent, quand le journal parvenait enfin à l'abonné qui l'attendait assis sur sa galerie. Passilus, après la lecture d'une nouvelle explosive, mais dont il prenait connaissance avec un trop long retard, avait l'habitude de soupirer : « J'ai l'impression que la vraie vie est à Port-au-Prince, et qu'on est ici hors du temps. » Il me passait alors le journal pour que je lui lise les très longs articles des pages intérieures qui étaient souvent un commentaire sur « la question du vaudou » ou une réponse assassine d'un professeur de littérature à ceux, nombreux semblait-il, qui doutaient encore de l'existence d'une littérature nationale. Là, Passilus m'écoutait avec un léger sourire, retrouvant cet univers qu'il connaissait. Nous étions, pour une fois, dans son espace. Ce temps immobile qu'il affectionnait tant et que, toujours selon le coiffeur Saintvil Mayard, les gens de Port-au-Prince nous enviaient sans pouvoir l'admettre. Les yeux fermés, Passilus semblait assoupi, parfois ronflait même, mais se réveillait brusquement si je m'avisais de sauter un seul paragraphe de l'article du docteur Louis Mars, le fils du célèbre ethnologue Price-Mars, l'auteur d'*Ainsi parla l'oncle*. Il connaissait par cœur ces arguments qu'on se lançait, d'un côté comme de l'autre, au fil des mois. Et surtout, ces débats sur le vaudou ou le créole (« Le créole est-il la langue du peuple et le français celle de l'élite ? ») le rassuraient. Selon Passilus, tant qu'on discute de langue ou de religion, c'est qu'aucune casserole n'est en train de brûler dans les affaires de l'État. Par contre, il écoutait attentivement les nouvelles nécrologiques et redressait le torse quand il reconnaissait quelqu'un dans la liste des morts. S'étonnant surtout qu'untel soit encore en vie, avant de découvrir que le mort était plus jeune que lui. « C'est normal avec la vie qu'ils mènent là-bas, lui glissait le coiffeur Saintvil Mayard qui arrivait à temps pour le café, si ici nous vivons plus longtemps qu'à Port-au-Prince. » Je restai un moment jusqu'à ce qu'on me fasse me signe de partir. Je tentai de refiler le journal au coiffeur, qui le repoussa fermement : « Je n'ai pas besoin de savoir ce qui se dit, mon fils, j'ai trop à faire avec la vie. » Mais moi je ne voulais pas de cette vie que le rêve avait désertée. J'emportai le journal avec moi.

UN DANDY DANS L'ÎLE — Je me suis installé pour lire ma page favorite du journal. La chronique quotidienne d'Aubelin Jolicœur : « Au fil des jours ». Si ce titre ne me faisait pas toujours rêver, sa promesse de fidélité me rassurait. « Cela fait trop longtemps que je l'endure », me soufflait Passilus qui ne voyait en Aubelin Jolicœur qu'un simple amuseur public. Pour moi il était un personnage de roman. Je l'imaginais, voltigeant d'un endroit à l'autre, d'une femme brillante à une jeune fille rougissante, dans cet aéroport qui nous permettait de croire que ce pays était quand même relié au reste du monde. On le voyait parfois dans des magazines du ministère du Tourisme qui traînaient à la mairie de Petit-Goâve. C'était un petit homme à l'allure de dandy, avec une moustache, ne quittant jamais sa canne sculptée, toujours en train de faire des baisemains. Comme s'il venait de bondir d'un roman de Proust. Sa chronique consistait à signaler les célébrités qui débarquaient en Haïti. On était sous Papa Doc et nos rares invités, qui n'étaient aucunement des célébrités, étaient accueillis comme des princes et des princesses dans un jardin suspendu de Babylone. Ils ne devraient surtout pas se sentir dans l'enfer que décrivait abondamment la presse internationale. Le séjour devrait si bien se dérouler pour qu'au retour ils deviennent nos meilleurs agents de propagande. On s'attendait à ce qu'ils protestent avec véhémence chaque fois qu'un journaliste s'aviserait de dénigrer Haïti. Et pour ça l'accent était mis sur les épouses et les filles (les fils préférant les îles du Pacifique) qui accompagnaient leurs maris, des hommes d'affaires qui ne craignaient pas de serrer « la main couverte de sang » (selon la presse internationale) de Papa Doc. Bien sûr que ces requins de la finance tiraient de gros bénéfices pour se compromettre ainsi avec ce satrape. L'intérêt de Papa Doc se résumait à montrer à la population qu'il n'était pas le pestiféré que l'on disait. Naturellement, les voitures qui ramenaient ce beau monde à leur hôtel suivaient un parcours soigneusement établi par le service de sécurité du gouvernement. Ils séjournaient à l'hôtel Ibo Lélé, au El Rancho, au Castel Haïti, mais rarement à l'Oloffson. Le soir ils étaient invités à des réceptions que les ambassades donnaient à tour de rôle. On les voyait ainsi virevolter dans cet univers créé de toutes pièces (en fait une île-prison) par un dictateur qui ne quittait presque jamais ce palais blanc qui ressemblait à un gâteau de mariage qu'on aurait déposé sur un gazon. Les militaires, toujours en habit de parade, n'apparaissaient qu'au moment de la montée et de la descente du drapeau. La vie, semblait-il, n'avait pas la même gravité qu'ailleurs et ces touristes devaient parfois se croire dans l'imagination d'un de ces écrivains anglais si sarcastiques. En effet, c'est l'un d'eux, Graham Greene, qui écrira le roman définitif de cette époque ténébreuse où la vie des citoyens ne tenait qu'au caprice d'un médecin plus actif dans une chambre de torture que dans une salle d'opération. Si Lewis Carroll était né en Haïti, sa délicieuse petite Alice aurait eu plus de mal à se tirer d'affaire avec Papa Doc qu'avec la reine du pays des merveilles qui professa ce goût particulier pour les têtes tranchées. C'est vrai qu'Aubelin Jolicœur dans son agitation me faisait penser au lapin toujours en retard. S'il débarquait chaque jour, à l'aéroport de Port-au-Prince, une nuée d'épouses épanouies et de jeunes filles en fleurs, il n'y avait qu'un seul Aubelin Jolicœur.

LA PISCINE ILLUMINÉE — Plus tard, vers l'âge de seize ans (j'avais oublié Petit-Goâve afin de devenir un parfait Port-au-Princien), je passais par hasard devant l'hôtel Oloffson pour aller au cinéma Eldorado où m'attendait Lisa. L'Eldorado s'était spécialisé dans les films d'amour et on croyait tous qu'il était plus facile d'avoir un premier baiser quand on en voyait un en gros plan sur l'écran. Les filles se méfiaient de ces invitations à l'Eldorado qu'elles prenaient pour des arnaques ou n'acceptaient d'y aller qu'en groupe. Alors quand l'une d'entre elles finissait par t'accompagner à un film d'amour (à éviter les films français, qui étaient plutôt bavards), on peut dire que la moitié du chemin était faite. Et si pour quelque raison que ce soit le baiser ne s'était pas fait ce jour-là, il fallait se résigner à mettre une croix sur l'affaire. J'étais bien en avance à ce rendez-vous avec Lisa. Je comptais m'installer à un endroit stratégique sur la place afin de la voir arriver, car il n'y avait que les ploucs qui attendaient une fille à l'entrée du cinéma. On devait éviter d'avoir l'air d'un affamé, sans trop la faire attendre non plus. Tout était une question de rythme. J'étais amplement en avance quand j'ai atteint l'Oloffson. Toujours la même bâtisse cachée derrière les arbres que je connaissais depuis l'enfance. J'allais allonger le pas quand un projecteur m'accrocha l'œil gauche. Et pour la première fois je me glissai dans la cour de l'hôtel. Au lieu de grimper l'escalier qui menait à la réception, j'ai continué tout droit vers la piscine. Des invités en tenue de soirée, assis autour de petites tables couvertes de victuailles et de boissons. Et d'autres qui semblaient plus importants, allongés sur des chaises longues, le long de la piscine fortement éclairée. En fait ils assistaient à un spectacle de danses folkloriques. J'ai tout de suite reconnu un des danseurs du Conservatoire national, un certain Florent. C'était un type long, maigre et souple qui habitait dans mon coin, dans la rue Lafleur-Duchêne. Il passait son temps à faire des niches avec les filles du quartier. Il organisait des défilés de mode avec elles. Les mères ne s'inquiétaient pas même quand elles le surprenaient dans le noir avec leurs filles. Mais, à l'Oloffson, avec les autres danseurs et tous ces gens si raffinés, il semblait enfin dans son élément. Après le petit spectacle, les danseurs circulaient un moment parmi le public, et les hommes comme les femmes les embrassaient pour les féliciter. Tout à coup surgit une nuée de jeunes femmes en robe blanche, coiffées d'un madras de soie blanc. Elles tournaient sur elles-mêmes, faisant voir leurs longues jambes souples. Les mains virevoltant autour d'un visage impénétrable. Les passants qui allaient flâner sur la place Jérémie, ou retrouver quelqu'un à l'Eldorado, n'auraient jamais pu imaginer qu'une pareille fête se déroulait derrière ce mur rose. Juste avant de courir vers Lisa, je remarquai cette femme couchée sur un divan blanc, au centre d'une petite cour. Elle notait ses impressions ou croquait les danseurs en mouvement dans un carnet. Je remarquai que les danseuses la saluaient avec déférence avant de quitter la scène. Florent et son groupe étaient revenus dans une danse endiablée (j'entendis murmurer que c'était un « pétro » et la femme sur le divan se mit à griffonner furieusement) quand je sentis une présence derrière moi. Le gardien m'intima l'ordre de quitter les lieux, arguant que c'était un spectacle privé organisé en l'honneur de Katherine Dunham, la grande danseuse et chorégraphe américaine. Je ne fus pas jeté à la rue, le vieux gardien m'accompagna à la barrière, tout en me confiant sa tristesse de constater que les étrangers professaient un plus grand respect de notre culture que nous-mêmes. Je n'en étais pas si sûr, sachant que ce n'était pas là la véritable culture haïtienne mais un spectacle plus ou moins raffiné destiné à des ethnologues, chorégraphes ou peintres de la côte ouest américaine. Quand j'arrivai devant l'Eldorado, le film était commencé depuis un moment et Lisa, bien sûr, ne m'avait pas attendu.

LES VOYAGES AUTOUR DU MONDE — Jean-Claude Duvalier est arrivé au pouvoir, à la mort de Papa Doc, et je fus jeté dans la chaudière bouillante de Port-au-Prince. Baby Doc est né en 1952 et moi en 1953. C'était, d'une certaine façon, le tour de la génération des années 50. La génération de la Négritude était bien morte. Tous ces discours politiques nourris de lyrisme racial ne touchaient plus grand monde. J'avais perdu de vue Lisa depuis ce fameux rendez-vous à l'Eldorado. Elle avait refusé mes excuses. C'était pour elle une humiliation. Puis elle avait déménagé avec sa mère et ses sœurs, et j'avais alors perdu sa trace. Je suis entré dans la mêlée politique par la porte de la culture. Je chroniquais les vernissages et les lancements littéraires. Ce pays regorgeait de poètes et de peintres, ce qui fait que j'avais toujours un événement à couvrir. L'intérêt premier, c'est qu'on pouvait manger à l'œil. Il fallait se placer loin des discours et près de la table de petits fours. On avait faim de bouffe et les bourgeois avaient faim de culture, c'était donnant-donnant. Puis les choses se sont corsées et j'ai dû quitter le pays pratiquement sans voir Lisa. Quand j'ai fini par la retrouver, la veille de mon départ pour Montréal, elle dormait à poings fermés dans sa petite chambre bleue. Je suis allé à Montréal où j'ai travaillé dans diverses usines avant de m'acheter une vieille Remington 22 pour taper mon premier roman. Ce roman a fait de moi un écrivain. Et depuis je n'ai cessé de voyager, menant une vie rêvée. J'ai parcouru le monde avec un carnet noir et un passeport, notant les faits et gestes de mes contemporains. Au début, je posais toujours ce regard un peu ahuri sur les êtres et les choses que je découvrais, jusqu'à ce que je comprenne que l'étonnant n'est pas la diffé- rence qui pourrait exister entre les gens, mais le fait que, malgré les distances, ils demeurent si semblables. Baby Doc dut quitter le pouvoir et le pays en février 1986. Je continuai à écrire et à voyager jusqu'à confondre le monde rêvé que je décris dans mes livres avec le monde réel qui m'entourait. Puis un jour je rentrai au pays.

LA CHAMBRE RÊVÉE — Borges raconte qu'Ulysse, au retour de son périple guerrier, après avoir vu toutes les merveilles de la Méditerranée, découvrit avec émotion « la verte et modeste Ithaque ». Port-au-Prince n'est ni vert, ni modeste non plus, sur- tout quand on sait qu'il est peuplé de mégalomanes qui ne rêvent que de devenir un jour présidents d'Haïti. J'arrive pour le tour- nage d'un modeste documentaire avec un budget de moins de 10 000 dollars. On me trouva une chambre à l'Oloffson. D'abord un séjour à l'hôtel Montana. Une jeep m'attendait à l'aéroport. Dès la sortie la chaleur me frappa de plein fouet. Normal, on était en février, et je venais de quitter un Montréal frôlant depuis une semaine les – 30 degrés, avec des pointes vers – 45 quand le vent soufflait fort. Je me retrouve au Montana où l'on négocie de juteux contrats, où l'on croise des stars jacassant au bar, où l'on tricote des alliances devant des déjeuners si copieux qu'ils suffiraient aisément à une famille nécessiteuse, et où les journalistes internationaux recueillent, dans de confortables salons, les interviews des politiciens en vue, ce qui les dispense de descendre dans la cuve du bas de la ville pour prendre le vrai pouls de la population. Je n'aimais pas cette ambiance délétère. Alors quand on me proposa l'Oloffson, je fis vite ma valise. Pourtant j'avais oublié la fascination qu'exerçait cet hôtel sur moi dans mon adolescence. Quand la voiture s'enfonça dans l'allée, sous les arbres, je sentis comme une décharge électrique me traverser le corps. Je jetai un rapide coup d'œil à la piscine, aujourd'hui terne, en grimpant les marches. Les tables jetées sur la terrasse, le grand salon, le petit bar à gauche, la volée de jeunes serveuses, la photo d'Aubelin Jolicœur en souvenir d'une époque héroïque, et l'escalier en bois qui mène aux chambres. Tout est comme je l'ai toujours imaginé. Tant d'écrivains ont grimpé cet escalier. Tous n'y ont pas vécu. Certains ne l'ont fait que dans mon imagination. J'avais fait un petit livre, il y a long-temps, que j'ai perdu depuis. Des croquis d'écrivains célèbres qui avaient séjourné à Port-au-Prince. Il m'est resté quelques titres : Paul Morand en pique-nique à Kenscoff, Graham Greene buvant seul au bar de l'Oloffson, Truman Capote en lunettes noires dans un taxi, Malraux en conversation avec Saint-Brice à Martissant, Breton déjeunant chez Hector Hyppolite à Saint-Marc. C'est Graham Greene qui m'avait fait le plus rêver. Il avait rencontré Aubelin Jolicœur qui lui avait servi de guide dans le Port-au-Prince hérissé de dangers de Papa Doc. Il en avait fait un des personnages de son roman *Les Comédiens* : Petit Pierre. Et c'est tout ce qui me reste de nos années 60. Sur la porte de ma chambre, c'est écrit Jimmy Buffet (et non Graham Greene comme je l'espérais), un musicien country américain. Rien à cirer. Je n'ai jamais rêvé de jouer du country. Je préfère mille fois être un romancier catholique anglais assez perturbé pour jouer sa vie à la roulette russe. J'ouvre la porte. C'est une vaste chambre avec le plus grand lit d'une pièce que j'ai jamais vu. Peu de meubles. Des tableaux au mur. Aucun souci d'esthétique. Grande classe. Une porte au fond qui s'ouvre sur un joli balcon. Des arbres aux larges feuilles qui permettent de voir les allées et venues des passants sans être soi-même vu. Un oiseau noir qui crie à tue-tête comme pour me souhaiter la bienvenue. Un visiteur l'a peint et a fixé le tableau en face de l'arbre, afin que l'oiseau puisse se voir. C'est Fufi son nom. Je retourne dans la chambre pour défaire ma valise. Je me mets au lit avec le *Journal* de Stendhal et une douzaine de débuts de roman (de vingt à trente pages) de ces jeunes romanciers qui participent à un concours organisé par le Prix des Amériques dont je suis devenu le président du jury. Le temps a passé si vite qu'hier encore j'étais un de ces aspirants écrivains qui tentaient d'échapper par la culture aux griffes d'un pouvoir en délire, celui de Baby Doc. Aujourd'hui, après trente-cinq ans, je suis de retour à Port-au-Prince en même temps que Baby Doc, retour d'exil. L'impression que le temps n'a pas bougé. L'espace non plus. Je n'ai fait que changer de classe. Le plus loin que j'ai pu me rendre. Le bout du monde.

L'art de changer de café

Dès qu'on s'installe dans un café, tout le reste de la ville
s'efface. On passe du nous bruyant au je en sourdine.
Ce n'est pas un salon, c'est un roman dont on devient
instantanément, un des personnages secondaires.
Ce qui nous permet d'entrer dans le café
et d'en sortir sans toucher à la trame du récit.
Tout ici ne se déroule pas toujours de manière
harmonieuse, mais nous sommes des animaux
capables d'endurer les situations
les plus inconfortables. J'ai vu des gens subir
sans broncher le mépris de serveurs maussades
ou l'indifférence de leurs voisins de table
alors qu'ils n'avaient qu'à traverser la rue
pour se rendre au café d'en face et changer ainsi
de roman ou de vie.

Table des matières

L'art de manger une mangue   11

Le rythme de la vie s'est accéléré d'un coup

L'époque vieillit mal   15

À l'ombre de la sieste   17

Éloge de la lenteur   21

L'art de rester immobile   25

Dans le labyrinthe du temps

Une pépite au fond de ma poche   29

Une enfance devant la télé   31

La mémoire brûlée   34

Le temps de la mort   36

La mort du temps   38

L'éternité, enfin   39

L'art de ne pas oublier   40

L'aventure humaine

Trois jours de pluie   43

Un océan de détails   45

L'agent dormant   47

Un grand goût du monde   49

Le tourisme chez les pauvres   51

L'art de capter l'instant   54

La vie en société

Une ruche   57

Le Corps Social   59

Le moment historique   63

Le visage de l'ami   66

L'art de dormir dans un hamac   68

L'origine du coup de foudre

L'amour au Nord   71

L'amour au Sud   73

L'émotion annule le temps   75

L'air sentait l'ilang-ilang   77

L'art d'aimer   80

La fabrication du monde

Un rêve dans le train   83

Le monde naît de la nuit   85

La rose du rêve   88

Le mode superlatif   90

La fourmi n'est pas à moi   93

Les temps parallèles   95

L'art d'échapper à l'insomnie   98

Body and Death

L'angoisse et le rêve de disparaître   101

Le corps du mannequin   103

La mort de la star   106

Le rire et la mort   109

L'art de ne pas sourire à la caméra   113

Si je ne suis pas à New York ou à Tokyo, rejoins-moi dans ce café à Montréal

Le voyageur aveugle   117

New York : la plus grosse télé du monde   119

Le Japon dans ma chambre   123

La fin d'un café à Montréal   127

L'art de voyager   130

La face cachée d'un monde qui se dégrade

Un soir de lune   133

La Bible découverte par une journée de pluie   135

L'œil de l'âne de Watteau   144

L'art de vivre en solitaire   147

La culture en mouvement

Culture et agriculture   151

Au risque de l'art   153

L'aventure poétique   157

La librairie et le cimetière   160

L'art de mourir   163

Un orgasme par les mots

Les jeunes félins   167

C'est la question qui importe   169

Le goût des mots   171

Un bon livre   174

L'art de danser sa vie   175

La vie n'est pas un concept

Un après-midi d'histoire   179

Le saumon angoissé   181

Le goût des choses minuscules   184

L'art de regarder ailleurs   188

L'aventure du voyage

Différents types de voyageurs   191

Le voyageur dans sa chambre d'hôtel 193

L'identité du voyageur 195

L'esprit de l'autre 198

La valise 199

L'art de chercher sa mère 201

Carnet de guerre : notes prises à chaud

L'époque de la guitare hawaïenne 205

Nuit d'angoisse 206

La mémoire oublieuse 210

Le plus grand théâtre 211

La terre et l'argent 212

La résistance était toujours là 215

L'art du futile 218

Les révolutions silencieuses

Une montagne de choses minuscules 221

La pièce de bœuf et la cigarette à la même table 223

Le fleuve d'Héraclite 227

L'art de lire la poésie 232

Un monde à définir

Le subversif dictionnaire 235

Le meurtre à la télé 237

Un homme branché 241

Cet objet si moderne 243

L'art de parler à un inconnu 245

L'univers des sens

La nostalgie de l'autre 249

Une histoire du nez 251

L'ouïe : le droit au silence 254

Le triomphe de la vue 257

La passion du goût   260

Le regard est le premier langage   263

L'art de combattre l'ennui   268

Nous sommes tissés de fables

À voix basse   273

Un cœur palpite entre les pages   275

La première lecture   278

Kafka à Miami   281

L'art de se perdre   283

De la nature du pouvoir

Les hommes en gris à cravate bleue nous donnent le vertige   287

Le vertige du pouvoir   289

Le roman du pouvoir   292

L'art de s'effacer   294

Un lecteur dans sa baignoire

L'écrivain chez lui   299

Rilke dans sa nuit   301

Cette extrême tension chez Tanizaki   306

Pedro Páramo de Juan Rulfo   310

Salinger ou l'obsession du présent   313

Les Liaisons dangereuses : une machine de guerre   317

Boulgakov, l'insoumis   321

Gombrowicz : le besoin de liberté   325

Hemingway, la brute au cœur fragile   329

Jacques-Stephen Alexis : un jeune homme éblouissant   335

Bashō, le poète vagabond   338

Borges au fil des jours   341

L'art du double portrait   346

La conversation, cet art en voie de disparition

Le jeu assis 349

Des jeunes filles dans le métro de Paris 351

Tiens, Alice vient de traverser le miroir 354

L'art d'être ivre avec élégance 356

L'été n'est pas une banlieue de l'année

Un homme du Nord 359

L'appétit du plaisir 361

Le triomphe du corps 365

L'art de compter les hivers en buvant du saké 368

Le bout du monde n'est jamais trop loin

Ce livre qu'on ne peut lire qu'en rêve 371

Hôtel Oloffson, la chambre de Jimmy Buffet 373

L'art de changer de café 383

CRÉDITS ET REMERCIEMENTS

Les Éditions du Boréal reconnaissent l'aide financière du gouvernement
du Canada par l'entremise du Fonds du livre du Canada (FLC) pour leurs activités
d'édition et remercient le Conseil des arts du Canada pour son soutien financier.

Les Éditions du Boréal sont inscrites au programme d'aide aux entreprises
du livre et de l'édition spécialisée de la SODEC et bénéficient du programme
de crédit d'impôt pour l'édition de livres du gouvernement du Québec.

Couverture : Dreamstime.com.

MISE EN PAGES ET TYPOGRAPHIE : LES ÉDITIONS DU BORÉAL

ACHEVÉ D'IMPRIMER EN AVRIL 2013
SUR LES PRESSES DE MARQUIS IMPRIMEUR
À MONTMAGNY (QUÉBEC).